“十四五”国家重点出版物

粤港澳大湾区产业协同发展研究丛书

前海

现代产业的协同发展与制度创新

郭万达 等 著

SPM 南方传媒 | 广东经济出版社

·广州·

图书在版编目（CIP）数据

前海：现代产业的协同发展与制度创新 / 郭万达等著. —广州：广东经济出版社，2024. 2
（粤港澳大湾区产业协同发展研究丛书）
ISBN 978-7-5454-9153-1

Ⅰ. ①前… Ⅱ. ①郭… Ⅲ. ①服务业—自由经济区—改革开放—方案—深圳 Ⅳ. ①F726. 9-81

中国国家版本馆CIP数据核字（2023）第247519号

策　　划： 王成刚　张晓兰
责任编辑： 冯　颖　张麒翔　陈　晔　罗嘉慧
责任校对： 李玉娴
责任技编： 陆俊帆

前海：现代产业的协同发展与制度创新
QIANHAI：XIANDAI CHANYE DE XIETONG FAZHAN YU ZHIDU CHUANGXIN
出版发行： 广东经济出版社（广州市水荫路11号11～12楼）
印　　刷： 佛山市迎高彩印有限公司
（佛山市顺德区陈村镇广隆工业区兴业七路9号）

开　　本： 787 mm×1092 mm　1/16　　**印　　张：** 20
版　　次： 2024年2月第1版　　**印　　次：** 2024年2月第1次
书　　号： ISBN 978-7-5454-9153-1　　**字　　数：** 327千字
定　　价： 79.80元

发行电话：（020）87393830
广东经济出版社常年法律顾问：胡志海律师
如发现印装质量问题，请与本社联系，本社负责调换。

序言

PREFACE

以扩区为契机加快前海产业高质量发展

《全面深化前海深港现代服务业合作区改革开放方案》（简称《前海方案》）的发布，标志着前海发展进入新阶段。在国家战略上，前海深港现代服务业合作区要为香港经济社会发展和香港融入国家发展大局提供更多、更大的支持，这是国家在区域发展上的重大布局，也是丰富“一国两制”事业发展新实践的重大部署。

从2010年的《前海深港现代服务业合作区总体发展规划（2010—2020年）》到2021年的《前海方案》，前海在推进深港合作的过程中发挥了重要作用。展望未来，支持香港更好地融入国家发展大局，实现长治久安、稳定繁荣，需要前海进一步深化深港合作。前海不仅在地理范围内，还要在制度建设、要素整合、产业升级等方面拓展新空间，这也是前海发展特别是前海扩区的关键。

以制度型开放推进前海产业高质量发展

作为粤港澳大湾区建设的重要战略平台，前海的血液中继承了先行先试、勇于创新的特区精神，其重大使命是闯出一条新路，为全国提供新经验，为新时代的高质量发展提供新动力和新方法。因此，我们要站在时代和国家发展战略高度、从改革开放的角度看待前海发展。

作为经济特区中的“特区”，前海要牢牢把握好改革开放这个关键词。从改革看，我国经济发展需要进一步通过改革形成新动力。《前海方案》提出要打造粤港澳大湾区全面深化改革创新试验平台，就是要前海继续锐意创新、先行先试，为推动我国下一阶段的发展提供新的路径、方法和经验借鉴。从开放看，国际环境带来的新挑战增多，需要我们进一步扩大开放水平，构建新发展格局。《前海方案》提出，要建设高水平对外开放门户枢纽，要求前海必须利用好处于国内市场和国际市场“双循环”交汇点的优势，积极参与国际竞争与合作。

新时代改革开放的重点和特征是制度型开放。前海应加大制度型开放力度，特别是率先推进对香港的主动开放、单向开放，着力推进规则衔接和机制对接，用好香港的专业服务、金融市场和国际网络，着力在经济产业、社会民生等方面与香港联动发展，支持香港更好地与粤港澳大湾区发展规划、国家“十四五”规划等中长期发展规划衔接对接，更好地利用国家提供的各种发展机遇，更好地融入国家发展大局，实现双赢。

前海扩区后，应重点在制度型开放上做文章。如在科技创新上，建立健全科技创新体制并非一蹴而就，前海需要从科技创新全链条出发，一个环节一个环节地规划和落实。前海应进一步完善人才激励机制和人才引进制度，联合香港面向全球引进人才；还应深化金融领域改革开放，围绕提高资金使用效率，加强与香港金融市场的互联互通，推动人民币跨境使用，为香港、内地创造更多投资机遇。

以扩区为契机推动深港产业链深度合作

《前海方案》将前海深港现代服务业合作区面积由14.92平方公里扩展至120.56平方公里，为前海推动深港产业链深度合作提供了重要契机。前海位于广深港科技创新走廊的核心位置，扩区后“海陆空铁”齐备，拥有极佳的交通资源条件。国际机场、港口码头、会展新城、海洋新城、保税区和先进制造业园区等设施的落成，丰富了前海的产业元素，进一步拓宽了深港产业链合作的空间。以海洋产业为例，扩区后的前海坐拥68公里海岸线。深圳和香港都是临海城市，都已布局了大量的海洋产业，今后在这个领域，深港合作空间广阔，可以联手发展海洋科技，加快建设现代海洋服务业集聚区。

现代服务业不是孤立发展的。在服务对象上，现代服务业服务于一般制造业和战略性新兴产业。在产业形成上，部分现代服务业是从制造业等基础产业中分离出来的，比如工业设计原来是制造业的一个“科室”，专门设计机器等产品，现在独立出来，成为现代服务业的一部分。在产业布局上，基础产业、现代服务业、现代服务业服务对象密不可分，更适宜形成产业集群。前海扩区后，现代服务业将与其服务的海洋产业、电子产业及相关制造业形成产业集群，构建共同发展格局。

就此而言，工业区是十分宝贵的。所以，宝安区、南山区部分工业园纳入前海的区域。但前海不能轻易将现有的工业园转变成商业写字楼，要保留一定的工业用地，重视园中园的规划建设，为产业留下发展空间。前海还需通过现代服务业的发展，带动制造业和战略性新兴产业等的发展，尤其要注重联合香港，深耕人工智能、健康医疗、金融科技、智慧城市、物联网、新能源新材料等领域，加快推进前沿技术产业化。

以新型智库支持前海产业高质量发展

发展中国特色新型智库、建设粤港澳研究基地是由“大前海”的战略定位和区位优势决定的。从国家层面看，新型智库是我国从大国向强国转型过程中，不断增强学术理论构建力、加强思想策源性、提升国际规则话语权的重要依托。从“双区”[①]建设看，粤港澳大湾区是思想交流最活跃、最密集的地区，一个国家、两种制度、三个关税区、三种货币、多种语言，最可能碰撞产生“火花”。从前海自身看，以新型智库为代表的研究、咨询、规划等形态是现代服务业的重要组成部分，也是高价值、高增值环节。科技智库、经贸智库、规划智库等新型智库是前海更好地发挥辐射带动作用，服务制度创新、实体产业、科技创新的重要支撑。

① “双区”指粤港澳大湾区和深圳中国特色社会主义先行示范区。

前海可从四个方面推动新型智库发展。一是吸引集聚国家高端智库，开展国家宏观战略、区域经济产业、园区规划等综合性研究咨询，聚焦粤港澳大湾区和深圳中国特色社会主义先行示范区建设的实践总结与重大理论构建。二是加强与港澳智库合作，引入和培育一批港澳研究机构，密切跟踪港澳发展动态，针对港澳自身发展与港澳融入国家发展大局的重大问题，提出高质量的政策建议，助力港澳保持长期繁荣稳定。三是服务前海产业发展，尤其是新兴产业，吸引集聚一批科技智库，聚焦科技情报搜集、前沿性技术研究、科技创新体制机制改革研究、科技战略研究，推动建设国际科技创新中心与综合性国家科学中心。四是注重国际化，面向国际经贸规则谈判主战场，重点开展贸易、金融、信息、人员等方面的国际经贸规则研究与咨询，服务企业国际业务拓展，为企业提供战略与投资决策咨询服务。

作为首批国家高端智库建设试点单位，综合开发研究院（中国·深圳）近年来为前海发展提供了大量咨询服务与规划研究。目前，综合开发研究院（中国·深圳）已经成立前海分院，专业开展现代服务业、战略性新兴产业、深港合作等领域的高端咨询和研究服务，全力支持前海打造粤港澳研究基地，为前海打造粤港澳大湾区全面深化改革创新试验平台、建设高水平对外开放门户枢纽继续贡献国家高端智库力量。

本书以《前海方案》总体部署为核心，在阐述前海实践的价值观和方法论的基础上，围绕服务贸易、现代物流、现代金融、数字经济、生物科技产业、海洋经济、文化创意、会展、法律服务九大主导产业，重点分析了前海的产业协同发展和制度集成创新，进而对前海产业协同发展的制度保障和提升前海产业发展创新力提出建议。希望这一研究成果能够为前海产业高质量发展提供有益参考。

是为序。

樊　纲

综合开发研究院（中国·深圳）院长

2023年8月

目录

CONTENTS

绪论

前海现代服务业的协同发展与制度创新

第一章

前海实践的价值观和方法论

第二章
推进前海现代服务业标准化试点

第三章
联动建设国际贸易组合港与前海物流业发展

第四章
前海的金融业态创新和对外开放

第五章
前海数字经济的协同发展与制度创新

第六章
前海生物经济的协同发展与制度创新

第七章
前海海洋经济的协同创新发展

第八章 前海文化创意产业的协同创新发展

第九章 前海会展业的协同发展与制度创新

第十章 建设国际法律服务中心和国际商事争议解决中心

第十一章

前海产业协同发展的制度保障

第十二章

提升前海产业发展的创新力

结 语

前海产业发展的未来远景

绪论

INTRODUCTION

前海现代服务业的协同发展与制度创新

推进前海开发开放，是习近平总书记亲自谋划、亲自部署、亲自推动的国家改革开放重大举措。自党的十八大以来，习近平总书记先后三次到前海视察，充分肯定了前海模式和前海生机勃勃的发展态势。2021年9月6日，中共中央、国务院印发《全面深化前海深港现代服务业合作区改革开放方案》（简称《前海方案》），为新发展阶段深圳改革开放提供了新的重大历史机遇。作为粤港澳大湾区重大合作平台，前海是诸多国家战略的综合承载，是探索改革开放战略、推进创新驱动发展战略、提升区域协调发展战略、践行“一国两制”基本方略的多重叠加。前海代表着“三新”（新发展阶段、新发展理念、新发展格局）时代国家发展的主导方向，是中国发展模式的风向标和典范。

» 第一节　现代服务业是前海产业发展的核心

《前海方案》确立了前海发展两大总体目标：一是打造粤港澳大湾区全面深化改革创新试验平台，二是建设高水平对外开放门户枢纽。阶段性目标为：（1）2025年，建立健全更高层次的开放型经济新体制，初步形成具有全球竞争力的营商环境，高端要素集聚、辐射作用突出的现代服务业蓬勃发展，多轮驱动的创新体系成效突出，对粤港澳大湾区发展的引擎作用日益彰显；（2）到2035年，高水平对外开放体制机制更加完善，营商环境达到世界一流水平，建立健全与港澳产业协同联动、市场互联互通、创新驱动支撑的发展模式，建成全球资源配置能力强、创新策源能力强、协同发展带动能力强的高质量发展引擎，改革创新经验得到广泛推广。

现代服务业始终是前海不变的发展方向和要求，也是前海发展的核心。《前海方案》将“推进现代服务业创新发展”放在发展重点的首位，提出了具体明确的要求：“建立健全联通港澳、接轨国际的现代服务业发展体制机制。建立完善现代服务业标准体系，开展标准化试点示范。联动建设国际贸易组合港，实施陆海空多式联运、枢纽联动。培育以服务实体经济为导向的金融业态，积极稳妥推进金融机构、金融市场、金融产品和金融监管创新，为消费、投资、贸易、科技创新等提供全方位、多层次的金融服务。加快绿色、智慧供应链发展，推动供应链跨界融合创新，建立与国际接轨的供应链标准。在深圳前海湾保税港区整合优化为综合保税区基础上，深化要素市场化配置改革，促进要素自主有序流动，规范发展离岸贸易。探索研究推进国际船舶登记和配套制度改革。推动现代服务业与制造业融合发展，促进‘互联网+’、人工智能等服务业新技术新业态新模式加快发展。”

这段论述高度概括了前海现代服务业的发展方向和侧重点，突出强调前海现代服务业发展范围的扩展和发展水平（知识化和技术化）的提升。《前海方案》的出台特别是“扩区”政策的出台，为前海现代服务业发展创造新的优势，宝安机场、会展新城、海洋新城等产业功能片区成为前海重要组成部分，区域优势和政策“红利”叠加将释放出强大的乘数效应，为前海现代服务业的发展提供更为广阔的空间，使得前海能在大力发展金融、物流、信息、科技等现代服务业的同时，加快发展会展经济、海洋经济等其他专业服务业，并联动港澳构建更具国际竞争力的现代服务业产业体系。

2021年9月13日，在深圳市推进前海深港现代服务业合作区建设新闻发布会上，深圳市发展和改革委员会主任郭子平提出前海产业发展将重点在以下六个方面发力。一是推动金融业开放发展，在全力打造国家金融业对外开放试验示范窗口和跨境人民币业务创新试验区的基础上，增设更多的专业交易市场，切实提升金融服务实体经济水平，推动深港金融业更高水平互联互通。二是加快发展科技服务业，加快科技发展体制机制改革创新，不断探索符合前海自身特点的科技创新的新路径。三是推动会展业国际化高端化发展，积极举办国际知名展会，培育一批高端产业品牌、国际参展领军企业和专业展览人员，探索与港澳联合办展、联合参展的合作新模式。四是培育壮大现代海洋产业，围绕现代海洋服务业集聚区和海洋科技创新高地建设，着力发展海洋高端智能设备、海洋工程装备、海洋电子信息（大数据）等海洋新兴产业，拓展航运金融、航运法务等高附加值航运服务。五是推进专业服务业国际化发展，加快发展法律服务、会计税务、建筑工程服务、咨询服务等专业服务，现在已经有一些专业人士落地执业，接下来将吸引更多港澳和国际专业服务机构与人才到前海执业。六是培育服务业新业态新模式，着力布局工业设计、工业互联网、数字创意等适合前海发展的新业态，深化服务贸易创新发展，建立电子元器件亚太集散基地等，着力推动先进制造业和现代服务业融合发展①。

» 第二节 协同与创新是前海产业发展的关键

“协同”指的是产业协同发展。产业协同发展是指企业之间在一定的体制机制的约束和激励下，逐渐演化为产业链上下游企业之间有机联系、横向产业之间围绕技术和产品市场需求相互配套协作、传统产业与新兴产业之间相互支撑、技术创新能力和动力不断增强、产业结构不断优化升级的现代产业体系的过程和状态。产业协同包括四个维度，即产业内不同企业之间的协同、产业之间的协同、产业行为主体之间的协同和产业在不同地理空间的协同②。前海产业协同发展，既包括自身产业协同，也包括与香港的产业协同。前海的金融业、科技服务业、会展业、现代海洋产业、专业服务业等产业的发展，需要以高质量发展为核心实现高效有机协同；在自身产业协同发展进程中，需要通过全面深化改革开放特别是制度型开放，实现与香港的产业协同，形成自身产业协同和深港产业协同的叠加联动。

“创新”指的是制度集成创新。制度集成创新是根据系统集成改革的要求，注重把握各项制度之间的内在联系和辩证关系，站在整体和全局高度，统筹协调和推动各领域、各子项、各事项间的制度创新，避免出现“碎片化”“分散化”“单打独斗”“创新成果相互抵消”等不利局面，是一种更为注重顶层设计和内部协同，比单项制度创新涉及面更广、系统整体性更强且更为复杂的创新，

① 深圳市人民政府办公厅．深圳市推进前海深港现代服务业合作区建设新闻发布会举行［EB/OL］．（2021-09-14）．http://www.sz.gov.cn/gkmlpt/content/9/9126/post_9126498.html#731.

② 重庆社会科学院．重庆社会科学院詹懿副研究员访谈：推进产业协同发展 促进成渝地区双城经济圈一体化发展［EB/OL］．（2020-11-26）．https://www.cbg.cn/show/4933-217096.html.

也是最能彻底解决矛盾问题、实现制度创新初衷的一种改革[①]。当今时代，产业发展既难以依靠优惠性政策，也难以依靠单一的功能性政策，而是需要在顶层设计的前提下，通过系统性、集成性的制度创新，才能得以推动。而且产业发展越是达到一定的质量和水平，其进一步提升和发展就越需要制度集成创新。毫无疑问，前海产业特别是现代服务业发展已经达到一定的质量和水平，与香港产业的协同发展更是实现了高水平的对接和衔接，因此制度集成创新至关重要。

在国家战略上，前海承担着全面深化改革开放，为国家探索“可复制可推广可操作的经验”的重大责任。在新的发展环境下，全面深化改革开放的本质是制度创新，主要是通过结构性改革和制度型开放，即通过对内深化改革，对外扩大开放，形成“以开放促改革，以改革促开放”良性互动、协同推进的格局。在经济领域，突出体现为产业协同发展与制度集成创新。这一核心理念，贯穿《前海方案》始终。突出表现在以下两个方面。

一是深化结构性改革，打造全面深化改革创新试验平台。前海作为全面深化改革创新试验平台，《前海方案》突出强调以下三个重点。第一，推进现代服务业创新发展。前海需建立健全联通港澳、接轨国际的现代服务业发展体制机制和标准体系，联动建设国际贸易组合港，培育以服务实体经济为导向的金融业态，推动供应链跨界融合创新，规范发展离岸贸易，推动现代服务业与制造业融合发展等；因应信息技术广泛应用对现代服务业业态的影响、带来的机遇和挑战，在多个领域探索现代服务业创新。第二，加快科技发展体制机制改革创新。前海需聚焦港澳优势领域，促进港澳和内地创新链对接联通，联合港澳探索有利于推进新技术新产业发展的法律规则和国际经贸规则创新，加快建设现代海洋服务业集聚区，构建知识产权创造、保护和运用生态系统等，并通过体制机制改革，打通深港科技创新合作的堵点、难点、痛点。第三，打造国际一流营商环境。前海需研究制定前海合作区投资者保护条例，建立健全竞争政策实施机制，依法合规探索减少互联网融合类产品及服务市场准入限制，创建信用经济试验区，推进与港澳跨境政务服务便利化，等等。同时，因应《全面与进步跨太平洋伙伴关系协

① 刘允明. 制度集成创新：内涵、特征及动力来源［N］. 海南日报，2020-06-25（A05）.

定》（CPTPP）、《区域全面经济伙伴关系协定》（RCEP）等高水平经贸规则对我国形成“倒逼”机制，前海还需联手香港打造市场化、法治化、国际化营商环境，共同提升区域发展综合竞争力。

二是推进制度型开放，建设高水平对外开放门户枢纽。开放是“对外改革”，是制度型开放，即通过对标对接国际高标准经贸规则，提高开放竞争力。《前海方案》指出，建设高水平对外开放门户枢纽，主要以服务贸易协定为框架，注重与港澳互联互通、协同联动。第一，深化与港澳服务贸易自由化。支持前海合作区对港澳扩大服务领域开放，支持前海合作区在服务业职业资格、服务标准、认证认可、检验检测、行业管理等领域，深化与港澳规则对接等。这相当于在前海探索《内地与香港关于建立更紧密经贸关系的安排》（CEPA）升级版，对标服务贸易自由化，对港澳进一步扩大开放领域、进一步降低准入门槛。第二，扩大金融业对外开放。在与香港金融市场互联互通、人民币跨境使用、外汇管理便利化等领域先行先试，支持符合条件的金融机构开展跨境证券投资等业务，支持国际保险机构在前海发展，探索跨境贸易金融和国际支付清算新机制等。第三，提升法律事务对外开放水平。探索完善前海合作区内适用香港法律和选用香港作仲裁地解决民商事案件的机制，探索建立前海合作区与港澳区际民商事司法协助和交流新机制，深化前海合作区内地与港澳律师事务所合伙联营机制改革等。深港共同探索不同法系、跨境法律规则的衔接，推动实现更高水平开放。第四，高水平参与国际合作。充分利用香港全面与国际接轨的专业服务，加强与国际港口和自由贸易园区合作，支持在前海合作区以市场化方式发起成立国际性经济、科技、标准、人才等组织。即引进“锚机构”，建设“锚项目”，加快国际组织或机构的聚集，建设成为参与国际合作的高地。

在深港协同和制度创新方面，前海还应从国家战略上审视深港“双城”建设下的发展。在国家战略上，深港合作是深度合作、全面合作、制度性合作，是两个城市之间的合作，是“特别行政区”和“先行示范区”之间的合作，在国家战略层面承载着重要的政治、经济、社会、文化的使命与责任。深港共同参与“一带一路”建设，是国家参与全球治理的重要抓手；深港共同推动国际科技创新中心和综合性国家科学中心建设，是科技自立自强战略的重要支撑；“香港—深圳”的极点带动功能，是粤港澳大湾区建设的重要引擎；21世纪中叶，香港“全体市民都享有更加幸福安康的生活”与深圳“率先形成共建共治共享共同富裕的民生发展格局”的目标殊途同归，是中国社会民生发展的体现；深圳“率先塑造展现社会主义文化繁荣兴盛的现代城市文明”与香港建设中外文化艺术交流中心遥相呼应，是国家文化发展战略的重要承载。前海是内地与香港关联度最高、合作最紧密的区域之一，也是深港合作的主要承载区域。

» 第三节　本书的框架和主要内容

本书以《前海方案》的总体部署为核心，对前海产业发展及深港现代服务业合作的政策条件、制度联动、市场互动、产业联动等进行分析，重点分析前海现代服务业重点领域的发展现状、基础、特点和趋势，客观评估存在的不足、问题和瓶颈，从促进前海产业发展、深港现代服务业合作、支持香港经济社会发展、提升粤港澳合作水平等方面，为将前海打造成为制度集成创新新高地提出政策建议。全书主体部分分为12章，基本框架和主要内容如下。

第一章论述前海实践的价值观和方法论，从价值理性和工具理性的视角，分析前海实践的发展历程，展望未来发展趋势。

第二章到第十章分别论述前海具体产业的协同发展和制度创新，依次为推进前海现代服务业标准化试点、联动建设国际贸易组合港与前海物流业发展、前海的金融业态创新和对外开放、前海数字经济的协同发展与制度创新、前海生物经济的协同发展与制度创新、前海海洋经济的协同创新发展、前海文化创意产业的协同创新发展、前海会展业的协同发展与制度创新、建设国际法律服务中心和国际商事争议解决中心，大体对应前海的服务贸易、现代物流、现代金融、数字经济、生物科技产业、海洋经济、文化创意、会展、法律服务九大主导产业。

第十一章论述前海产业协同发展的制度保障，包括营商环境保障、要素市场一体化保障、法定机构保障、公共服务供给保障等四个方面。第十二章论述提升前海产业发展的创新力，包括建设新型研发机构、营造包容审慎的监管环境、提升高端人才创新力、建设新型高端智库基地等。

CHAPTER 1

第一章 前海实践的价值观和方法论

开发建设前海深港现代服务业合作区是支持香港经济社会发展、提升粤港澳合作水平、构建对外开放新格局的重要举措，对推进粤港澳大湾区建设、支持深圳建设中国特色社会主义先行示范区、增强香港同胞对祖国的向心力具有重要意义。

——《全面深化前海深港现代服务业合作区改革开放方案》

2021年9月《前海方案》的印发，标志着前海深港现代服务业合作区（简称“前海”）发展进入新阶段。前海是践行“一国两制”基本方略、探索改革开放战略、推进创新驱动发展战略、提升区域协调发展战略等的综合平台，代表着“三新”（新发展阶段、新发展理念、新发展格局）时代的未来发展方向，也是中国发展模式的典范。2010年8月，在深圳经济特区建立30周年之际，国务院正式批复《前海深港现代服务业合作区总体发展规划》（简称《前海规划》）。10年后，在“中华民族伟大复兴战略全局”与“全球未有之大变局”相互交织、相互激荡、相互影响中，前海担当着重要使命，一如深圳经济特区在国家改革开放中的“破局”功能。前海实践的价值观和方法论，一定程度上决定着前海的未来及对国家的贡献。

» 第一节　前海实践是国家战略的多重叠加和综合承载

作为改革开放的重大举措，前海的发展历程和重要节点大体如下：2006年《深圳2030城市发展策略》[①]提出“建设前海、龙华和龙岗中心等重点地区”，2007年《深圳市城市总体规划（2008—2020）》提出建设福田和前海“双城市中心”的概念[②]，2008年《珠江三角洲地区改革发展规划纲要（2008—2020年）》提出规划“深圳前后海地区”，2010年4月《粤港合作框架协议》提出“成立前海深港合作联合专责小组”，同年5月中共深圳市第五次代表大会提出“要加快建设前海深港现代服务业合作区”，8月国务院批复《前海规划》，2011年1月前海管理局挂牌，2012年《国务院关于支持深圳前海深港现代服务业合作区开发开放有关政策的批复》下发，2015年中国（广东）自由贸易试验区深圳前海蛇口片区成立，2021年中共中央、国务院印发《前海方案》，前海发展进入新阶段。

从城市发展节点、区域发展重点到国家发展战略，前海的功能地位和责任使

① 张燕，冯邦彦．制度创新视角下深圳前海的功能和定位分析［J］．南方金融，2011（8）．
② 王运宝．前海崛起［J］．决策，2010（7）．

命不断提升。自2010年以来，国家先后赋予前海多项重要使命，如现代服务业示范区、社会主义法治示范区、粤港澳深度合作示范区、国家人才管理改革试验区、国家金融业对外开放试验示范窗口、“一带一路”倡议节点、世界服务贸易重要基地、跨境人民币创新业务试验区、深港人才特区等。

前海实践是国家战略的多重叠加和综合承载。前海主打“深港现代服务业合作”，同时也是自由贸易试验区，承担着落实“一国两制”基本方略，探索制度型开放、高水平对外开放的使命和责任。前海着力发展以现代服务业为主体的新经济、新业态，在落实创新驱动发展战略和探索高质量发展路径方面扮演着重要角色。前海积极探索行政区和经济区适度分离下的管理体制，承担着为推进区域协调发展战略提供经验的任务。前海管理局的法定机构属性及独特运作方式，是中国探索行政管理体制改革、促进市场与政府有机协同的有益尝试。

前海实践具有发展理念革新的丰富内涵。国务院在2010年8月深圳经济特区建立30周年之际正式批复《前海规划》，明确传递出“使命赓续”的信息。和当年的深圳经济特区一样，前海的初心使命，是在新的发展环境和背景下，为中国经济社会发展探索正确的方向和可行的路径。当前和今后的一段时期内，前海实践的内外部环境将更加复杂多变，既有难得的发展机遇，也将面临严峻的现实挑战。展望未来，前海肩负探索“中国模式”的重大使命和神圣职责，前海实践既需要对价值理性有正确深刻的认知和把握，也需要对工具理性有科学精准的掌控和运用，更需要形成和保持价值理性和工具理性的良性互动。深刻认识前海发展的战略价值和实践意义，坚定战略方向，保持战略定力，是前海实践走向成功的充分必要保证。

» 第二节　前海实践是价值理性和工具理性的有机统一

一、已有研究的梳理

需要指出的是，包括国家相关部委和职能部门、广东省、深圳市以及前海主导的自主研究、外包研究等内部性质的研究，构成前海实践的有力支撑。这些内部研究涉及面广，既有宏观战略擘画，也有具体政策措施论证，博采公共政策研究和学术理论研究之长，对推动前海实践具有直接性、实质性作用。其中，部分公共政策研究转化为学术理论研究，这是中国式研究的重要特点。以下仅就已公开发表的前海实践研究作简要分析，不包括内部研究。

（一）前海实践研究概观

在中国知网“篇名”选项输入“前海”进行检索，结果显示，截至2022年4月11日，共有1128条社科文献数据，由多到少依次为报纸540条、学术期刊401条、特色期刊72条、学位论文68条、会议27条、学术辑刊20条。在“篇名”选项分别输入“横琴”“广州南沙”“海南自贸港”进行检索，所得结果分别为953条、417条、599条。因未作无关条目的剔除，这些结果并不十分准确，但大体可以看出，前海的受关注度与横琴大体相当，高于广州南沙和海南自贸港。对前海作进一步的搜索，结果显示，在研究范围上经济视角的条目较多，同时，政治、法律、行政等方面也受到一定关注。条目数最多的是经济体制改革、金融、投资、贸易经济和证券，第二是宏观经济管理与可持续发展、服务业经济、中国政治与国际政治，第三是企业经济、工业经济、诉讼法与司法制度、保险、农业经济、行政法及地方法制，第四是经济法、行政学及国家行政管理、市场研究与信息、交通运输经济，研究主题大都聚焦于中观或操作层面。刊发文章较多的学术期刊是深圳的《特区实践与理论》和《开放导报》，其中《特区实践与理论》关注的研究主题较为广泛，《开放导报》则侧重从开放角度研究前海实践，如RCEP框架下前海人民币国际化先行先试、前海自贸区法治建设、前海自贸区外商投资法律制度、前海自贸区规则比较、前海由自贸区向自贸港转型、前海合作区贸易便利化服务机制构建等。此外，《港澳研究》《澳门理工学报》《当代港澳研究》《华南理工大学学报》《暨南学报（哲学社会科学版）》等期刊也先后刊发多篇文章。

（二）前海实践的战略价值研究

根据当前的研究成果，前海实践的战略价值主要在以下三种情况下被提及：一是作为具体研究的背景，只作简单概括提及，不展开详细具体的分析论述；二是前海推出重大政策措施，在进行政策解读时，会提及前海实践的战略价值；三是学者或业界人士撰文、接受媒体采访时，会结合前海实践的战略价值阐述某些看法和观点。前海实践初期，战略价值的研究侧重前海实践的重大意义，如认为前海实践是“为建设和发展中国特色社会主义道路纵深向前提供新的借鉴和引领模式”[①]“推进前海合作开发是中央基于全局考虑作出的重大战略决策，具有特殊意义，担负特殊使命，有着特殊要求”[②]。前海开发“不仅肩负着探索深港合作新途径的历史使命，还将成为中国未来30年的改革样板”[③]。前海“承载着为国家探索改革开放新路径的重要使命”[④]。进入新时代，战略价值的研究侧重前海实践的重要使命，如认为要从应对百年未有之大变局、国家治理体系和治理能力现代化、高质量发展等三个视角看前海[⑤]；前海要突出面向百年未有之大变局、面向实现第二个百年发展目标、面向推动把中国特色社会主义制度优势变成制度胜势[⑥]；《前海方案》着力在现代服务业、科技发展、营商环境乃至治理模式等方面深化改革，是前海深化改革、创新平台功能的新提升[⑦]；等等。

（三）前海实践的具体领域研究

前海实践的具体领域研究主要有五个方面。一是前海深港合作研究。如将前海置于粤港澳紧密合作特别是深港合作大框架之下，分析前海主导产业选择、创新平台建设及制度安排优化路径[⑧]，对前海深港现代服务业合作的基点、路径和政策重心进行分析[⑨]等。更多前海深港合作研究则散见于具体合作领域的研究之中。二是前海金融发展研究。主要内容涉及前海金融业发展法律问题、前海在人民币国际化进程中的作用、前海金融创新与金融监管、前海创新发展私募股权基金（PE）及前海保险业增长等。三是前海贸易制度研究。主要包括构建前海贸易便利化服务机制、《跨太平洋伙伴关系协定》（TPP）与深圳前海自贸区规则比较、前海自由贸易试验区进展的评估、前海由自贸区向自贸港转型、新型国际服

① 郑宏杰. 把前海打造成“深圳质量”的标志性区域［J］. 特区实践与理论，2011（2）. 郑宏杰时任前海管理局局长，这一说法一定程度上反映了前海的初心使命。

② 范恒山语。范恒山时任国家发展和改革委员会地区司司长。阮加文，马丽. 前海元年［J］. 法人，2011（3）.

③ 庄金锋. 关于深圳前海开发若干重要问题的初探［J］. 当代港澳研究，2012（2）.

④ 钟坚. 空间有限创新无限：推进前海开发开放的战略意义［J］. 特区实践与理论，2016（1）.

⑤ 隆国强. 三个视角看深圳前海［J］. 中国发展观察，2020（17）.

⑥ 徐占忱. 前海：新时代、新起点、新定位［J］. 中国发展观察，2020（17）.

⑦ 蔡赤萌. “双循环”新格局下的粤港澳大湾区建设［J］. 澳门理工学报，2022（1）.

⑧ 谭刚. 粤港澳紧密合作下的前海地区发展策略探析［J］. 特区实践与理论，2009（4）. 该文是最早分析前海的学术性文章。

⑨ 田晓萍. 关于前海深港现代服务业合作区发展路径的思考［J］. 特区经济，2011（10）.

务贸易标准规则和“一带一路”倡议需求与前海自贸区发展研究等。四是前海法治建设研究。在法治发展方面，中国社会科学院法学研究所定期发布《法治前海发展与展望》和《前海法治指数评估报告》，撰写《前海法治发展报告》并公开出版，2018年至今已经连续出版4部。在民商事法律方面，研究内容包括前海设立香港商事仲裁机构的可行性、前海自贸区港籍陪审制度调查分析、前海及粤港澳大湾区建设中的法律冲突与法律合作、前海自贸区外商投资法律制度创新、深圳前海法院审判实践实证分析等。五是前海体制机制研究。如前海合作区法定机构运作模式、前海管理局的法律地位、前海区域治理模式创新等。

综上所述，现有研究领域较为广泛，涉及前海实践的主要方面，相关领域研究具有一定深度。同时，也存在如下需要改进和加强之处。一是需要从报道关注上升到学理研究。过去10年，前海实践很大程度上是一个社会普遍关注的重要举措和重大事件，关注较多，研究较少，需要上升为一个学术层面的问题予以重视，开展全面深入系统研究。二是需要从政策解读转向深度研究。基于现实需要，对前海实践的文件解读和政策宣传是必要的，但同时需要加强对前海实践的价值进行更有高度、更具深度的研究。目前的研究较为分散、浅尝辄止，难以为前海实践提供理论支撑。三是需要提升前海研究的层级。一方面，全国顶级学术性、权威性期刊对前海关注不足，相关研究有待加强；另一方面，在注重研究操作和技术层面问题的同时，应加强在实践初心、宏观战略、顶层设计、发展模式、推进路径等更高层面研究前海实践。

二、分析视角

（一）前海实践的特殊背景

前海实践需要在国家发展演进与战略调整转变的时空格局中进行系统分析。2007年爆发的美国次贷危机，演变为全球大危机，开启了“百年未有之大变局”。大危机一旦发生，就注定是一个较长的过程，从而导致我国所处的战略机遇期的内涵“发生重大变化”，“过去20年全球市场不断扩张的时期已经结束”，“必须转变战略基点、坚持扩大内需”[①]。这一分析判断，已经隐含了构

① 刘鹤. 两次全球大危机的比较研究［M］. 北京：中国经济出版社，2013.

建以国内大循环为主体、国内国际双循环相互促进的“双循环”新发展格局的逻辑脉络。自20世纪90年代经济全球化加速发展以来，全球经济重心持续东移，以中国为代表的发展中国家的影响力持续上升，国际政治经济格局出现重大变化。与此同时，技术进步推动传统产业形态和生活方式发生重构性改变、对全球产业分工格局造成了重组性冲击，全球经济社会进入旧秩序有所松动、新秩序尚未建立的特殊时期。全球经济衰退持续，引发或激化相关国家国内社会问题，国内社会问题引发该国内部政治危机，内部政治危机又外化为国家之间的博弈。发达国家和发展中国家之间、发达国家之间、发展中国家之间的矛盾及利益冲突加剧。2020年暴发的新冠肺炎疫情进一步加剧了全球政治经济发展格局的不确定性和不稳定性，突出表现为对全球产业链、供应链、创新链的重大冲击。尽管在经济全球化下各国分工合作、互利共赢仍是长期发展趋势，但中短期内经济全球化将主要表现为区域一体化，产业链、供应链的区域化和周边化。今后一段时期内，新一轮科技革命呈现变化更快、影响更深、时间线不明显、未知因素更多及多种颠覆性技术聚变、裂变的特点，对全球发展格局将产生巨大影响。

上述种种，使得中国发展的外部环境趋于严峻，国际竞争和利益冲突加剧。而在内部，受国际大环境的影响，中国经济高速发展阶段结束，进入经济增长新常态，相关经济社会民生问题凸显，亟待解决。与大多数国家一样，中国也面临“中等收入陷阱”等问题，需要探索国家整体转型发展之路。前海实践开始于这一特殊的时空背景，首要任务就是回答在国际国内发展环境“发生重大变化”之下，中国坚持怎样的发展理念（价值观）和做什么、怎么做（方法论）的问题。相对于全国其他地区，这是前海实践的“必答题”。面对“百年未有之大变局”，探索实现中华民族伟大复兴的有效路径和方式，是前海实践的重大使命和基本目标，也是前海实践的重要价值。

（二）前海实践的价值理性和工具理性

价值理性和工具理性通常被用来解释某种社会现象。在实践领域，近代科学革命的发生与发展，集中体现了价值理性和工具理性的有机统一。近代科学革命确立了人类认识世界的价值理性，即人的本质不是谋求与造物主同等的地位，而是创造性活动。科学活动是人类最重要的创造性活动，是服务于人、有益于人，充满人文精神的活动。近代科学革命的这一价值理性，使得科学与宗教、哲学逐步分离，成为旨在认识和发现世界的本质和规律的独立领域。在16—17世纪，科学仍然是宗教的婢女，没有获得独立地位，无论是宗教裁判对科学的压制，还是新教对科学发展的推动，都将科学视为实现宗教理想和目标的手段。价值理性使科学逐步摆脱作为实现宗教理想和目标的手段的地位，不断与宗教神学控制的领域划清、划定边界。到了现代，科学对于人类文明发展贡献巨大，成为人类普遍的价值观念。借助科学，人类能够透过现象了解规律，超越常识直达本质。就此而言，科学革命本质上是人对世界的“认知革命”，是发生于人头脑中的心智革命和观念革命。科学的价值理性使得人类的思维方式、知识结构、价值观念实现了新的飞跃。因此，罗素将16—17世纪近代科学革命时期的科学分为“企图了解世界”的理论科学和“企图变革世界”的实用科学两种①。实用科学就是技术，是人类改变世界的工具理性。作为工具理性的实用科学，影响了理论科学的功利导向，也为以技术广泛应用为特征的工业革命提供了支撑。近代科学革命追求并实践了科学与社会、科学家与匠人、价值理性和工具理性、认识世界和改变世界的有机统一。

理论上，马克斯·韦伯对价值理性和工具理性进行了深入分析。韦伯认为，从理性的角度，人类的社会行为分为两大类，分别是价值合理性（即价值理性）和工具合理性（即工具理性）。价值理性对应的是“信念”，工具理性对应的是“责任”，二者是同一事物属性的不同方面。苏国勋对韦伯的概念进行了详细的分析。他指出：“所谓工具合理性行动（即目的—工具合理性行动），是指以能够计算和预测为条件来实现目的的行动；价值合理性行动，则指主观相信行动具有无条件地排他的价值，而不顾后果和条件都要完成的行动。”工具理性“着重考虑的是手段对达成特定目的的能力和可能性”，价值理性“全力关注和解决的问题”是“行动本身是否符合绝对价值”。在韦伯学说中，两种行动都属于“理想类型”，“它们从未以纯粹的形态在现实中实现过，任何实际行动既包含工具合理性成分，又有价值合理性因素在内”。在韦伯看来，价值合理性（与之相应的信念伦理）与工具合理性（与之相应的责任伦理）并非决然对立，“他们彼此

① 罗素．西方哲学史：下卷［M］．马元德，译．北京：商务印书馆，1976.

互为前提地共存于同一事物之中”，“一个具有真正自由人格的人，能以价值合理性为动力，以工具合理性为行动准则，将信念伦理与责任伦理互补交融地结合起来”[①]。由此可见，价值理性和工具理性的实践和理论，是一种超越国家和制度的科学的分析方法。

一定意义上，价值理性和工具理性的分析视角，是中国模式成功实践的注解或解释项。中国模式是中国对世界的重要贡献，其主要特征可以概括为“混合包容”和“组合创新”。本应在不同历史阶段出现的历时性因素，因缘际会，变成了一种共时性的存在，导致“混合包容”，使得中国作为一个整体系统，其内部要素的异质性十分丰富，要素之间的内在联系紧密，诸多要素既在系统之内，又与其他要素不同，形成独具中国特色的“和而不同”形态。至于“组合创新”，中国模式的独特之处既体现为具有某种独特因素，也体现为能够将有利于社会经济发展的一般因素创新性地组合起来，充分体现了中国的开放心态，即以开放包容的理念吸取人类不同文明的成果，将民族智慧的结晶与外来文明成果有机融合[②]。

前海实践是中国模式的缩影，是价值理性和工具理性的有机统一。前海实践的价值理性，主要是前海实践的信念性、理念性内容和哲学属性，是前海实践所蕴含、体现的广义价值观；前海实践的工具理性，主要是在价值理性引领下确定的原则策略、采取的方式方法、选择的模式路径。二者互为表里，各有侧重。价值理性决定前海实践的方向，决定“前海应该是什么”；工具理性决定前海实践的进程，解决“前海怎么做”。以价值理性为“体”，以工具理性为“用”，推进二者互补交融和良性互动，是前海实践成功的关键。以下具体分析《前海规划》和《前海方案》蕴含的前海实践的价值理性，“三条例两办法”体现的前海实践的工具理性，以及以深港合作为核心的前海实践价值理性与工具理性的有机联动。

① 苏国勋. 理性化及其限制：韦伯思想引论［M］. 上海：上海人民出版社，1988.
② 陈锦华，等. 功利与功利观［M］. 北京：人民出版社，2014.

» 第三节 前海实践的价值理性：《前海规划》和《前海方案》

《前海规划》和《前海方案》的深层次内核，是哲学意义上的信念、理念、价值观。其中，“开放”“创新”是贯穿始终的主线，集中体现了前海实践的价值理性。

一、前海实践的开放价值

（一）开放作为价值观和发展观

一定意义上，“开放”是一种价值观和发展观，体现的是事物发展的本质规律，甚至可以上升为一种信念或“信仰”。“研究世界各国历史，可以发现一个带有规律性的现象，就是凡是追求富国强兵的国家，适应世界潮流、实行对外开放，不断调整和完善开放理念、政策和方法，制定相应的内政改革举措，消除不适合本国国情的负面影响，这个国家就充满生机和活力，经济发展迅速，国力昌盛，人民生活不断改善，即使国土疆域不大，也能登上世界舞台，在全球博弈中建立强势地位。相反地，只重个人统治，实行劣政治理，视对外开放为洪水猛兽，甚至闭关锁国，就必定背离世界潮流，思想保守，国家机体丧失活力，不能与别国互通有无、互惠发展，经济社会状况每况愈下，人民生活难以改善，在世界格局中处于劣势地位，直至被强国欺凌宰割。”[①]开放可能遭遇挫折，但不开放注定封闭落后、陷入低级循环。深圳经济特区是改革开放的重要标志和象征，前海实践则是深圳经济特区的升级版，是“特区中的特区”乃至“特区之上的特区”，是开放阶段和开放层级的递进和叠加。《前海规划》的核心要义是开放，是对“我国构建对外开放新格局、建立更加开放的经济体系作出有益的探索”[②]，开放在《前海规划》内外贯穿始终，得到充分体现。国务院强调，《前

① 陈锦华. 陈锦华文集：下册［M］. 北京：中国石化出版社，2013.

② 前海深港现代服务业合作区总体发展规划［EB/OL］.（2011-12-16）. http://qh.sz.gov.cn/sygnan/xxgk/xxgRml/zcfg/zzwj/content/post_4426860.html.

海规划》实施要“为我国构建对外开放新格局”“发挥示范带动作用”；国家发展和改革委员会强调要“把规划实施同提高对外开放水平结合起来”；广东省人民政府转发国务院《前海规划》批复的通知时强调，《前海规划》实施“是促进深圳经济特区新时期加快改革开放的又一重大举措”。至于《前海方案》，则是新发展阶段、新发展理念、新发展格局下全面深化前海改革开放的总体部署。开放是前海的基因，是前海实践的主基调和主旋律。

（二）探索构建对外开放新格局

如前所述，前海实践始于2007年的次贷危机之后。当时全球经济陷入衰退，经济全球化出现逆转，且逆转速度加快、逆转程度加大。面对全球发展格局的重大变化，基于科学判断，我国开始调整和转变发展战略，更加注重经济发展的内外平衡。在这一大背景下，前海实践的价值理性，体现为探索“更加积极主动的开放战略”。次贷危机之后，世界各国强调构建以规则为导向的公开透明的开放型世界经济体系，经济全球化表现从“商品和要素流动型开放”向更深层次的“边境内”和“制度化”开放转变。其中服务业开放因为涉及政策规管多而复杂，成为我国积极主动对外开放的焦点和突破口。前海深港现代服务业合作并非简单的深港产业合作，而是因应国家战略需要，通过与香港现代服务业的深度合作乃至创新突破，探索我国现代服务业开放发展的基本方向和主导路径。在这一进程中，深圳经济特区以开放促发展、以开放促改革、以开放促创新的成功经验和做法，适用于前海现代服务业发展。

（三）建设高水平对外开放枢纽

全球经济衰退引发贸易保护主义泛滥和民粹主义盛行，美国针对中国开展的贸易争端、科技争端乃至新“冷战”，加剧了经济全球化的逆转，开放面临挑战，应对需要勇气。面对这一趋势，我国必须“实行更加积极主动的开放战略”，“推动规则、规制、管理、标准等制度型开放，形成更大范围、更宽领域、更深层次对外开放格局”[①]。制度型开放（即此前的制度化开放）的特点：一是更具广泛性。其范围更广、程度更深，不仅包括货物贸易的高水平开放，更

① 中共中央关于党的百年奋斗重大成就和历史经验的决议［N］．人民日报，2021-11-17（1）．

把深层次开放的重点放在金融、数字贸易、专业服务业、电信、跨境数据流动、现代物流、文化产业、教育、医疗、自然人流动等服务贸易领域。二是更具系统性。制度型开放更加强调全局性、集成性，强调顶层设计和具体措施的系统性。将在国际通行规则、国内法律法规、管理体制、运行机制、政策体系等层面展开全方位系统性的重构。三是更重“边境内”。制度型开放要求制度措施要由“边境”延伸到“边境内”。四是更重“规则导向”。制度型开放是要构建更加公平和合法的“规则导向”开放型经济，强调在规则等制度上形成标准化、兼容化及统一化的开放体系，使“规则导向”的治理特点更加明显和突出。这些特点，决定了制度型开放的战略属性。

在国家战略上，前海实践要在探索制度型开放方面有重要作为。制度型开放涉及与国际高标准经贸规则的对接衔接。一方面要“制度输入”，形成与国际通行的经贸规则相衔接的基本制度体系和规则规制，实现国际与国内经济制度的对接衔接。当前国际经贸规则覆盖面广，既包括与贸易直接相关的措施如关税、原产地规则、市场准入、技术性贸易壁垒、贸易便利化等，也包括与贸易间接相关或弱相关的措施如劳工、环境、政府采购、透明度与反腐败、社会文化等。解决这些问题，需要局部突破，稳健推进。另一方面要“制度输出”，将我国的制度、规则转化为国际经贸规则，融入国际经贸规则体系，通过向国际“输出”制度规则，为中国融入全球规则体系营造良好环境。

二、前海实践的创新价值

创新也是一种“信仰”或价值观。哲学意义上的创新，是国家民族进步的内在动力。《中共中央关于党的百年奋斗重大成就和历史经验的决议》强调，“创新是一个国家、一个民族发展进步的不竭动力。越是伟大的事业，越充满艰难险阻，越需要艰苦奋斗，越需要开拓创新”。前海实践的创新价值，突出表现在三个方面。

（一）制度创新

自2005年开始，我国以上海、天津等为试点，推进综合配套改革。综合配套改革直接触及中国经济社会运行中一系列核心领域和深层次问题，包括政府改革、垄断行业改革、汇率形成机制改革以及就业、社会保障、教育、医疗等事关民众切身利益的改革等。改革部署力度之大、内容之全面、涉及范围之广是空前的，充分彰显我国改革从外围走向核心、从浅层化走向深水区、从单一经济体制改革走向行政管理体制改革，并向社会、文化、生态体制改革拓展等。因此，综合配套改革既是制度变迁的过程，也是制度创新的过程。基于这一历史背景，前海实践是全方位多领域的制度创新，包括经济增长方式和发展模式的创新，产业集聚与提升的创新，科学技术与发展路径的创新，土地开发利用和城市规划、建设及运营的创新，公共产品和服务供给的创新，行政管理体制机制的创新，政商关系、政社关系的创新，经济社会发展和生态文明、文化建设有机协同的创新等。

（二）管理创新

管理创新包括两方面的内容。一是行政理念创新。突出表现为探索以法定机构代行政府职能。法定机构是指“立法机构通过专门立法设立的与政府决策部门相区别的，相对自主、独立运作，负有法律赋予的执行政府政策、提供公共服务或发展经济职能的公共管理机构”①。前海管理局是国内第一个严格意义上的法定机构。《前海规划》提出“按照精简高效、机制灵活的原则成立管理机构，探索完善法定机构运作模式”，《深圳经济特区前海深港现代服务业合作区条例》明确规定“前海管理局是实行企业化管理但不以营利为目的的履行相应行政管理和公共服务职责的法定机构”。这是我国行政管理理念和制度的重大创新。尽管2020年该条例修改了“法定机构”的表述，但法定机构管理模式仍然被沿用。《前海方案》则进一步突出强调要“推进以法定机构承载部分政府区域治理职能的体制机制创新，优化法定机构法人治理结构、职能设置和管理模式”。坚持法定机构的思维理念和管理模式，根据现实需要，与时俱进增强实际操作的灵活性，是前海中国法定机构发展之路的有益探索。

二是治理模式创新。突出表现为推动发展管理体制向创新治理模式转变。鉴于前海开发初期的实际，《前海规划》提出“发展管理体制”。10年后，鉴于前海已经奠定良好基础，《前海方案》强调要“创新合作区治理模式”，除继续坚

① 崔健，杨珊．前海合作区法定机构运作模式探究［J］．特区实践与理论，2011（5）．

持和完善法定机构管理模式外，还提出法定机构职务向境外人士开放、推进行业协会自律自治、开展政务服务流程再造、在特定领域探索政府和企业协同治理模式等方面的创新。从管理到治理，从发展管理体制到创新治理模式，从单一管理主体迈向多方治理主体，标志着前海管理制度的飞跃。前海模式创新的集中体现是政策（制度）创新。历时10年，前海实现了从“政策赋能”到“政策输出（复制和推广）”的转变。从《前海规划》的提出，到2012年的22条政策，都是前海发展所需要的支持政策。与此同时，前海的“政策外溢”效应日益显著。截至2021年，前海在贸易自由化、投资便利化、金融开放、法治建设等方面累计推出制度创新成果645项，其中65项、82项、203项分别在全国、全省、全市复制推广，前海成为重要的“政策创新策源地”。

（三）方式创新

方式创新突出表现为探索中国特色的科学发展和高质量发展之路。科学发展观在经济领域主要表现为“加快转变经济发展方式”，现代服务业在科学发展中扮演重要角色，发挥重要功能。现代服务业是知识、智慧、技术高度密集的先进业态，本身就具有较高的产业质量和产业价值，能够提供更多的优质就业岗位。更重要的是，随着互联网技术的广泛应用和数字经济的快速发展，产业之间的界线日益模糊，服务业与制造业的相互融合、相互转化已经成为普遍现象。与此同时，产业数字化和数字产业化对传统产业形态的冲击以及对业态创新的推动，使得现代服务业既面临重大发展机遇，也面临不进则退的严酷竞争。前海发展现代服务业，其重要责任和使命是为国家探索转变经济发展方式、实现科学发展的有效方式和路径。

高质量发展与科学发展一脉相承。科技和现代服务业的高质量发展是前海实践的重中之重。一方面，我国产业基础高级化、产业链现代化面临的现实挑战突出表现为关键核心技术依赖进口。我国必须以开放促发展，加快产业链向更高价值链跃升。在加快国内知识产权保护规则制度与国际接轨，消除国外高技术企业和人才对技术转移、授权的疑虑和担忧，支持人工智能、金融科技、生物医药、新一代信息技术、5G等战略新兴和未来产业提升行业技术水平等方面，前海有较大发展空间。另一方面，CPTPP等多边经贸协议，要求成员国之间的服务贸易除信息安全与国家利益外，应全面采取“负面清单”模式，以最大限度促使服务要素资源在成员国之间相互流动，这将促进服务贸易增长和现代服务业发展。前海可率先探索建立服务贸易“湾区标准”，在金融、法律、医疗、工程建设、智慧城市等基础领域，坚持对标国际高标准经贸规则和“就高不就低”原则，推进与香港服务贸易规则规制标准管理等的衔接，逐步建立联通港澳、接轨国际的现代服务业发展体制机制，引领和带动粤港澳大湾区现代服务业创新发展和高质量发展。

» 第四节　前海实践的工具理性：“三条例两办法”

前海实践有两个特点：一是明确了实现目标的具体方式和手段，有完整的“工具清单”或“工具箱”；二是明确了方式和手段使用的合法性规范性，以“程序正义”实现“结果正义”。前海是“先立法，后建设”，即先明确前海的目标及实现目标的手段和方式，根据“施工图”进行建设的。这就是前海实践的工具理性。目前，《深圳经济特区前海深港现代服务业合作区条例》（简称《合作区条例》）、《深圳经济特区前海蛇口自由贸易试验片区条例》（简称《自贸片区条例》）、《深圳国际仲裁院条例》（深圳国际仲裁院设在前海）和《深圳市前海深港现代服务业合作区管理局暂行办法》、《深圳前海湾保税港区管理暂行办法》[①]“三条例两办法”[②]，共同构成了前海实践的“工具箱”和“方法库”。前海实践的工具理性集中体现为系统集成、市场导向、任务清单。

一、前海实践的系统集成

“三条例两办法”各有侧重，彼此互补联动，通过功能整合，形成前海实践

① 《深圳市前海深港现代服务业合作区管理局暂行办法》未与《深圳经济特区前海深港现代服务业合作区条例》同步修订；前海湾保税港区于2020年整合为深圳前海综合保税区，故《深圳前海湾保税港区管理暂行办法》也未修订。但两个办法仍适用，特别是其中的理念和原则。

② “三条例两办法”具体内容来源如下：《深圳国际仲裁院条例》、《深圳经济特区前海深港现代服务业合作区条例》（修订）、《深圳经济特区前海蛇口自由贸易试验片区条例》均见《深圳市人民政府公报》2020年第44期；《深圳经济特区前海深港现代服务业合作区条例》见《深圳市人民政府公报》2011年第24期；《深圳市前海深港现代服务业合作区管理局暂行办法》《深圳前海湾保税港区管理暂行办法》均见《深圳市人民政府公报》2011年第32期。

的工具系统。其中《合作区条例》侧重内部改革和创新，重点推进自身治理结构的科学合理、开发建设的有效开展、产业发展和投资促进的顺利进行，以及社会治理的优化提升，旨在形成既适应前海发展需要，又具有国际性和先进性的体制机制。《自贸片区条例》则侧重对外开放。《合作区条例》和《自贸片区条例》在逻辑上形成了对内改革和对外开放的互补联动和辩证统一，二者的共同点是注重法治环境建设，依法推进内部改革和对外开放。以此为平台，《合作区条例》《自贸片区条例》与《深圳国际仲裁院条例》实现了有机联通和良性互动。深圳国际仲裁院是前海法治建设的重要平台，也是前海法治环境的风向标。根据《深圳国际仲裁院条例》，深圳国际仲裁院“是不以营利为目的的法定机构”，“依法独立进行，不受行政机关、社会团体和个人的干涉”。《深圳国际仲裁院条例》对仲裁院的理事会建设、执行机构运作、规则与名册事项、财务和人力资源管理、监督机制等重点领域作出了明确规定，旨在维护和巩固深圳国际仲裁院的权威性和公信力，为前海合作区和自贸试验片区加快法治建设、优化法治环境提供充分必要的支撑。现代服务业发展高度依赖法治，前海开发、建设和运作的规范、透明、可预期，所传递的是依法治理的信息和理念。由此，前海实现了内部改革创新工具、对外开放工具、以国际仲裁为核心的法律工具的多元性、组合性的系统集成。

二、前海实践的市场导向

前海实践的重要特点，是坚持以市场化方式推进。法定机构的选择，表现了前海实践在市场化方面的最大诚意。所谓市场化方式，概括而言，就是“两个充分尊重”。一是充分尊重市场发展规律，充分发挥市场在资源配置中的决定性作用，只有在市场失灵之时、之处，政府才施以援手。二是充分尊重市场主体的地位，将市场主体视为经济社会发展的主导力量，为市场营造良好的发展环境，满足市场的合理诉求。换个角度看，前海实践工具理性的市场导向表现为“亲商”理念及行为，无论是现代服务业发展，还是自由贸易试验区，均对市场管治极为敏感，对营商环境要求较高。在“三条例”中，市场导向的制度安排和政策导向随处可见。

如民商事仲裁的自由选择权。《深圳国际仲裁院条例》规定境内外当事人“可以约定对仲裁院仲裁规则有关内容进行变更，也可以约定适用法律、组庭方式、庭审方式、证据规则、仲裁语言、开庭地或者仲裁地”。《合作区条例》规定“民商事合同当事人一方为在前海合作区注册的港资、澳资、台资及外商投资企业的，可以协议选择合同适用的法律”。《自贸片区条例》则“依法保障离岸交易纠纷当事人自由选择适用外国法律或者国际商事通行规则、商事惯例的权利”。

又如行政治理的市场导向。《自贸片区条例》要求“建立政府、市场、社会共建共治共享的社会治理体系；鼓励各类社会组织依法参与自贸片区社会治理”。《合作区条例》规定“管理局应当提升政务服务水平，创新公共管理体制机制”，“前海合作区应当按照市场化运作方式，采用独资、合资、合作、项目租赁等多种形式进行开发建设”，“鼓励在前海合作区开展现代服务业创新业务”。《前海规划》规定的现代服务业创新业务均可在前海合作区开展，没有规定但有利于前海发展的创新业务，也可在前海合作区试行。《前海规划》规定“市人民政府应当在前海合作区深化行政审批制度改革”，“前海合作区应当探索实行更加开放的全球引才和国际人才管理制度”，等等。

再如侧重对外开放的市场导向。《自贸片区条例》规定“实行外商投资准入前国民待遇、负面清单管理和非违规不干预的管理模式，探索实行外商投资试验性政策措施”，“推动跨境货物贸易、服务贸易和新型国际贸易外汇收支与结算便利化”，“探索推进自贸片区内资本自由流入流出和自由兑换”，等等。

三、前海实践的清单方式

从工具理性的角度看，上级政府赋能前海的政策是一种支持，也是前海独有的资源。同时，政策本质是实现目标的工具，制度创新和政策突破依目标而推进，目的是实现既定目标。就此而言，政策和创新是一份需要逐个完成的任务清单。一般意义上，目标没有实现，则表明任务没有完成。尽管不宜过于看重成败，但仍有必要从工具、任务角度深刻认知政策突破和制度创新。广义上，目标和顶层设计也是任务，因此，前海实践从《前海规划》到《前海方案》，从“三条例”到“两办法”，从中央政府的支持政策、广东省政府的相关意见到深圳市政府的工作部署，从治理机构的设立和运作到管理体系的形成与发展，从不同行业领域政策体系的构建到与国际国内相关规则的对接等，是一份包罗万象、颇具长度的任务清单，需要考虑如何与国际规则和国际惯例的动态接轨，且经过一段时期就要更新升级。任务清单的长度不会变短，只会更长。

《前海方案》中的两大板块八个重点领域及保障措施，就是一份十分完整的任务清单，几乎一句话就是一项任务。《前海规划》提出的产业发展规划，也相当于一份指导性的任务清单。《深圳国际仲裁院条例》关于仲裁院理事会和执行机构的规定，《合作区条例》关于设立前海管理局、合作区廉政监督机构、地方金融监督管理局等治理结构方面的安排，“两办法”关于前海管理局和前海湾保税港区管理局具体运作的安排，是一份需要在规定时间内完成或落实的任务清单。《自贸片区条例》和《合作区条例》对相关领域的具体规定，既是必须遵循的法律法规，也是需要制定时间表和路线图予以完成的任务。此外，前海在取得空间、区位、生态、功能四大“扩区”效应[①]的同时，也对前海实践的顶层设计、治理协同等提出了更高、更新的要求。经过10多年的探索，前海管理局作为法定机构，在运作方面存在的软肋和不足有所显现，需要改进和提升其方式和路径。“行政区和经济区适度分离下的管理体制”存在的问题，需要前海与时俱进深入研究并有效解决；RCEP、CPTPP等高标准国际经贸协议的签署对前海对外开放提出的新挑战，政府企业也需要寻求应对之策。这些新问题、新要求、新挑战，将不断被纳入前海实践的任务清单。

» 第五节　前海深港合作：价值理性与工具理性的有机联动

改革开放40多年，前海深港合作的丰富性、多样性超乎想象，深港呈现“你中有我、我中有你”全方位多层次发展格局[②]。中央对前海的定位是“依托香港，服务内地，面向世界”。依托香港是指要学习借鉴香港发展服务业的经验，

① 谭刚. 加快建设前海高质量发展引擎的行动指南［N］. 深圳特区报，2021-09-28（B1）.
② 张玉阁. 粤港澳大湾区建设框架下的“香港+深圳”［J］. 澳门理工学报（人文社会科学版），2019（3）.

从这个切入点上入手，进一步推进深港合作，从而推动深圳的发展，支持香港的繁荣稳定。服务内地是指前海既是粤港合作区，又是服务业创新区，因此，可以通过前海的创新来促进内地服务业的发展。面向世界是指以国际的视野和胸怀，吸取国际上先进的管理、科技等方面的经验，把前海合作区建设好，以此作为我们创新的动力，作为改革的一块试验田，继续在这里获得经验向全国推广[①]。前海是新世纪深港合作的重要平台，是深港在行政、经济、社会、文化等领域高水平、深层次合作的重要空间，是彰显深港合作未来发展趋势的重要载体，在深港合作进程中具有举足轻重的地位。在一定程度上，深港合作是前海实践价值理性得以彰显的重要承载，是前海实践工具理性得以施展的广阔空间。前海深港合作的过程，就是前海实践价值理性和工具理性有机联动的过程。

一、以“开放”为核心的有机联动

在“一国两制”的框架下，率先推进前海与香港的规则衔接机制对接，是前海面向香港制度型开放的重要方式，也是前海全面深化改革开放的主导路径，是以“开放”为核心的价值理性和工具理性的有机联动。这种有机联动突出表现在四个方面。一是产业联动。前海致力于建立健全联通港澳、接轨国际的现代服务业发展体制机制和标准体系，联动建设国际贸易组合港，着力发展服务实体经济的现代金融，推动供应链跨界融合创新等，推进现代服务业创新发展。二是创新联动。前海致力于促进港澳和内地创新链对接，联合港澳探索有利于新技术新产业发展的法律规则和国际经贸规则创新，构建知识产权创造、保护和运用生态系统，加快科技发展体制机制改革创新。三是营商环境联动。研究制定前海合作区投资者保护条例，依法合规探索减少互联网融合类产品及服务市场准入限制，打造国际一流营商环境。四是机制联动。探索允许符合条件的港澳和外籍人士担任前海合作区内法定机构职务等，创新合作区治理模式。

前海率先推进与香港规则衔接机制对接的主导策略。一是先易后难、循序渐进，以问题为导向，甄别关键领域的重点问题和迫切问题，集中力量研究解决，

① 肖意. 南海之滨又东风：习近平总书记在深圳考察纪实［N］. 深圳特区报，2012-12-14.

以前海为突破，拓展带动更宽领域的规则衔接制度对接。二是基于服务业和服务贸易高质量发展需要，在前海率先探索采取“就高不就低”策略，即在服务贸易细分领域中，香港和内地哪一方的标准高，就通过相关协议规定采用标准高的一方，以推进服务贸易一体化和高质量发展。三是短期内，前海可在医疗、建筑工程、金融、会计等领域率先“单向认可”港澳居民获得的执业资格；未来，可在数字经济、人工智能等前海具有优势的领域，推动与香港双向互认执业资格。

二、以“发展”为核心的有机联动

科学发展、高质量发展、以人民为中心的发展，集中体现了“发展”这一概念的价值理性。前海的初心使命就是支持香港发展。因此，将前海建设成为香港要素在内地高度聚集的地区和香港服务业发展在香港之外发展的首选之地，是以“发展”为核心的价值理性和工具理性的有机联动。过去10多年，前海持续优化惠及香港的政策措施，从金融、会展、海洋经济、科技服务、数字创意等领域全面支持港人港企前来发展。目前，前海累计注册港资企业过万家，累计港资企业注册资本超万亿元人民币，累计实际利用外资的90%是港资。前海已经实现香港注册建筑师、澳门核数师等16类港澳人才仅需备案即可执业，针对港澳青年累计发布逾千个就业岗位，累计孵化香港创业团队超过200家，成为支持港澳青年在粤港澳大湾区发展的重要平台。前海首创深港“供应链协同”，支持港资企业拓展内地航运市场，提升香港国际贸易和航运中心功能。前海推动“六个跨境”，即跨境人民币贷款、跨境双向发债、跨境双向资金池、跨境双向股权投资、跨境资产转让、自由贸易账户（FT账户），巩固香港国际金融中心地位。前海先后成立了全国第一家港澳台和外国法律查明基地、第一家粤港澳合伙型联营律师事务所，着力构建接轨香港的法治环境。

扩区之后，“大前海”的要素资源禀赋发生了量质齐飞的优化和提升。在产业结构上，数字与时尚、新一代电子信息和绿色低碳产业成为前海发展的领头羊，前海现代服务业发展将获得更强有力的支撑；在要素资源上，机场、港口、会展经济、海洋经济等要素的纳入，进一步扩大了前海深港现代服务业合作的领域。作为《前海规划》的升级版，《前海方案》进一步明确了支持香港经济社会发展的重点。国家“十四五”发展规划纲要对香港的“八中心两枢纽”的定位，

《前海方案》几乎全面响应。对于香港的金融、海陆空运、贸易、法律、商务、专业服务等优势产业或核心功能，《前海方案》注重为其扩大辐射带动功能提供平台支持。对于深港优势互补的新兴领域或优势行业，《前海方案》注重深港携手做精做强做大，成为区域乃至国际标杆或典范[①]。未来，前海将为香港提供更大的发展空间。

三、以“功能”为核心的有机联动

深港合作在国家战略中具有重要的地位和功能。以粤港澳大湾区建设为平台推进深港功能叠加，打造区域核心动力引擎，抢占国际竞争制高点，是香港融入国家发展大局、深圳建设中国特色社会主义先行示范区的重大战略，是以“功能”为核心的价值理性和工具理性的有机联动。2021年10月，香港特别行政区政府发布施政报告，提出“建设香港北部成为宜居宜业宜游的都会区”并发布《北部都会区发展策略》，提出“双城三圈”概念。“双城”是指香港和深圳，“三圈”即指深圳湾优质发展圈、港深紧密互动圈和大鹏湾/印洲塘生态康乐旅游圈。北部都会区建设，标志着深港“双城经济”进入双向联动、务实推进新阶段。一是合作机制上两地政府相向而行、共同主导的特征进一步凸显，以往深圳“一头热”的合作格局将转向深港“两头热”。二是合作空间载体上无缝衔接，香港北部都会区和深圳口岸经济带形成“一区一带”空间布局，深港合作可在同一载体或平台上展开。三是产业和科技合作进一步密切。香港将形成“金融+科创”发展格局，与深圳携手发展创新科技产业，共建粤港澳大湾区科技创新中心，深港创新链、产业链一体化进一步加强。四是深港合作的制度创新进一步加强。要素高效便捷流动的制度建设进一步完善，深港规则机制深度对接进一步加快。五是深港合作共同推进“双城”建设的目标和愿景进一步明确。

实现深港分工协作，需要一个地理空间较大、要素资源较全、合作基础较好、创新政策相对集中的平台，而前海则是深港打造“双城经济”、讲好“双城故事”的主阵地。深港应以全面深化前海改革开放为杠杆，以国家“十四五”发

① 张玉阁. 支持香港经济社会发展贯穿“前海方案”始终［J］. 紫荆，2021（10）.

展规划纲要为指导，在“一国两制”的框架下，促进深港要素资源有效整合、经济社会深度交融，强化深港核心引擎功能，以打造“双城经济”、讲好“双城故事”为主线，创新前海深港合作的理念、方式和路径。如基于国家战略需要，整合香港自由港优势和深圳高科技产业优势，共同打造国家科技创新高地、顶级人才高地、全球开放高地；以总体国家安全观为引领，着力构建产业链、供应链、创新链安全保障网络，确保国家能源等战略性资源的运输安全；推动公共交通无缝对接，共同构建深港“通勤都会区”，为国家城市群和都市圈发展战略的推进实施提供经验借鉴等。

前海实践已逾10年，无论是经济发展还是社会进步，无论是改革开放还是创新突破，均取得了举世公认的丰硕成果，值得全面深入总结。展望新时代新征程，在以中国式现代化全面推进中华民族伟大复兴的进程中，有必要对前海实践进行价值理性和工具理性分析，在宏观层面深入挖掘，以彰显前海实践的历史纵深、现实宽度、战略视野及重要价值。

前海实践当然遇到过挫折，存在尚未解决的问题，甚至有过失败的教训。比如改革开放动力弱化问题、深港现代服务业特别是金融业合作竞争问题、法定机构水土不服问题、行政区和经济区适度分离下管理体制的适配与协同问题等。这些问题的出现和解决过程，都是中国改革开放进程中重要的实践积累，均对中国未来发展具有借鉴价值或警示价值。

全面深化改革开放是前海实践的初心和使命。从大历史观看，前海实践是新发展阶段中国改革开放的重大跃升，重要意义不亚于20世纪80年代改革开放初期的“杀出一条血路”。如果说当年主要解决的是内部问题，那么这一次既要解决内部问题，也要面对外部挑战，这不仅需要勇气和胆量，也需要智慧和眼界，更需要正确的理念、坚定的信念等价值观，以及正确、科学的方法论。因此，既需要跳出前海看前海实践，也需要从世界看前海实践，更需要从未来看前海实践。

CHAPTER 2

第二章

推进前海现代服务业标准化试点

建立健全联通港澳、接轨国际的现代服务业发展体制机制。建立完善现代服务业标准体系，开展标准化试点示范。

——《全面深化前海深港现代服务业合作区改革开放方案》

服务贸易是国际经贸规则体系的重要组成部分，近年来更是成为国际贸易最重要的增长点，服务贸易规则也因此成为新经贸协定的重要议题。当前及今后一段时期，国际经贸规则处于“深度调整期”，突出表现为双多边经贸协定有所进展，最为突出的是《区域全面经济伙伴关系协定》（RCEP）、《全面与进步跨太平洋伙伴关系协定》（CPTPP）、《美国-墨西哥-加拿大协定》（USMCA）等经贸体系。在此背景下，国际服务贸易规则加速调整，在《服务贸易总协定》（GATS）、《国际服务贸易协定》（TISA）等协定的基础上进行了较大改革。《前海方案》置于首位的任务是“推进现代服务业创新发展”，明确提出要“建立健全联通港澳、接轨国际的现代服务业发展体制机制。建立完善现代服务业标准体系，开展标准化试点示范”。在前海深入开展现代服务业标准化试点，对我国探索现代服务业标准化工作具有重要意义。

» 第一节 国际服务贸易规则与服务业标准化的内涵

一、国际服务贸易规则的内涵及发展趋势

（一）国际服务贸易规则的内涵

服务贸易是指一国的法人或自然人在其境内或进入他国境内向外国的法人或自然人提供服务的贸易行为。服务贸易对应的是商品贸易，两者同样是交易过程，只不过服务贸易交易的是无形的服务，而不是有形的商品。贸易一方向另一方提供服务并获得收入的过程称为服务出口或服务输出，购买他人服务的一方称为服务进口或服务输入。当前与国际服务贸易规则有关的协定中，GATS和TISA是全球多边性的，RCEP、CPTPP、USMCA等是区域多边性的。

一是GATS关于服务贸易规则的界定[①]。GATS的宗旨是在市场透明度逐渐提高和服务贸易市场逐步走向自由化的条件下，扩大全球服务贸易，并促进各成员的经济增长和发展中国家成员服务业的发展。GATS考虑到各成员服务贸易发展

① 本部分有关GATS、TISA等服务贸易规则内容来自中华人民共和国商务部网站。

的不平衡，允许各成员对服务贸易进行必要的管理，鼓励发展中国家成员通过提高其国内服务能力、效率和竞争力，更多地参与世界服务贸易。

GATS规定国际服务贸易具体包括四种方式，即跨境交付（cross-border supply）、境外消费（consumption abroad）、商业存在（commercial presence）和自然人流动（movement of natural persons），这构成目前所有有关服务贸易规则协定的基础。此外，GATS列出服务行业包含以下12个部门：商业、通信、建筑、销售、教育、环境、金融、卫生、旅游、娱乐、运输、其他，具体分为160多个分部门。GATS规定了各成员必须遵守的普遍义务与原则，还规定了磋商和争端解决的措施步骤。

二是TISA对国际服务贸易规则的深化和细化。与GATS相比，TISA对服务贸易的规则、领域和模式提出了新的要求。其目标是在GATS的基础上达成一项涵盖服务贸易所有领域的更高级别协议，这要求进一步扩大市场准入，消除服务贸易和投资壁垒。美国和欧洲在服务贸易方面有明显的优势，由它们主导的TISA必须所有参与者都能大幅开放市场，消除各种壁垒。

TISA确立的国际服务贸易原则主要包括：全面给予外资国民待遇，即除各国明确保留的例外措施外，所有服务部门，包括目前不存在但未来可能出现的各类新型服务业，均需对外资一视同仁；应取消设立合资企业的要求，不应限制外资持股比例和经营范围；约束对跨境服务提供的限制，包括许可、居住要求等，约束对通过投资提供服务的机构设立、参与合资企业或经济需求测试等的要求；保证数据跨境自由流动，取消数据必须存储在使用国服务器上的要求；在自然人移动方面，增加商务访客、专家和技术人员准入的便利性，包括对企业市场开拓意义重大的内部调动人员；新的开放措施一旦实施不得收回；等等。同时，TISA还将在国内管制、国企竞争等方面及信息通信技术、电子商务、金融、专业服务、海运、政府采购、服务业补贴等领域制定新的贸易规则。

三是CPTPP、RCEP、USMCA关于服务贸易的规定。CPTPP将服务贸易细分为跨境服务贸易、金融服务、电信服务以及四个专业服务贸易。CPTPP采取负面清单方式，除了涉及信息安全与国家利益的服务外，其他服务一般都取消了限制条款，最大限度促使服务要素资源在成员国之间相互流动，在一定程度上增加了服务贸易领域的政策透明度、确定性和可预见性。此外，CPTPP还推出了有关国有企业、政府采购及竞争政策等的新规则，有助于提高缔约方在服务贸易方面的市场准入水平。

RCEP的服务贸易部分采取的是混合模式，包括跨境支付、跨境消费、商业存在和自然人流动四种服务提供模式。RCEP采取正面清单和负面清单相互结合的方式，帮助缔约方根据目前的开放程度采取适合、适用的清单，更好地促进投资和服务贸易的自由化。RCEP的规定更加全面，规则覆盖面更广，针对金融服务、电信服务、专业服务等制定了详细的规则。包容性也是RCEP的一大亮点，RCEP在给予不发达国家特殊或差别待遇的同时，满足发达国家的实际需求，实现了先进性与包容性的统一，消除了地区服务贸易的歧视性。

USMCA在服务贸易部分强调了金融服务业的开放，为美国金融机构、投资者以及金融服务跨境贸易提供公平的竞争环境；强调美国金融服务商可获得国民待遇和最惠国待遇；限制金融监管者以访问数据为由要求数据本地存储。在数字贸易方面，USMCA明确规定限制政府要求披露电脑源代码和计算公式，反对数据本地化，限制了其他国家从墨西哥、加拿大获得先进技术和知识产权。从全球网络上。USMCA提高了北美贸易堡垒，维护了以自身为核心的北美贸易圈的利益。

CPTPP、RCEP、USMCA服务贸易规则的主要内容和主要特点如表2-1和表2-2所示。

表2-1　CPTPP、RCEP、USMCA服务贸易规则的主要内容

协议名称	主要内容
CPTPP	缔约方采取负面清单方式作出的具体承诺相较GATS而言，大幅提高了服务领域的开放水平，协定相关规定也显著增加了缔约方在服务贸易领域的政策透明度、确定性和可预见性
RCEP	服务贸易是RCEP的重要组成部分。RCEP服务贸易和投资的总体开放水平明显高于原“10＋1”自由贸易协定。此外，RCEP采用的正、负面清单机制也促进了投资和服务贸易的自由化。RCEP在服务贸易领域的核心目标是消除本地区服务贸易的歧视性措施，实现本地区的国民待遇和无差别最惠国待遇，促进本地区服务贸易自由化。RCEP服务贸易旨在通过减少影响区域内成员国之间跨境服务贸易的限制性和歧视性措施，为区域内缔约方进一步扩大服务贸易创造条件。服务贸易包括市场准入规则、国民待遇规则、最惠国待遇规则、当地存在规则、其他承诺等现代的综合性条款，这些条款以各方的具体承诺和附加承诺为准

（续表）

协议名称	主要内容
USMCA	USMCA强调了金融业的开放，其金融服务章节包括对金融服务市场自由化的承诺，为美国金融机构、投资者以及金融服务跨境贸易提供公平的竞争环境；强调美国金融服务商获得国民待遇和最惠国待遇；限制金融监管者以访问数据为由要求数据本地存储；更新了允许跨境转移数据和更新市场准入义务的规定；规定了有史以来最严格的透明度义务；增加了关于跨境贸易承诺的单独附件，包括将国民待遇和市场准入义务应用于扩大的跨境服务清单；为美国在墨投资设立特别争端解决机制

表2-2　CPTPP、RCEP、USMCA服务贸易规则的主要特点

协议名称	主要特点
CPTPP	CPTPP将服务贸易分为“跨境服务贸易”“金融服务”和“电信服务”3章以及4个专业服务贸易附件，要求缔约国提高对服务提供者的保护、可预测性和透明度，采取“负面清单”方式，即除了以“不符合措施”形式明确排除的服务外，其他服务部门均被自动视为自由化的服务部门。换言之，除涉及信息安全和国家利益（如政府采购，政府履职服务，政府支持贷款、担保或保险，涉及领空权的航空服务）等明确关闭的服务部门外，其他服务部门和子部门均应向CPTPP缔约国的企业开放。总体而言，有以下4个特点：一是内容有所减少，门槛有所降低，但仍坚持“全面且进步”的标准；二是成员国横跨亚太地区，总体经济投射力较强；三是生效条件相对宽松、易行；四是吸引力强，扩容前景较为乐观
RCEP	RCEP构建了全面的负面清单机制。澳大利亚、马来西亚、新加坡、印度尼西亚、文莱、日本、韩国7个成员国通过负面清单承诺；中国、新西兰、泰国、柬埔寨、缅甸、老挝、菲律宾、越南8个成员国通过正面清单承诺，将在RCEP生效后6年内转为负面清单 RCEP的开放程度更高。15个缔约方均作出了高于各自“10+1”自由贸易协定的开放承诺。中国对开放服务贸易的承诺达到了现有自由贸易协定的最高水平，承诺服务部门的数量在中国加入世界贸易组织承诺的约100个部门的基础上，增加了制造、管理咨询、研发等相关服务，增加了法律、航运、金融、建设等37个部门的承诺级别。其他成员国在中国重点关注的医疗、建筑、房地产、交通、金融等领域作出了推进更高水平开放的承诺

（续表）

协议名称	主要特点
RCEP	RCEP的规则详尽全面、富有先进性与包容性。第一，规则较为详尽。除服务贸易主体25条条款以外，RCEP还制定了更详细的金融服务、电信服务和专业服务附件规则，并分析其对以往国际协定和规则的突破之处。金融服务包括14条规则，电信服务包括23条规则，专业服务包括9条规则，涵盖内容全面，在各个议题上的整体水平均高于世界贸易组织（WTO）的相关协定。第二，服务条款体现出与GATS相冲突的情形，比如，条款中所表述如本协定与GATS第二十一条程序存在任何不一致，在不一致的范围内应当以本协定为准。第三，富有包容性。RCEP成员国中既有日本、韩国等发达国家，又有中国、越南等发展中国家和老挝、缅甸等不发达国家。RCEP在给予区域内不发达国家特殊与差别待遇的同时，满足发达国家的实际需求，实现了先进性与包容性的统一
USMCA	USMCA有关服务贸易的框架与CPTPP基本一致，最大的不同是以“数字贸易”取代CPTPF的“电子商务”，并增加了新的规则，形成当今国际贸易协定中规范数字贸易的最新及最高标准，为美国具有竞争优势的创新数字产品和服务在扩大贸易和投资方面提供坚实的基础 在数字贸易方面，USMCA明确规定限制政府要求披露电脑源代码和计算公式，反对数据本地化，以限制其他国家通过墨西哥、加拿大获得先进技术和知识产权。因此，从全球生产网络来看，美国提高了北美贸易壁垒，竭力维护了以自身为核心的北美贸易圈利益。USMCA明确赋予所有数字产品非歧视待遇，并将“创造、生成、出版、订约、代理或者首次商业化”等一系列行为列入本国数字产品的认定范畴，扩大了认定范围 对于金融服务的跨境投资，USMCA则采用负面清单模式，缔约方原则上应该开放所有金融服务部门，履行市场准入、国民待遇、最惠国待遇等一般性义务

（二）国际服务贸易规则的发展趋势

根据世界贸易组织的统计，全球约有290项优惠贸易安排，其中服务贸易占近一半。目前，已达成协议的CPTPP和USMCA，以及正在谈判的《国际服务贸易协定》（TISA），都着眼于通过制定和更新服务贸易规则，不断巩固和扩大发达经济体在服务贸易领域的国际竞争力和市场份额。

最新的国际服务贸易规则谈判主要集中在负面清单开放、消除电子商务和数字贸易壁垒、竞争中立、知识产权保护等方面，并针对金融、电信、专业服务等服务领域的开放制定了专门章节。从金融业的角度来看，这些自贸协定对金融服务贸易产生了较为全面的影响。具体条款涉及跨境贸易、最惠国待遇、新型金融服务、数据处理、特殊信息待遇、不合规措施、支付清算系统、信息传递、咨询、金融服务投资纠纷等。总的来说，这些新规则代表着更高水平的服务贸易自由化，也符合中国构建开放型经济新体制的改革方向。

二、服务业标准化的内涵

服务业标准化是以服务活动作为标准化对象，其研究范围包括国民经济行业中的全部服务活动。服务业标准化试点工作开始于2005年，国家标准化管理委员会先后发布了《全国服务标准2005—2008年发展规划》《全国服务业标准2009年—2013年发展规划》，之后由国家市场监督管理总局、商务部、国家发展和改革委员会等部委联合开展国家级服务业标准化试点工作。以服务业分类来看，服务业标准化的范围及内容主要如下。

生产性服务标准化。围绕生产性服务转型升级重大需求，开展全链条的标准化技术研究，助推生产性服务向专业化转变、向价值链高端延伸。重点领域包括但不限于金融服务、科技服务、知识产权服务、人力资源服务等。

生活性服务标准化（消费性服务标准化）。围绕生活与消费服务热点问题，开展全链条的标准化技术研究，促进生活性服务向精细化和高品质提升。重点领域包括但不限于快递服务、教育培训服务、旅游服务、心理咨询服务等。

社会治理和公共服务标准化。围绕服务型政府建设、公共服务补短板强弱项等重大战略，有重点地开展标准化技术研究，提升社会治理水平，助推基本公共服务均等化。重点领域包括但不限于基本公共服务、行政（政务）服务、机关事务管理、公共交通、科学普及服务等。

消费者保护标准化。以消费者权益保护为核心，重点开展消费品使用说明、消费品和服务比对试验、消费投诉处理、消费指导、消费教育、消费者隐私等方面的标准化研究。

服务型组织标准化。以推动服务型组织有效运用标准化手段、提升管理与服务水平为目标，重点开展服务型企业标准化作用机理、运行规律、管理方式等研究，为服务型组织培养专业标准化人才等。

新兴服务业态标准化。针对服务创新日益活跃的现状，开展前瞻性、引领性标准化研究，培育、引导新兴服务业态发展。重点研究领域包括但不限于互联网模式服务、电商物流、数字经济等。

» 第二节　前海开展现代服务业标准化试点的实践及基础

一、前海开展现代服务业标准化试点的内容

现代服务业以规则为基石，推动创新发展的关键在规则衔接。粤港澳大湾区涉及一个国家、两种制度、三个关税区，规则不易衔接是湾区建设面临的主要挑战。在前海率先开展现代服务业标准化试点，就是按照服务贸易四大模式——商业存在、跨境交付、境外消费和自然人流动，在金融、法律、医疗、工程建设、智慧城市等具有基础的领域，坚持对标国际最高水平经贸规则和“就高不就低”原则，推进与香港服务贸易规则、规制、标准、管理等的衔接，逐步建立起联通港澳、接轨国际的现代服务业发展体制机制，从而更好地发挥对香港经济的支持作用，打造港澳与内地深度合作发展新示范，为国家制度型开放作出新探索，推动粤港澳大湾区创新发展。

二、前海开展现代服务业标准化试点的实践及基础

（一）制度创新领先

制度创新是前海最重要的使命，也成为前海最鲜明的底色。前海深港现代服务业合作区成立以来，在金融开放、贸易自由化、投资便利化、政府行政管理体制等方面累计推出制度创新成果645项，其中在全国复制推广58项，按工作日算，前海平均3天推出一项制度创新。2020年10月，中共中央办公厅、国务院办公厅印发《深圳建设中国特色社会主义先行示范区综合改革试点实施方案（2020—2025年）》之后，前海积极推动试点工作。特殊工时管理改革、新型知识产权法律保护、创新编制管理方式、外籍高层次人才居留便利、本外币合一跨境资金池等改革任务在前海率先落地。前海还出台对标高标准国际经贸规则、推进制度集成创新的若干措施。

（二）产业基础坚实

截至2021年，前海累计注册企业近15万家，注册资本累计近9.6万亿元[①]，其中总部企业90家，培育出越海供应链等11家独角兽企业。前海主导产业累计注册企业数量如表2-3所示。前海已基本形成产业结构优化、高端要素集聚、经济活跃度高的现代服务业体系。

表2-3　前海合作区2016—2020年主导产业累计注册企业数量

单位：家

年份	金融业	现代物流业	信息服务业	科技服务业	专业服务业
2016	50620	18166	11596	15615	12149
2017	57763	25157	13309	24973	21897
2018	55050	26834	13845	25527	26393
2019	48634	23773	11340	22232	23732
2020	43083	24240	12488	20118	23736

数据来源：《2020年深圳前海蛇口自贸片区经济发展统计年报》。

在金融业方面，2020年金融业注册企业增加值对前海注册企业增加值[②]的贡献率达72.6%；纳税总额225.21亿元，占前海税收总量的46.4%，贡献率为3.2%。保险金融机构增长势头强劲、贡献突出。2020年，前海人寿保险、新华养老保险纳税额均实现翻倍增长。营收百亿元以上超大型企业增速亮眼，全年前海营收超百亿元金融企业8家。

在现代物流业方面，2020年现代物流业注册企业增加值对前海注册企业增加值的贡献率为2.3%；纳税总额54.38亿元，占前海税收总量的11.2%，贡献率为24.9%。供应链管理头部企业维持较快增长，供应链管理营收超十亿元企业10家，其中6家企业实现营收翻倍增长。通用仓储企业税收贡献突出，全年前海通用仓储企业税收收入14.74亿元，增长超40倍，拉动前海现代物流业税收收入增长35.5个百分点。

① 苑伟斌. 前海：高质量发展新跨越［N］. 深圳商报，2021-09-09（A01）.

② 由于前海仅为经济功能区，不是行政区，因此没有GDP等完整统计数据。目前前海采用注册企业增加值来反映经济发展情况。

在信息服务业方面，2020年信息服务业注册企业增加值对前海注册企业增加值的贡献率为11.0%。纳税总额37.76亿元，同比下降25.4%，占前海税收总量的7.8%。头部企业增长较快，纳税规模5亿元以上企业2家；集团企业发展势头强劲，平安系、腾讯系企业贡献突出，其中腾讯音乐娱乐营业收入规模达百亿元，增长15.7%。此外，集成电路设计企业有力拉动前海信息服务业税收增长。

在科技服务业方面，2020年科技服务业纳税总额仅占前海税收总量的1.7%。值得一提的是，头部企业增速迅猛，纳税规模千万元以上企业15家，增长面高达86.7%。国家高新技术企业发展较好，科技服务领域中国家高新技术企业214家，营收增长面达62.9%。立刻说网络科技、晶晨半导体、光大绿色环保3家营收超亿元企业增速均达两位数。

在专业服务业方面，2020年前海专业服务业纳税总额16.47亿元，较上一年下降43.4%，占前海税收总量的3.4%。其中大型企业增长面客观，顺丰泰森贡献税收超5亿元。社会经济咨询企业增长较快，德勤、第一太平戴维斯增长超110%[①]。

（三）港资港企港人集聚

前海是香港企业到内地投资、香港居民特别是香港青年到内地发展的“第一站”，已经成为港资港企港人最集聚的区域。截至2021年上半年，前海累计注册港资企业1.15万家（见图2-1），前海梦工场已累计孵化创业团队524家，其中香港团队245家[②]。

2020年前海新增注册港资企业421家，同比降幅较为明显，主要受疫情冲击等影响。新增外资注册企业中租赁和商务服务业及信息传输、软件和信息技术服务业较多（见图2-2），金融和物流类企业较少。

前海积极吸引港澳青年创新创业，出台《关于支持港澳青年在前海发展的若干措施》及实施细则。前海连续多年举办前海粤港澳青年创新创业大赛、世界青年创业论坛等青年创业活动。聚焦提高港澳青年在前海创新创业项目的成功率，

---

① 参见《2020年深圳前海蛇口自贸片区经济发展统计年报》。

② 孙飞，赵瑞希．“我举双手赞成‘扩区’”——在粤港青热议“前海方案”［EB/OL］．（2021-09-14）．http://www.news.cn/2021-09/14/c_1127858512.htm.

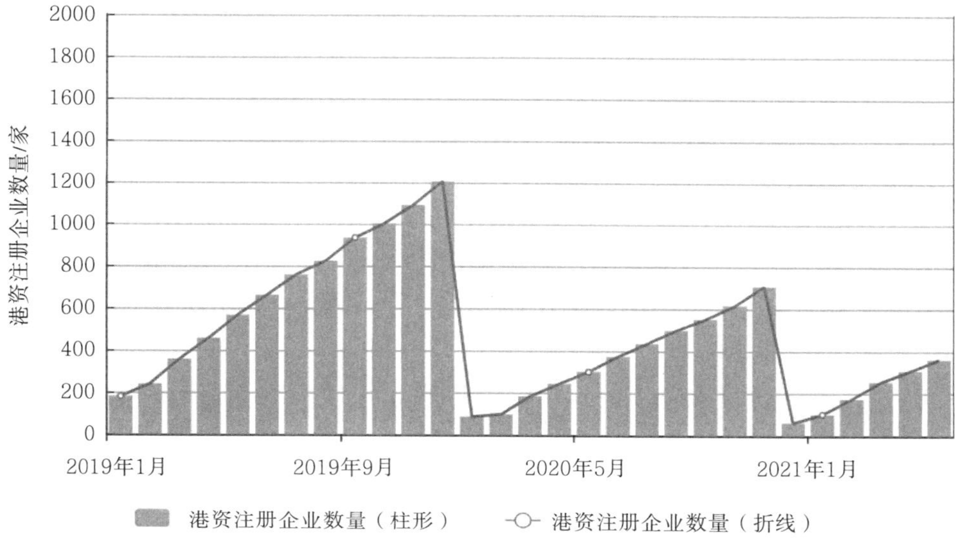

图2-1　2019年1月至2021年6月前海港资企业注册数量（数据为本年累计数）

数据来源：前海管理局。

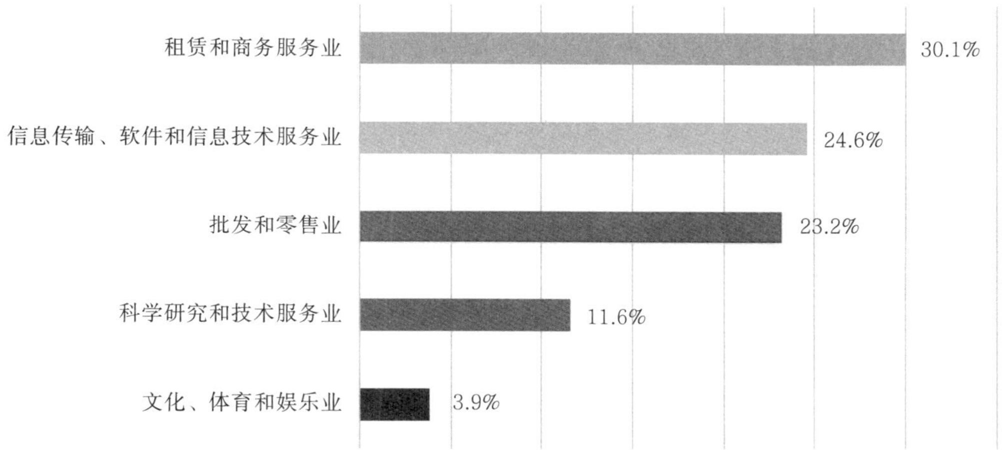

图2-2　2020年前海新增注册外资及港澳台企业不同行业占比

在创业各个阶段提供全周期支持，包括给予落地前海的港澳青年初创团队启动资助、补贴场租和运营费用等创业成本、鼓励资质认定、培育重点港澳青年创办企业、给予上市奖励、降低融资成本、提供风险补偿以及资助创业交流活动。截至2020年，前海累计发放港澳青年专项扶持资金共计9000多万元，累计认定1434

人次境外高端人才和紧缺人才，其中香港籍人才占总认定人数50%以上[①]。

（四）营商环境持续优化

国际一流营商环境是前海开展现代服务业标准化试点的关键“软环境”。前海先后出台《前海蛇口自贸片区及前海合作区着力打造最佳营商环境改革行动方案（2018—2020）》及《前海蛇口自贸片区暨前海合作区2019年营商环境改革行动方案》，聚焦前海企业全生命周期中的痛点、难点、堵点问题，对标世界银行营商环境指标体系、国际高标准经贸规则和全球最佳营商环境实践，提出了多项具体改革举措，努力打造观念相仿、制度相通、文化相融的全球最佳营商环境。2021年7月，普华永道按世界银行营商环境指标体系对前海进行评估。结果显示，如果作为独立经济体参与排名，前海的排名由2017年的第51位提升至2020年的第22位，在开办企业、施工许可、获得电力、执行合同方面进入前20名。

（五）深港现代服务业规则标准衔接持续推进

一是“单向认可”香港专业人士资格。前海持续推动“取得香港专业资格的人士直接为前海提供服务”政策，实行建筑设计服务领域的“香港模式”，放宽具备香港税务师、会计师资格的专业人士在前海免试执业。2020年10月，前海管理局发布有关香港工程建设领域专业机构和专业人士在前海执业备案的规章制度，首次以制度形式为香港工程建设领域专业机构和专业人士执业提供明确指引（见专栏2-1）。此外，前海开展粤港澳合伙联营律师事务所试点工作，以及允许香港医师在前海短期执业，两者均采取“单向认可”方式。

专栏2-1　前海便利香港工程建设领域专业机构和专业人士执业

2020年10月20日，深圳市前海管理局会同香港特别行政区政府发展局共同举办“前海建设领域深港合作创新成果发布活动”，并发布了《深圳市前海深港现代服务业合作区香港工程建设领域专业机构执业备案管理办法》和《深圳市前海深港现代服务业合作区香港工程建设领域专业人士执业备案管理办法》。

两管理办法通过备案方式直接授予港企、港人内地企业资质和执业资格，允

① 吴德群，甘霖. 前海：深港合作“桥头堡”［N］. 深圳特区报，2021-09-06（A01）.

许其直接参与前海合作区范围内的工程建设活动，开放前海建设市场。管理办法规定，在香港发展局公布的认可名册中且在有效期内的专业机构，以及在香港特别行政区相关专业人士注册管理局注册且仍在注册有效期内的专业人士，在前海备案后可取得与内地对应的执业资质、资格，可在前海合作区范围内参与招投标等工程建设活动和直接提供工程建设领域相关服务。专业机构及专业人士在香港的相关工程业绩和经验，视同于内地相关工程业绩和经验。

前海此举有效打破了香港建设领域的专业机构及专业人士在内地因执业资质和执业资格限制而产生的壁垒，让其有资格参与更多的政府、大型企业建设投标，为香港业界人士提供了参与粤港澳大湾区开发建设的舞台和新的机遇。同时，香港建筑工程领域，从合同到图纸、从流程到管理，均与欧美等地区通行标准一致，也将为粤港澳大湾区带来对标国际的标准，促进深港两地业界的交流。

前海嘉里中心和腾讯数码大厦均采用香港工程建设模式，前者是前海首个试点项目，实行建筑师负责制，并聘请香港的工料测量师对项目进行造价管理；后者约20人的项目管理团队中，有14人为香港工程师，同时该项目所有顾问团队均来自香港。数据显示，香港工程建设模式的试点项目，已吸引超48家香港专业机构和145位香港专业人士，香港工程建设领域专业服务机构在前海签订合同额超20亿元。同时，前海提出1/3的土地面向香港出让，已累计向港资企业出让土地39.55公顷，占全部已出让土地的43.2%。目前，前海已完成28家香港工程建设领域专业机构、217位专业人士备案。

二是率先实施15%个人所得税优惠政策。2014年，《财政部 国家税务总局关于深圳前海深港现代服务业合作区个人所得税优惠政策的通知》发布，前海率先对境外高端人才和紧缺人才给予补贴，该补贴免征个人所得税。前海累计补贴六批次境外高端人才和紧缺人才，其中港籍人才461人次、补贴1.58亿元人民币。2019年3月4日，《财政部 税务总局关于粤港澳大湾区个人所得税优惠政策的通知》发布，个人所得税优惠政策扩大至粤港澳大湾区九市实施。前海个人所得税优惠政策对香港现代服务业人才到深圳工作产生了较大的吸引力，也是深港现代服务业相关规则标准衔接的重要措施。

三是法制规则与香港及国际对接。前海先后成立了全国第一家港澳台和外国法律查明基地、第一家按法定机构模式治理的仲裁院、第一家借鉴香港廉政监督模式的廉政监督局、第一家粤港澳合伙联营律师事务所。前海法院完善“香港地区陪审员”和“香港地区调解员”制度，受理的涉港案件数量全国第一。特别是在知识产权方面，前海积极对接香港和国际规则制度，通过法制化建设不断释放知识产权发展新动能，在规则体系、司法建设、纠纷解决国际化等方面成绩突出[①]。深圳知识产权法庭、中国（深圳）知识产权保护中心、前海法院、前海检察院等法制机构的落户，标志着前海已逐步建成司法主导、行政支撑的强大知识产权保护体系。

» 第三节　前海推进现代服务业标准化面临的主要问题

前海在推进现代服务业标准化方面积累了丰富的实践和制度经验，但也面临相关问题和制约。在服务业开放领域、市场准入、边境内开放、法治措施、营商环境等方面，前海还面临诸多挑战。

一、开放领域有待拓宽

服务业引进外资和贸易进口的结构不合理，存在金融业“一业独大”的问题。根据前海管理局提供的资料，2020年前海金融业注册企业占比为31.4%，税收占前海税收总额的53.2%。

服务行业开放度仍有较大提升空间。根据经济合作与发展组织（OECD）服务贸易限制指数（STRI）[②]，与OECD平均水平相比，2019年我国除了基建服务业的工程咨询、建筑设计行业开放度略好外，其他服务行业都存在不同程度的差距，特别是运销供应链服务业的邮政快递业，数字网络服务业的电信、广播、影视业，以及市场连接和支持服务业的会计业等差距明显（见图2-3）。与标杆国家[③]相比，我国服务行业开放度的差距进一步拉大。虽然前海探索了不少服务业开放措施，但在邮政快递、电信、广播、影视等行业的开放度方面，与全国大致相同。

---

① 傅江平．法制化建设释放知识产权发展动能［N］．中国质量报，2020-12-24（3）．

② OECD服务贸易限制指数（简称“STRI指数”）是目前国际上衡量一国服务业开放度的客观评价指标，也是对提高一国服务业开放度的政策措施进行对标比较和情景模拟的有效分析工具。

③ 标杆国家主要包括美国、英国、法国、德国、丹麦、韩国等。

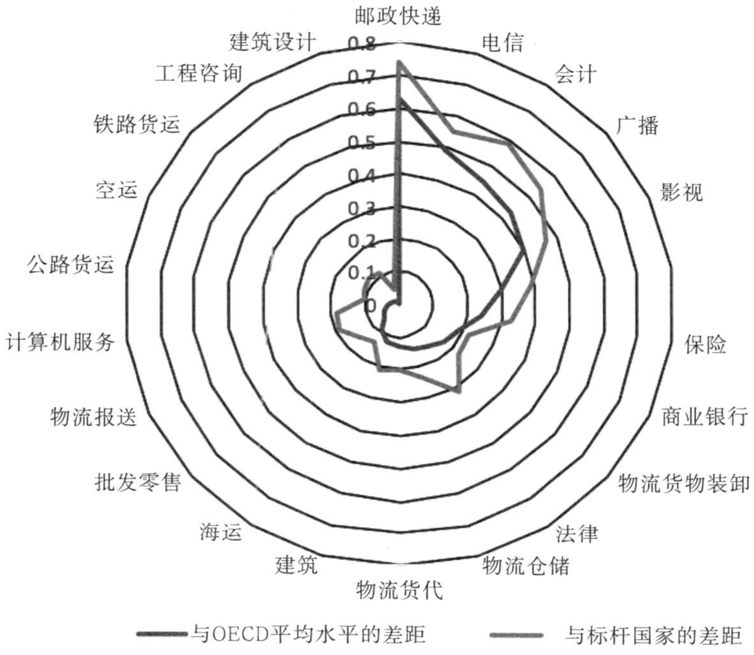

图2-3　2019年我国服务业开放度国际比较

二、市场准入有待放宽

国内目前有关外商投资准入主要有三类负面清单，即全国范围适用的《外商投资准入特别管理措施（负面清单）》，自由贸易试验区适用的《自由贸易试验区外商投资准入特别管理措施（负面清单）》，以及海南自由贸易港适用的《海南自由贸易港外商投资准入特别管理措施（负面清单）》。全国范围适用的负面清单有33条禁止和限制措施，自由贸易试验区和海南自由贸易港的禁止和限制措施缩减至30条和27条。其中，海南自由贸易港负面清单根据自身发展需求，在国内水上运输、制造业出版物、电信公司、市场调查、文化表演等领域进行了市场准入放宽。前海当前适用的是自贸试验区版的外商投资准入负面清单，以及CEPA中内地对港澳服务贸易具体承诺（“负面清单+正面清单”）。2021年1月，中共中央办公厅、国务院办公厅印发了《建设高标准市场体系行动方案》，提出“制定出台海南自由贸易港、深圳建设中国特色社会主义先行示范区、横琴粤澳深度合作区放宽市场准入特别措施。选择符合条件的地区开展放宽市场准入试点”。《前海方案》开篇即提出要“推进现代服务业创新发展”。前海最具条件，最有必要开展放宽市场准入试点，亟须制定系统、量身定制的服务业市场准入负面清单。

三、边境内限制亟待消除

市场准入仅是外商投资经营的第一道门槛，迈过这道门槛后，外商投资企业还面临经营模式、牌照、业务范围、经营条件、业务许可等种类繁多且多有交叉的其他边境内措施限制。特别是审批环节多，层层审批、程序复杂、手续繁多，直接提高了外资进入市场的难度和成本。比如，港澳拥有国际肝移植手术资质和经验的医师在内地医院执业，如果所在的医院没有肝移植手术牌照，那么这些医师就无法开展手术。再如，联营律所不得受理和承办刑事诉讼事务，联营律所中具有委托公证人资格的港澳律师无法在联营律所从事涉港公证业务。从北京和上海的服务业开放实践来看，不仅要有市场准入负面清单，还需制定一份推动服务业开放的系统性实施方案，以解决包括人员流动、竞争壁垒、监管透明度、营商环境、知识产权保护等边境内开放问题。

专栏2-2 香港大学深圳医院案例

香港大学深圳医院部分专家有较高的业务能力和医学水平，但内地医疗准入政策法规的限制，在一定程度上影响其服务拓展。如香港大学深圳医院院长卢宠茂教授为国际著名活体肝移植专家，但国家卫健委要求，开展器官移植技术的申报单位首先必须获得DCD（心脏死亡）移植建设单位资质，再连续两年每年开展10例以上DCD来源器官移植案例，才能成为器官移植资质单位，经国家卫健委审核后才可正式开展DCD来源的肝移植，受此影响，香港大学深圳医院申请器官移植牌照受阻。从事生殖医学的何柏松教授，在香港玛丽医院工作数十载，曾培训内地、东南亚等地区生殖医学学员，但受内地辅助生殖技术资质审批限制，香港大学在辅助生殖医学方面的资源和技术优势一直未能在香港大学深圳医院得到传承和发扬。

四、监管体系有待对接

相较于香港，内地服务业起步较晚，并且内地与香港的服务业监督管理制度体系存在较大差异，需要有效对接衔接。以金融行业监管为例，内地对港澳及国际金融机构的设立、审批程序、外资的比例、经营业务等方面还存在较多前置条件和较高门槛，境外资金进出管制较多，境外企业和投资者参与境内金融市场的便利性不足，金融市场的基础设施安排与国际市场也有一定差异。在专业人士执业资格管理方面，内地虽然在试点推广“建筑师负责制”，但要求建筑工程师签字权的有效性必须依托所在的机构，而香港则无此规定，香港建筑工程师可以以个人名义行使签字权并负责任。两地对建筑师签字权的规定有明显差异，香港建筑师在内地执业需要相当的适应期。

五、法律法规有待完善

在法律法规方面存在的问题主要表现为“政策文件多、法律法规少”。法治化的规制方式是服务业高水平开放，特别是制度型开放的最好体现。从国际上看，推动服务业开放及相关制度的改革主要是通过法律法规的“立改废”来推进的。我国现阶段推动服务业开放更多还是依靠各类政策文件，运用法律法规手段明显不足，这也是多年来我国不少服务行业的STRI居高不下、国际上认为我国服务业开放度不高的重要原因。前海也面临同样问题。虽然前海通过了《深圳市前海深港现代服务业合作区香港工程建设领域专业机构执业备案管理办法》和《深圳市前海深港现代服务业合作区香港工程建设领域专业人士执业备案管理办法》，但这些仍属于政府部门工作文件，不是法律文件。从目前前海和深圳出台的文件来看，有关服务业开放的政策主要是政府工作文件，以立法形式推动的较少。政策文件无法形成约束力强的制度规范，影响港澳及国际企业和专业人士进入市场的预期和信心。

六、服务贸易争端解决机制等相关制度性安排有待完善

前海虽然集聚了国际仲裁院、海事物流仲裁中心、“一带一路”国际商事诉调对接中心等机构，但是服务贸易争端解决机制、司法审查等仍有优化的空间。

由于内地与港澳之间的法律差异，粤港澳政府间关于区域司法协助安排的谈判并取得共识需要耗费较长时间，导致服务贸易争端解决效率有待提高。例如，最高院最早于1996年着手准备涉港澳司法协助工作，2001年内地与澳门签订关于送达和取证的一揽子安排，但《关于内地与香港特别行政区法院就民商事案件相互委托提取证据的安排》于2017年才生效。粤港澳三地没有签署全面的司法合作协议，已有的司法协助安排主要是原则性规定。由于两地在法律适用上存在制度性冲突和争议，形成“形式上已经完备，实质上无法解决具体案件”的尴尬局面。服务贸易相关案件的管辖权、适用法律、审判裁决效力、执行方式和执行效力都存在制度性冲突和争议，这是依靠现有制度性安排无法解决的。

» 第四节　前海开展现代服务业标准化试点的基本策略和重点领域

结合《前海方案》要求以及前海、香港现代服务业发展实际，以下提出前海开展现代服务业标准化试点的基本策略和重点领域。

一、基本策略

（一）“以点带面”率先突破

推进前海现代服务业标准化试点，可以通过顶层设计，全面系统、深入详尽地作出规划和部署，全方位、系统化攻坚落实，这一路径能够一揽子、一次性解决大部分问题。但在“一国两制”下，推进内地与港澳现代服务业规则标准全面对接比较复杂、敏感，难度很大，不可能毕其功于一役。因此，应先易后难、循序渐进，以问题为导向，甄别关键领域的重点问题和迫切问题，集中力量研究解决，形成突破，以点带面，拓展带动更宽领域的规则衔接制度对接。

（二）“就高不就低”

前海开展现代服务业标准化试点，探索建立服务贸易“湾区标准”，应着力解决采用谁的标准或者如何建立共同认可标准的问题。考虑到服务业和服务贸易高质量发展需要，应采取“就高不就低”策略，即在服务贸易细分领域，港澳和内地哪一方的标准高，就应通过相关协议规定采用标准高的一方，以推进服务市场一体化和高质量发展；如果CPTPP等经贸协定的标准高于港澳和内地，则应通过相关协议向CPTPP标准看齐或借鉴。

（三）单向认可和双向互认兼顾

在“一国两制”框架下，推动三地法律对接衔接不具有现实条件。从过往经验看，推动规则、监管对接衔接需要三地政府共同沟通协商并达成互认协议，由此会产生大量交易成本，且进度较为缓慢。“单向认可”模式本质上是内地政府的单方行为，即无须与港澳特区政府或相关机构进行协商和达成一致意见的自主行为，能够有效减少因机制体制不同导致的与港澳特区政府签订协定造成的交易成本。从现实需求看，当前前海可在建筑工程、医疗服务、专业服务等领域单向认可港澳居民在境外获得的执业资格。未来，前海应在金融、数字经济、人工智能等其他领域，与港澳执业推动资格互认，支持港澳在这些前沿领域与内地同步发展，促进港澳形成新增长点，这也有利于内地规则标准通过港澳平台走向国际。

（四）试行商业存在单一通行证和自然人流动负面清单

此为中长期策略方向。借鉴欧盟金融机构单一通行证做法，探索在金融、工程建设、医疗等领域向粤港澳大湾区机构颁发单一通行证，获得单一通行证的合格机构，可自由在粤港澳大湾区内开展业务。比如港澳服务机构只需首先向港澳监管部门报备，港澳监管部门随后通知广东监管部门，港澳服务机构即可来粤港澳大湾区内地城市开展业务，广东监管部门不用再进行准入审批，也无须在内地单独设立子公司。在自然人流动方面，建立港澳专业人士职业资格负面清单，清单之外不再需要通过考试、考核或认证等方式获得内地执业资格，仅登记备案即可自由执业。

二、重点领域

结合《前海方案》、《粤港澳大湾区发展规划纲要》（简称《规划纲要》）、《海南自由贸易港跨境服务贸易特别管理措施（负面清单）》，以及RCEP、CPTPP等国际经贸协定关于服务贸易的规定，前海在金融、法律、医疗、工程建设、数据、文化旅游、互联网、教育、检验检测以及会计十大重点领域率先开展现代服务业标准化试点，先行先试有关试点政策。

（一）金融服务

一是试行特定金融机构“单一通行证”模式。即在前海由深圳地方金融监督管理机构认可港澳及其他境外金融机构已经获得的银行、风险投资、私募股权投资等领域的牌照，允许持牌金融机构在前海登记备案后自由开展业务。二是拓宽“跨境理财通”业务。在粤港澳大湾区现行“跨境理财通”框架下，在试点银行、投资者资格、理财产业类型、资金跨境流动等方面进行适度放宽，打造“跨境理财通”集聚区。三是率先开展保险业务放宽试点。加快推动“港澳金融机构在前海开设分支机构”政策落地，为粤港澳大湾区居民提供港澳续保、理赔等保险服务（除签约服务外）；探索在前海开展自保公司、相互保险公司等新兴保险公司试点，大力发展再保险市场；推进科技保险试点工作，为科技企业提供风险保险服务；支持在前海开展跨境机动车保险、跨境商业医疗保险、信用证保险等业务。四是率先开展债券业务双向开放试点。推动境内债券市场对港澳机构或投资者开放，允许港澳投资者投资境内柜台债券；允许在前海注册运营的科技创新企业到香港发行人民币债券。五是建立“粤港澳大湾区绿色金融标准”。争取中国人民银行、银保监会、证监会、国家发改委等的支持，与香港金融管理局合作，在前海建立“粤港澳大湾区绿色金融标准”，推动香港认可内地关于绿色信贷、绿色债券、绿色产业的认定标准，率先支持前海企业赴港发行绿色债券。

（二）法律服务

一是深化粤港澳合伙联营律师事务所试点。拓宽前海联营律所律师从业范围，允许联营律所受理和承办刑事诉讼事务。二是率先实施公证体制改革试点。允许在前海联营律所执业的、具备中国委托公证人资格的香港律师在联营律所从事委托公证业务。三是开展服务贸易争端机制创新试点。明确前海一方当事人为港资企业、约定将争议提交香港仲裁机构解决的，认定为有效。

（三）医疗服务

一是试行港澳及境外服务提供者在前海设立医疗机构参照相关标准。在前海暂停实施内地现行设立医疗机构的标准，包括空间面积、机构规模、科室设置、人员配置等，港澳及境外服务提供者在前海设立医疗机构可参照港澳或国际通行标准实施。二是将前海医疗机构纳入“港澳药械通”试点名单。争取广东省卫健委等部门支持，将符合条件的前海医疗服务机构（包括港资医疗机构）纳入“港澳药械通”试点名单，探索简化进口港澳药品医疗器械审批流程。三是开展药品上市许可持有人、医疗器械注册人制度试点。允许在前海注册运营、在境外已获得药品上市许可持有人或医疗器械注册人资质的港澳资企业指定粤港澳大湾区内地企业法人履行研制、生产、经营、使用等义务，同时，被指定内地企业法人与港澳企业承担连带责任。四是试行医师“一试三证”评价模式。争取国家部委支持，在前海试行“一试三证”评价模式，即一次考试可获得国家职业资格认证、港澳认证、国际认证，港澳人士在港澳从业经历可视同内地从业经历。

（四）工程建设服务

一是优化香港工程建设领域专业机构行政管理。争取广东省内支持，对根据CEPA规则设立的香港工程建设设计企业的资质延续事项给予特别通道，不适用内地企业资质的延续规则；在前海率先落实对香港工程建设企业有关资质许可实行告知承诺制的行政许可方式，率先落实取消首次申请资质时对港澳投资者的工程设计业绩要求。二是落实香港工程建设领域专业人士签字权效力。争取国家有关部门支持，在前海推行严格的香港“建筑师负责制”，香港建筑专业人士行使签字权，免去签字权生效必须由企业或机构盖章的规定。

（五）数据服务

一是建设深港跨境贸易平台，推动贸易数据互通。建设深港跨境贸易大数据平台，推动深港口岸数据互联、单证互认、监管互助互认。二是探索建立粤港澳大湾区数字贸易统计体系。借鉴境内外数字贸易统计方法和模式，打造统计数据和企业案例相结合的数字贸易统计体系；加快推动公共数据开放，引导社会机构依法开放自有数据，支持在前海开展只地数据合作，推动政务数据与社会化数据平台对接。三是探索制定特定行业领域数据出境管理办法。在《中华人民共和国网络安全法》《中华人民共和国个人信息保护法》《中华人民共和国数据安全法》《关键信息基础设施安全保护条例》等法律法规框架下，争取国家部委支持，在前海率先制定科研、口岸、物流等特定行业领域数据出境管理办法（可率先出境至香港和澳门），建立闭环风险监管机制和跨境协同管理机制。四是加快实施数据分类管理。深入分析欧洲、美国等地区有关数据的法律法规，研究制定数据分类清单，加快建立数据分类管理制度，涉及国家安全的数据严格监控，而对于一般商业数据则在评估安全级别后率先对港澳放开。

（六）文化旅游服务

一是放宽音像制品业务。在前海允许港澳投资者投资音像制品制作、编辑及出版等业务，经营主导权和内容终审权由内地合作方掌握。二是试行独资旅行社开展出境旅游业务试点。允许在前海设立的港澳独资经营旅行社试点经营中国公民出境旅游业务（赴台湾地区除外）。三是开展国际船舶登记和配套制度试点。借鉴中国香港、新加坡等地做法，开展“一船两港”登记制度、船舶金融租赁权登记制度、船舶优先共有权登记制度等试点。

（七）互联网服务

一是试点信息服务业务放宽。在前海率先向港澳服务提供者取消信息服务业务（仅限应用商店）股比限制。二是试点互联网业务放宽。在前海率先向港澳服务提供者开放内地互联网虚拟专用网业务（VPN），持股比例不超过50%，共同开展VPN虚拟专用网业务。三是试点增值电信服务放宽。在前海取消互联网接入服务业务（仅限为用户提供互联网接入服务）等增值电信业务外资股比限制。

（八）教育服务

一是支持国际及港澳高校在前海独资设立理工类高等院校。争取国家支持，在前海暂停实施《中外合作办学条例》，允许国际及港澳高校独资设立理工类高等院校。二是创新独资办学或中外合作办学建设标准及运作模式。参照相关办学模式，允许在前海设立的独资办学机构或中外合作办学机构参照境外标准和运作规则，放宽用地规模、学生规模、配套宿舍等方面的限制。三是实施内地与港澳“双轨制”教育。设立港澳子弟班，赋予港澳籍学生在初中阶段选择在内地或回流港澳继续受教育的选择权。

（九）检验检测服务

允许香港检验检测机构设立分支机构，推行“一次认证、一次检测、三地通行”机制。在前海允许香港检验检测机构以商业存在形式设立分支，实施认证及相关检测业务与港澳互认制度，实行“一次认证、一次检测、三地通行”机制。

（十）会计服务

一是争取会计业务许可审核权限下放。争取广东省财政厅支持，将审核香港会计师事务所书面报告及临时审计业务许可证的权限由省级财政部门下放至深圳市财政局，许可证有效期可适当延长。二是试点香港会计准则在前海适用。推动香港会计准则（包括应收账款、存货、固定资产、融资租赁等）在前海适用。

服务业开放、服务贸易创新发展是一项庞大、复杂的系统工程，推进前海现代服务业标准化试点，应在细分领域、规则指引等方面积极争取国家有关部委的指导和支持。涉及暂停有关法律法规，应借鉴北京市的做法，由国务院或中央有关部门出台相关规定[①]。

① 2021年10月18日，国务院发布《关于同意在北京市暂时调整实施有关行政法规和经国务院批准的部门规章规定的批复》，在北京市调整实施《中华人民共和国中外合作办学条例》《外商投资电信企业管理规定》《营业性演出管理条例》《建设工程质量管理条例》《建设工程勘察设计管理条例》《旅行社条例》《民办非企业单位登记管理暂行条例》《外商投资准入特别管理措施（负面清单）（2020年版）》的有关规定，http://www.gov.cn/zhengce/content/2021-10/18/content_5643327.htm。

第三章 CHAPTER 3

联动建设国际贸易组合港与前海物流业发展

联动建设国际贸易组合港，实施陆海空多式联运、枢纽联动。

——《全面深化前海深港现代服务业合作区改革开放方案》

国际航运市场的发展和变化与全球经济贸易的发展有直接的联系，是全球经济发展和改革的外在表现[①]。在世界经济复杂多变的大环境下，全球航运物流业发展格局正发生重大变革。一方面，经济贸易和经贸体系的全球化格局调整重构一定程度上促进了货物自由贸易，航运货物吞吐量取得新突破，迎来新的增长引擎；另一方面，气候变暖、新冠疫情、贸易摩擦都构成日益严重的威胁和不确定性，全球经济受到供给和需求的双重冲击，引发供应链中断、需求收缩，全球航运物流都加强了风险管理和复原力的建设，航运物流业加速优化和转型。在这一切的变化之中，进一步保持绿色和可持续性仍是优先政策，数字化转型和变革也成为不可逆的转型方向。全球供应链趋向一体化、精细化、信息化发展，而中国市场在世界物流需求中的地位进一步加强。《前海方案》提出“联动建设国际贸易组合港，实施陆海空多式联运、枢纽联动”具有重要性和紧迫性。

» 第一节　全球航运业、物流业发展趋势

一、全球航运业向绿色化和可持续性转型

随着全球越来越重视可持续的未来并试图减轻气候变化带来的影响，各领域企业不得不适应并面对绿色环保带来的挑战，在全球贸易绿色转型方面取得实质性进展将再次成为航运、物流机构和利益相关者的首要任务之一。

航运业将朝着零碳目标迈进。国际海事组织（IMO）于2008年签署了海运减排协议，到2050年实现二氧化碳排放量减少50%，并将逐步朝着零碳目标迈进。这是航运业首次为气候变暖制定碳排放目标，这将是航运减排目标的基础。IMO为此制订了策略：短期通过诸如消除市场壁垒、提高运营能源效率等措施控制碳排放，同时促进技术创新，发展零碳排放燃料技术，并于2023—2030年部署替代燃料，最终达到预定减排目标。这意味着海运部门将面临更加严格的环境要求。

① 智峤生．国际航运市场分析及我国航运企业发展策略分析［J］．现代营销（经营版），2021（3）．

未来几年将是航运业脱碳行动的关键，来自行业外的监管机构、客户和利益相关者所要求的变革压力也将越来越大。船东公司、行业上游的租家都在频繁推出2040年甚至2050年碳中和的构想。国际零售巨头亚马逊、宜家、米其林等大租家纷纷向航运公司施压，要求对其服务的航运公司到2040年向其提供绿色运输服务。信德海事预测，这波自上而下的施压对航运业脱碳进程将起到明显的推动作用。

2016年《巴黎协定》的签署，意味着全球环境保护的要求将越来越严。伴随着全球新能源技术、节能减排技术的发展，绿色化运输、绿色化经营将成为航运业发展的趋势，运营商需要保持服务水平和降低成本，同时确保运营的可持续性，最终才能实现可持续与利益的共赢。

二、供应链趋向一体化、精细化、信息化

集装箱航运业和供应链物流正处于发展的关键转折点。疫情改变了所有人的生活方式、消费模式，还改变了区域的产业模式，也催生出了新的业态和机遇。行业格局重塑、产业布局升级将更加依赖供应链安全，多中心化推动航运市场构建新的物流生态圈。保障国际供应链稳定和风险可控，在区域内把产业链、供应链配齐，保障极端情况下的生产可靠性与运力有效性成为全球供应链发展的重点。

（一）供应链一体化趋势

高效的物流供应链体系是通过优化业务结构和业务布局，实现以客户需求为中心、与上下游制造企业及商贸企业的深度融合，实施以“一站式”“门到门”服务为特征的一体化物流解决方案，为企业客户提供从原料到产品的供应、生产、运输、仓储、销售等环节相衔接的高质量全流程物流集成服务。以物流业务链为基础，依托港口和航运网络，联结供给主体和需求主体，实现物品从供应地向接受地的实体流动，并逐步延伸上下游供应链一体化服务，构建产业链融合生态，全面提升物流产业价值链成为主要发展趋势。

（二）供应链精细化趋势

供应链变化的速度加快，供应链设计需要执行的时间减少。疫情过后的世界，供应链进一步缩短。近岸外包、企业回迁和产品库存过剩，导致贸易全球化

进一步减速，带动区域化加快。随着消费者的口味、消费和购物模式的不断发展，生产和运输要求也可能随之发生变化。网上购物进一步增加，出现更多对定制商品的需求，这些趋势可能会把商品交易的重点放在运输的“最后一公里”上。而伴随着消费者对快速交付需求的增加，物流环境中的所有利益相关者都将需进一步适应拼箱货增多的需求，基于区域的库存有助于满足这一需求，区域性的供应链建设越来越有必要。

（三）供应链信息化趋势

数字化、信息化已成为物流供应链的核心竞争力之一①。物流领域已经由劳动密集型转向科技密集型。技术、数字化和创新将进一步渗透供应链及其分销网络，包括运输和物流。采用技术解决方案并跟上这一领域的最新进展将成为一项必要条件，而不再是一种选择。物流行业的各个环节都在寻求发展动态供应链。只有加快推动港航层面的数据流、信息流、服务流的共享共建，通过加强基础设施和数字化手段连接建设服务客户的数字化智慧化港航中心，实现产业链各领域更深、更广阔的合作，才能为共同的客户提供更优质的服务，创造更大的价值。

三、数字化和高科技化成为不可逆趋势

贸易新业态、新技术、新标准、新模式正在引领全球物流格局发生重大变革。技术创新与信息服务全球化已经成为航运物流业主流。具有代表性的电商平台、船务运输和运营公司以及科技物流企业已经通过引入高新技术和高效的管理工具建立了成熟的物流生态圈。

（一）标准和互通性变得越来越重要②

全球通信卫星覆盖水平的提高与技术的进步，使船舶和港口能够即时访问和共享大量数据，通过全天候的联通交互设备，不仅可以远程监测船舶状态，还可以使船员和公司随时了解全球发生的事件并作出响应。同时，利用大数据技术集成全行业航空公司电子货运所涵盖的相关数据信息，也能让航空公司和机场同时

① 张敏. 航运物流企业完成数字化转型还有多远？［J］. 中国航务周刊，2022（28）.
② 联合国贸易和发展会议. 海运述评2020［EB/OL］. https://docs.qq.com/pdf/DVm9xYk5MeEpnY3dx.

共享货物信息。为使港口和航运公司从订立基准中受益，使数据具有可比性，船舶类型、关键性能指标、定义和参数都需要通过数字转型来实现标准化。区块链技术的去中心化、智能合约及分布式数据库等属性可推动物流活动中不同的合作伙伴建立起安全有效的信任机制，加快这些数字技术在航空物流领域的应用，将显著推动航空物流降低成本、提高效率。

（二）产业链各角色加快数字化步伐

新冠疫情大大加速了整个行业数字化的步伐，在集装箱进出口物流领域，数字化在线订舱的比例已经超过了15%。货主不再单纯追求最低价格，而是追求一种更具保障性、确定性、标准化的服务。航运物流供应链更加需要在全球采取系统的、协调的政策应对措施。而数字转型能够有效提高供应链的复原力及为供应链提供支持的运输网络的复原力。

国际物流数字化的全面普及已成为行业共识，高达76.93%的从业者认为，国际物流行业最晚5年内，数字化技术与服务即可实现更为广泛的应用和渗透[①]。数字化将成为每一个大中型国际供应链物流企业的标配，成为企业创新突破的着力点。

此外，行业协会一直在推广使用可转让提单的电子等同物，并促进政府部门、银行和保险公司更多地接受这些电子等同物。各国政府已作出显著努力来维持其港口的运营，并加快新技术和数字化的使用。

四、中国市场在世界物流需求中的地位进一步加强

（一）中国是港口货运量第一大国

2020年，全球物流市场总规模6万亿美元，同比下降9.1%。截至2020年底，中国物流业总收入达到10.5万亿元，同比增长2.2%。根据2021年全球货运代理公司排名，内地和香港共上榜企业15家；中国港口在世界排名前10和前20的大港中

① 上海国际航运研究中心．国际物流产业数字化发展报告［EB/OL］．（2021-05-26）．https://mp.weixin.qq.com/s/Kpc7sewku92yEuEwCRtGWQ.

分别占7个、14个[①]。中国的海运供给在世界海运供给结构中的占比进一步提高，作为世界工厂，中国是干散货和集装箱贸易的关键参与者，在过去10年贡献了近1/2的全球海运贸易增长量。2018年，中国海运进口量估计为世界海运贸易总量的1/4[②]。

（二）RCEP带来货物贸易变化，为航运业注入强劲的活力

2020年11月15日，《区域全面经济伙伴关系协定》（RCEP）签署。RCEP是由东盟十国发起，邀请中国、日本、韩国、澳大利亚、新西兰参加，通过削减关税及非关税壁垒，建立区域统一市场的自由贸易协定。目前，中国对外签署的自贸协定达到19个，自贸伙伴达到26个，中国与自贸伙伴贸易覆盖率由27%提升至35%。RCEP将进一步促进区域内货物贸易总体规模增长，降低由于关税带来的区域分工成本。贸易结构变化为RCEP地区港口基础设施、临港产业园区发展带来契机，给中国港口企业"走出去"带来重要机遇。此外，RCEP将改善区域内营商环境，极大地促进货物、服务、投资、人员、数据等要素跨境自由流动。东盟对中国产业投资的大门进一步打开，为中国参与区域乃至全球产业链、价值链重塑提供了重要机遇。

（三）跨境电商快速发展，航运物流市场空间巨大

中国航空物流已然成为国家重要战略资源之一。随着相关支持政策的发布和基础设施建设的红利，航空物流势必迎来一段高速发展期。得益于中国制造的规模优势和比较优势、国内消费升级的需求驱动、电子商务基础设施完备、海外零售市场较低的电商渗透率与国家层面政策推动等因素，当前中国跨境电商市场处于高速增长期。受产业集群、经济活力、口岸布局等因素影响，我国跨境电商产业布局以华东和华南两大市场为主，产业带围绕上海、香港两大国际航空枢纽分布，在干线运输、目的港地面服务、口岸清关、监管运输等方面对航空物流和机

① 吴佳璋，周梓悦．全球首发：2021年全球50大港口排名公布——《2021年全球港口发展报告》前瞻——上海国际航运研究中心［EB/OL］．（2022-03-23）．https://mp.weixin.qq.com/s/twts5b05HhRGvVF8F78rFg.

② 联合国贸易和发展会议．海运述评2021［EB/OL］．https://unctad.org/system/files/official-document/rmt2021_en_0.pdf.

场地面服务有高度需求，属于航空物流高相关市场，给中国的航运物流市场带来巨大的增长空间。

（四）中国企业转型为国际物流市场长期发展提供有力支撑

一直以来，“中国制造”的物流体量是国际物流发展的基石。随着中国企业在产品的研发、生产、服务上奋起直追，与国际先进技术的差距进一步缩小，在某些行业中，中国产品的技术甚至走在了国际前列。“中国制造”正逐渐走向“中国创造”。更多中国企业、中国专家走向国外，在世界各国建立生产基地，这势必要求中国的物流、供应链企业也要走出国门，建立覆盖全球的运输网络。预计在3～5年内，国内将涌现出一批具备全球化服务能力的中国供应链物流企业。这给国际物流市场未来长期发展提供了有力的支撑。

物流业高质量发展是经济高质量发展的重要组成部分，也是推动经济高质量发展不可或缺的重要力量。全球航运物流业进入加速提升与结构优化阶段，船舶与港口逐步趋向大型化、高效化、标准化、智能化；硬件基础设施和数字化基础设施不断改进；海事法律、航运金融、航运保险等衍生服务业不断完善。

» 第二节　粤港澳大湾区航运物流业发展

粤港澳大湾区是我国开放程度最高、经济活力最强的区域之一，在国家发展大局中具有重要战略地位。粤港澳大湾区的港口集装箱吞吐量、机场旅客量、进出口贸易总额等在全球湾区中独占鳌头。2021年，粤港澳大湾区经济总量约12.6万亿元，进入世界500强企业达25家，拥有国家级高新技术企业超6万家①。

一、粤港澳大湾区航运物流业现状及优势

粤港澳大湾区城市群优势互补，在区位、产业、制度上都有其独特的竞争优

① 广州市发展和改革委员会. 2021年大湾区经济总量约12.6万亿元［EB/OL］.（2022-04-20）. https://mp.weixin.qq.com/s/2DBQeunUsM118vkpzhQkqQ.

势。在“一带一路”倡议背景下，粤港澳大湾区外贸的发展也推动了港航物流的高质量发展，物流水平处于全国前列。

（一）区位优势：地理位置优越，交通运输资源丰富

粤港澳大湾区地处我国沿海开放前沿，以泛珠三角区域为广阔发展腹地，有着得天独厚的地理位置优势，粤港澳大湾区交通运输资源非常丰富。

世界级港口群。粤港澳大湾区拥有深圳港、香港港、广州港三大国际性港口，集结了珠海、中山、东莞等众多大型和中小型港口，年货物吞吐量超过10亿吨；连同香港在内，珠江口湾区的集装箱吞吐量超过7000万标准箱，是全球港口最密集、航运最繁忙的区域。广州、深圳、珠海、东莞4个位于珠江两岸的港口已迈入亿吨大港行列，香港港、广州港、深圳港集装箱吞吐量跻身全球前列，航线覆盖世界各个国家的主要港口。世界上最繁忙的十大港口有7个在中国，其中3个位于粤港澳大湾区。目前，沿海港口已开通国际集装班轮航线291条，通达全球100多个国家和地区的200多个港口。以粤港澳大湾区为核心的世界级港口群正加速形成。

世界级机场群。在粤港澳大湾区内，香港国际机场、澳门国际机场、深圳宝安国际机场、广州白云国际机场等七大机场连接全球超过200个航点。香港国际机场已成为一个非常成熟的航空枢纽，几乎可以全年无休地营运。2019年，香港国际机场拥有航点220多个、航线约230条及120余家航空公司。粤港澳大湾区机场的客货运规模超过纽约、伦敦等世界级机场群，位居全球湾区机场群之首。2020年印发的《民航局关于支持粤港澳大湾区民航协同发展的实施意见》提出，到2025年基本建成粤港澳大湾区世界级机场群，构建以香港、广州、深圳国际航空枢纽为多核驱动，澳门、珠海等机场多点联动的区域协调发展新格局。

快速交通陆网。珠三角核心区高速公路密度位居世界前列。高铁覆盖全省21个地级市。港珠澳大桥的建设与通车，将珠海与香港国际机场间的行车时间缩减至约45分钟，更加有助于货品运送往返香港、珠海及澳门三地。粤港澳大湾区主要城市交通网四通八达、纵横交错，形成“1小时生活圈”。

（二）产业优势：区域经济繁荣，物流需求强劲

经济实力雄厚。粤港澳大湾区地处于我国改革开放前沿。在2021财富世界

500强企业名单中，共有99家企业总部坐落全球四大湾区，数量创历年新高[①]。粤港澳大湾区外贸总额的稳步增长加快了港口物流业的发展，港口基础设施建设不断加快，港口物流服务水平日益提高，推动了区域融合以及对外交流与合作。多年的不断积累，使粤港澳大湾区的一些龙头企业目前实现了运输、仓储、分拣、配送、客服全程供应链流程的无人化，在物流技术研发、现实场景应用、政策引导推动上走在了全国乃至世界前列。

产业基础较好。粤港澳大湾区产业基础发展较好。香港作为国际金融、航运、贸易中心和国际航空枢纽，拥有高度国际化、法治化的营商环境以及遍布全球的商业网络，是全球最自由经济体之一，是粤港澳大湾区对接世界的窗口和金融、港口物流的对外开放渠道。澳门作为世界旅游休闲中心和中国与葡语国家商贸合作服务平台的作用不断强化，多元文化交流的功能日益彰显。

广州是枢纽型网络城市和综合性产业基地，是粤港澳大湾区的商贸中心、南中国腹地港口物流中心、国际综合交通枢纽。深圳是粤港澳大湾区的科技产业中心，也是对接香港的区域金融中心，拥有华南东部、江西南部货物进出口港口。珠三角九市是内地外向度最高的经济区域和对外开放的重要窗口，在全国加快构建开放型经济新体制中具有重要地位和作用。

（三）制度优势：粤港澳大湾区融合发展带来新机遇

中央高度重视并支持粤港澳大湾区建设和物流业高质量发展，国家和粤港澳大湾区各地方政府纷纷出台相关政策推动粤港澳大湾区建设和物流业高质量发展。

深化中国（广东）自由贸易试验区改革开放是粤港澳大湾区率先构建开放型经济新体制，形成经济转型发展新动能和国际竞争新优势的重要举措。自贸试验区框架下的制度改革创新对粤港澳大湾区航运业的发展发挥了重要作用。建立与国际接轨的制度体系、提高口岸效率等是自贸区改革开放的重点举措。航运领域在自贸试验区的总体制度框架下进行了一系列的制度创新，例如负面清单中航运

---

① 谢珍，张楠．四大湾区的世界500强竞争力：粤港澳大湾区首次超越纽约湾区，84%企业排名上升［EB/OL］．（2021-08-10）．http://www.dg.gov.cn/dgsmch/gkmlpt/content/3/3583/post_3583451.html#1540.

相关产业的进一步扩大开放、国际中转集拼业务的创新发展等。

《规划纲要》对港澳航运、物流等领域将实施特别开放措施。《规划纲要》指出，加强基础设施建设，畅通对外联系通道，提升内部联通水平，推动形成布局合理、功能完善、衔接顺畅、运作高效的基础设施网络，为粤港澳大湾区经济社会发展提供有力支撑。以香港、澳门、广州、深圳四大中心城市作为区域发展的核心引擎，继续发挥比较优势，做优做强，增强对周边区域发展的辐射带动作用。同时，《规划纲要》在"提升珠三角港口群国际竞争力""建设世界级机场群""畅通对外综合运输通道""构筑大湾区快速交通网络"等方面作了详细的政策指导。

"一带一路"倡议和粤港澳大湾区建设的叠加效应，进一步推动了区域内航运业发展。粤港澳大湾区在我国"一带一路"倡议中发挥了"桥头堡"作用，产业协同化、贸易自由化、投资便利化、建设世界级机场群、建设"1小时物流圈"等措施推动大湾区航运物流业发展进入提速期。

二、粤港澳大湾区物流发展面临的主要问题

（一）港口群资源配置优化不足，同质化竞争激烈

粤港澳大湾区港口群资源配置亟待优化。第一，港口空间布局不尽合理。粤港澳大湾区内各城市距离较近，其管辖的港口也十分相近，经济腹地大量重叠，港口密度很大，形成了"一城一港"的局面。国资、外资及民营企业竞相发展，但生产经营水平相差较大，造成了同质化竞争白热化的状况。第二，港口功能定位不尽合理，市场定位重叠。例如深圳港与香港港主要都是以对外贸易为主，货物吞吐量相似，同时所运输的货物类型也相近，造成港口群规模大但效能低，整体竞争力不高。第三，港口间发展不均衡，整体核心竞争力不足。广州、深圳、香港的核心竞争力相对较强，湾区内的产业、人口、技术、资本基本集中在这几个城市，但澳门、珠海、惠州等地经济体量明显偏小，城市间差距较大，难以协同发展。

港口同质化导致港口间竞争日益加剧。出现这一问题的主要原因是湾区内各城市、各港口缺乏有效的协调与发展机制，港口群无法形成合力，湾区竞争力和社会经济效益很难突显出来。

（二）物流标准化程度不足，需形成有效的协同发展机制

物流标准化是指针对物流活动制定统一标准并实施的整个过程。物流标准化是物流业高质量发展的重要基础，是不可缺少的前提条件。即便粤港澳大湾区的物流业发展已走在全国前列，但距离物流业高质量发展对物流标准化的要求也仍存在较大差距。粤港澳大湾区港口群协同发展涉及跨行政边界的多方主体，单一依靠港口间的自发调节会因港口主体过于关注自身利益而导致低效率合作。因此，实施物流标准化战略，支撑物流业高质量发展势在必行。粤港澳大湾区应进一步加强体制机制创新，建立统一标准，统筹谋划新机遇下的港口物流发展。

（三）缺乏高水平港口物流专业化人才

物流业高质量发展需大量高素质高水平物流人才来支撑，庞大的物流市场、快速增加的物流资产投资和急速扩张的物流企业，带来了巨大的高端物流人才需求。粤港澳大湾区港口物流发展迅速，尤其在“一带一路”倡议下的外贸物流服务需求增大，港口物流技术、服务、建设人才都极其匮乏，对从业人员整体学历、技能要求高，但人才培养路径单一，缺少专业化、国际化的教育培训，与湾区港口物流发展整体定位不符。粤港澳大湾区应合理利用高校资源，培养更多高素质物流人才，力促粤港澳大湾区物流业高质量发展。

» 第三节 国际贸易组合港的概念、内涵及粤港澳大湾区协同发展的方向

港口作为航运物流产业链条的重要组成部分，在贸易和航运中发挥着举足轻重的作用，是建设现代物流服务系统必须着力打造的一环。港口成长状况和在物流产业中扮演的角色很大程度上体现了一个国家的物流发展水平。港口的国际化、信息化、电子化建设是提高港口核心竞争力的重要手段，也是降低成本、提高效率的关键。

一、国际贸易组合港的概念

组合港是指拥有共同的腹地、发展目标和经营规范，为统一规划、建设、管

理港口资源资产所形成的一体化的港口组织或联合体。随着国际航运形势的不断变化和港口联盟的逐渐增多，各个港口独立发展与规划的战略已不能满足发展的需要，港口间的合作成为主要的发展方向。因港而生、因港而兴，港口群对湾区发展具有重要的意义①。

从定义上看，港口群是由地理上相邻的一系列港口组成的港口系统；从功能上看，港口群是由某些功能相似或相同的独立港口组成的港口系统。港口群协同发展意味着港口之间要达成一定的共识，在港口定位、合理规划、安全环保、信息化建设等方面要协调统一，采用一致的发展战略，以提高港口效率和整体竞争力，促进港口的可持续发展和区域经济的快速发展②。

贸易组合港对湾区发展具有重要的意义。经济一体化、贸易自由化需要实现区域经济协调、高效的融合，而区域物流协同发展是融合的前提和基础。纵观纽约湾区、东京湾区、旧金山湾区等全球著名的湾区，在其形成和发展的过程中，离不开港口群、机场群、公路与铁路网、多式联运中心等交通物流基础设施的建设和支撑。贸易组合港可实现港口与城市的动态经济互动。

二、粤港澳大湾区发展组合港势在必行

粤港澳大湾区作为联系国内、国际市场的枢纽，港口在湾区经济发展中有着不可忽视的影响。“一带一路”“海运强国”“多式联运”等倡议和国家战略的深入实施，为我国港口行业发展提供了广阔的发展空间和难得的机遇，港口行业也要主动对接并积极服务于国家发展战略，推动港口转型升级发展，为组合港发展提供良好的政策环境。

（一）港口群间的合作有利于提高港口竞争力

当前国际港口竞争日益激烈，争夺国际航运市场更有利的核心地位，改变港口之间的恶性竞争，区域港口群协同发展是最为有效的措施。港口合作，有利于港口经济腹地的扩大，可以有效提高港口的投资收益率，实现货物的规模效益。

---

① 伍凤兰，陶一桃，申勇．湾区经济演进的动力机制研究：国际案例与启示［J］．科技进步与对策，2015，32（23）．

② 辛明．粤港澳大湾区港口群协同发展策略研究［J］．中国经贸导刊（中），2021（1）．

港口合作还可以推动港口新技术联合开发，加快推广应用港口新技术，在提高每个港口生产效率的同时还能提高整个港口群的竞争力。此外，在制度的制定与执行、节能减排与人员培训等方面可以使港口群内的港口都获得利益。国际经验表明，在相邻港口群范围内实施以港口群为基本单位的管理部门的统一管理，可以很好地避免港口之间的恶性竞争，同时又能组织港口之间的合作，形成整体，共同发展。

（二）组合港能加快各港口的信息共享建设

在国际上，现代港口已向第四代港口演进，并进一步向第五代绿色、低碳、联营、虚拟港口进化，向物联网时代的"大港口"与"智慧港口"阶段发展[①]。要实现粤港澳大湾区港口群港口和内陆经济腹地之间的有效对接，需要在各港口之间构建协同互通的信息化平台，进而大力拓展各个港口的发展空间，提升港口信息化水平。港口群信息化平台可以融入"一带一路"倡议的平台保障，进一步推动港口信息实时共享，降低互联网信息平台运营的成本，加快各港口的信息共享建设，加强港口群内部合作，实现整体与国外港口群合作共赢。

粤港澳大湾区内城市较多，其中经济体制、法律、金融、海关、贸易和出入境等制度不尽相同，这就给粤港澳大湾区的港口发展带来了广阔的优化提升空间。从战略层面，科学合理地调整港口布局结构、完善港口功能、科学明确分工，实现各港口优势互补，可使港口群成为未来湾区经济的重要增长极。

三、协同发展成为粤港澳大湾区航运物流高质量发展方向

统筹港口定位，促进港口群协同发展，同时建立协同组织机制，提升多式联运水平，打造国际航运枢纽港是湾区物流业高质量发展的核心策略和方向。

（一）统筹粤港澳港口发展定位，促进港口群协同发展

可探索在航线定位和服务产品上的差异化与互补性，实现港口功能定位差异化，实现港口分工协作与融合发展[②]。

---

① 张宝清，盛进路．组合港研究综述［J］．交通财会，2018（5）．

② 王启凤，钟坚，汪行东．建设国际航运中心背景下粤港澳大湾区港口群治理模式研究［J］．经济体制改革，2020（6）．

港航资源错位发展，优化枢纽布局。增强广州南沙港、深圳国际航运综合服务，与香港形成优势互补共赢的港口、航运、物流服务体系，增强港口群整体竞争能力；明确香港、广州、深圳、澳门、珠海等大湾区机场的发展定位，强化机场间快速交通联系，推进大湾区机场错位发展和良性互动，促进各机场共同融合发展。以重要枢纽城市为核心，推进要素协同发展，打造由物流资源共同组成的有机综合体，发挥节点辐射带动作用。

优化整合港口群，发展贸易组合港，实现港口与城市的动态经济互动。港澳继续提升现代服务业功能，致力巩固国际金融、航运、贸易中心的地位，发展世界旅游休闲中心，加强全球辐射力。深圳一方面加快全球科技产业创新中心建设，另一方面积极对标国际化高标准投资贸易规则，推进深港澳在各领域更紧密合作。广州发力建设国家中心城市、综合性门户城市、国际大都市。西岸珠海、中山等城市继续发展新材料、新能源、现代农业等技术密集型产业；东岸东莞、惠州则以高端制造业、新兴产业为基础，与深港形成新时期高端产业链条上下游线性关系。

（二）建立协同组织机制，统一标准

一是搭建协同合作组织框架。以合作组织作为区域物流业合作的最高行政议事机构和决策机构，负责集中协调粤港澳政府间的港口战略总体部署和各项跨区域港口行政事务。推进合作政策的出台和实施，健全各合作主体之间的反馈机制，发挥行业宏观层面的决策参考作用。二是粤港澳大湾区是在“一国两制”、不同货币和关税区的背景下建设的，不同的社会经济体制、关税政策对跨境物流造成较大影响。需建立和完善粤港澳跨界大型项目协调机制，整合三地交通资源、共建珠三角地区物流更趋合理的华南物流圈，实现全区域的高效物流运作。三是提升多式联运水平。粤港澳大湾区地理位置特殊，是一个由多个海湾及港湾和岛屿共同组成的湾区，其陆运、海运、空运等的衔接尤为重要。要制定规范的多式联运运行规则，完善多式联运转运、场站衔接等物流规范标准，实现在货物交接、检验检疫、合同签订、信息交流、协作分工、货损理赔等方面有序运行。

粤港澳大湾区区位优势、集群优势明显，交通条件便利，产业体系完备，经济互补性强，具有显著的经济发展优势。在国家政策的支持下，粤港澳大湾区应进一步强化硬件配套和基础建设，完善多式联运；促进港口群协同发展，建立协同组织机制，发展成为我国重要的国际交通枢纽、对外开放窗口。

四、粤港澳联动建设“大湾区组合港”

（一）实现港口分工协作与融合发展

“大湾区组合港”建设是“十四五”期间粤港澳大湾区交通基础设施建设中的重要发展规划。粤港澳大湾区港口基础设施完备，货物吞吐能力较强，统计如表3-1所示。建设“大湾区组合港”的重点在于探索在航线定位和服务产品上的差异化与互补性，发挥各港口自身优势，实现优势互补、错位发展，实现港口分工协作与融合发展。一是港口定位区分。香港可持续发展转口贸易；广州可重点发展对内贸易，开拓大珠三角航运市场；深圳可发展出口，与香港、广州错位竞争；其他港口可发挥其作为香港、广州、深圳港口的补给港功能，服务本地经济发展。二是航运业群内分工。香港作为全球重要的金融中心、航运中心与信息中心，应着力发展高端航运服务业，服务华南、辐射全球；广州港与深圳港应着力建设综合航运服务中心，提供如船舶维修保养、备件与物料供应、海上救援等，同时应加强相关行业的培育，如海员劳务市场、买造船市场、运输市场等，为航运业等行业发展服务。三是基础设施互联，完善集疏运系统。重点实现港口群基础设施互联、完善集疏运系统建设；建设铁路、公路等设施将湾区港口群串联起来，建立起统一的港口货物调配信息系统。港口群内港口间货运时间的缩短，有利于实现合理、有效、及时的货源调配，通过在单位面积管理更多货物和加快货物周转速度，实现港口服务质量的提升。

表3-1　粤港澳大湾区港口现状基础设施情况[①]

港口	生产泊位数/个	千吨级泊位数	年通过货物能力/万吨	年通过集装箱能力/万标准箱
深圳港	155	74	22032	2175
广州港	179	66	32000	1637
珠海港	156	28	16000	198

① 张道玉，聂丹伟，黄启翔．粤港澳大湾区背景下深圳港与湾区港口的协同发展研究［C］// 中国城市规划学会城市交通规划学术委员会．交通治理与空间重塑：2020年中国城市交通规划年会论文集．北京：中国建筑工业出版社，2020.

（续表）

港口	生产泊位数/个	千吨级泊位数	年通过货物能力/万吨	年通过集装箱能力/万标准箱
惠州港	52	21	10100	102
佛山港	290	191	12043	661
东莞港	215	120	13461	174
中山港	129	96	4452	184
肇庆港	87	43	4166	80
江门港	248	151	5932	134
香港港	24	9	25000	2000
澳门港	4	—	—	—

数据来源：内地各城市统计年鉴、香港特别行政区政府统计处、澳门特别行政区政府统计暨普查局网站数据。

“大湾区组合港”促进了湾区港口群协同发展，实现作业效率、经济效益和环境效益共赢。有助于整个大湾区港口群的联动发展和整个物流运输方式的体系优化。目前，“大湾区组合港”已开通多条线路，涉及粤港澳大湾区7个城市，未来需要进一步增强与粤港澳大湾区各个码头之间的“组合港效益”，继续推进“大湾区组合港”模式拓点延线成网，实现湾区港口群全方位互联互通，助力构建具有国际竞争力的粤港澳大湾区现代化物流新模式。根据深圳海关的数据，2022年第一季度“大湾区组合港”项目累计进出口吞吐量达5.4万标准箱，同比增长超6倍。

（二）推进航运金融服务业领域有序开放和发展

围绕港航产业，推进航运结算业务、船舶融资业务、航运金融衍生业等金融服务业领域的有序开放。

发展海上保险及船舶金融，支持香港发展航运保险及交易平台。《规划纲要》中明确指出：巩固提升香港国际航运中心地位，支持香港发展船舶管理及租赁、船舶融资、海事保险、海事法律及争议解决等高端航运服务业，并为内地和澳门企业提供服务。依托香港高增值海运和金融服务的优势，发展海上保险、再保险及船舶金融等特色金融业。支持与港澳金融机构合作，按规定共同发展离岸金融业务，探索建设国际航运保险等创新型保险要素交易平台。香港的船舶管理及租赁排名全球领先。作为全球最主要的船舶注册地之一，香港拥有经验丰富的船舶管理公司，能为客户提供优质服务，确保船队管理有度。根据香港海运港口局2022年的统计数据，2020年香港远洋轮船的船东及营运者数量位居全球第二，为152家，仅次于新加坡。香港是亚洲最重要的国际船舶融资中心之一。作为全球航运中心，香港有着活跃的船舶融资和船舶租赁业务，以及各式各样的船舶融资产品。2018年，香港海运业的贷款及垫款合共约155亿美元。在全球十大船务融资银团贷款的簿记行中，有7家在香港设有办事处。香港的海事保险规模稳中有升。2020年香港提供船舶保险服务的公司达到了90家，船舶业务承保毛保费达28.5亿港元，增速为18.2%，且有着不断上升的趋势。

航运物流投资实施特别开放措施。《规划纲要》提到："推进投资便利化。……推动对港澳在金融、教育、法律及争议解决、航运、物流、铁路运输、电信、中医药、建筑及相关工程等领域实施特别开放措施，研究进一步取消或放宽对港澳投资者的资质要求、持股比例、行业准入等限制……使港澳专业人士与企业在内地更多领域从业投资营商享受国民待遇。"在航运投资方面，香港投资者将在内地获得国民待遇，预计此前对外资有所限制的国内沿海、内河水运市场将对香港投资者开放。

强化前海南沙航运金融服务。《规划纲要》将前海和南沙作为香港航运金融的重要承载地。其中，前海主要探讨离岸账户功能，南沙重点发展融资租赁业务，携手加快建设大湾区国际航运、金融和科技创新功能的承载区。未来南沙和前海将携手港澳成为高水平对外开放门户，建设金融服务重要平台，强化金融服务实体经济的本源，着力发展航运金融、科技金融、飞机船舶租赁等特色金融。

（三）实施更严格的清洁航运政策，实现绿色低碳发展

《规划纲要》提出，要强化区域大气污染联防联控，实施更严格的清洁航运政策，实施多污染物协同减排，统筹防治臭氧和细颗粒物（PM2.5）污染。具体措施包括：开展珠江河口区域水资源、水环境及涉水项目管理合作；加强海洋资源环境保护，加快建立入海污染物总量控制制度和海洋环境实时在线监控系统；构建全区域绿色生态水网；实施珠三角九市空气质量达标管理；加强危险废物区域协同处理处置能力建设、强化跨境转移监管，提升固体废物无害化、减量化、

资源化水平；开展粤港澳土壤治理修复技术交流与合作，积极推进受污染土壤的治理与修复示范，保障农产品质量和人居环境安全；建立环境污染黑名单制度，健全环保信用评价、信息强制性披露、严惩重罚等制度。

» 第四节　前海联动建设国际贸易组合港的策略和重点

一、前海联动建设国际贸易组合港的策略

围绕“一带一路”倡议和粤港澳大湾区国家战略，以前海蛇口自贸片区为先导，以深港港口联动发展、共建国际航运中心为核心，依托深港两地市场化、法治化和国际化的优势与经验，推进全球港口链布局；拓展航运高端服务业，加快监管制度创新，推进航运金融的有序开放；促进通关便利化、人才流通自由化，打造开放层次更高、辐射作用更强、营商环境更优的开放新高地，以高水平开放促进深港合作和粤港澳大湾区的协同发展。

（一）建设深港组合港

深港组合港是整个湾区组合港未来发展最重要的领域。香港物流不仅能提供完善的国际海陆空运代理服务、线上线下整合配送服务、仓储和快递服务，而且能配合海外客户在香港设立机构的倾向和需要，提供一站式服务。香港有成熟的法律和金融体制，与西方国家有许多联系交流。香港作为国际金融、航运、贸易中心和国际航空枢纽的地位，是粤港澳大湾区迈向国际的重要基础，能进一步促进粤港澳大湾区人流、物流、资金流、信息流的交互和流动，增加人、货的通关便利，将为湾区物流企业带来重大机遇。

深港港口经过几十年的竞争合作及资本渗透，已经形成了较合理的分工，香港港主要以国际中转和面向北美、欧洲发达国家为主，深圳西部港口以东南亚直航服务为主，合作基础和互补性均较强。深圳与香港之间通过港口合作，可以进一步提升香港国际航运枢纽地位，发挥其全球资源配置能力。

在建设深港组合港方面，前海蛇口自贸片区将创新深港港口快速通关模式，开展“深港自贸通”试点，形成前海蛇口自贸片区与香港间的直通物流大通道，探索建设深港组合港，实现两地港口物流服务一体化。进一步加强与香港深度对

接与融合，实现港航政策和标准全面对接，优化粤港分界线引航服务，深化深港港航分工协作，延伸深港港航合作价值链，提升深圳港航增值服务能力，推进深港在货物和服务贸易、现代航运服务业及“走出去”等方面进行更紧密合作，建设更低成本、更高效率的国际航运中心。

（二）打造多式联运国际航运中心和“一带一路”贸易组合枢纽港

打造多式联运国际航运中心。多式联运国际航运中心是整合优化粤港澳大湾区内公路、水路、铁路、民航等基础设施资源，依托重要枢纽港口与铁路连接的多式联运中心，以及向海上和陆上辐射的物流通道。多式联运国际航运中心的建设有助于将粤港澳大湾区打造成为港口与航运中心、机场与航空中心、铁路与多式联运中心、物流与供应链管理中心、要素交易与物流创新金融中心，成为连接“一带一路”的全球门户和全球枢纽，推动粤港澳大湾区航运业快速发展。打造多式联运国际航运中心是前海联动建设国际贸易组合港的重要组成部分。第一，前海可依托多式联运中心，实现货物从水路到铁路的无缝转换，提高集疏运效率和成本效益。第二，前海可利用先进信息技术和智能化手段，打造智慧港口、智慧空港、智慧物流等新业态，实现航运数据共享和协同管理，提升航运安全性和可靠性。第三，前海可加强其与周边城市的互联互通，推进空铁联运、空海联运等多式联运模式的创新和发展，提高航空货物的吞吐量和覆盖范围。

建立“一带一路”贸易组合枢纽港。2021年10月，前海启动“一带一路”贸易组合枢纽港模式。这一新的组合港模式，是在“大湾区组合港”的基础上，发挥自贸区优势，并将合作范围进一步扩大到“一带一路”的领域，叠加贸易、金融以及供应链等服务，一个立足贸易、做强枢纽、辐射“一带一路”的特色载体。目的是打造“一带一路”物流枢纽，构建一个立足粤港澳、辐射亚太、面向全球的综合物流的通道和网络体系，最终形成功能完备、及时可靠、通关便利、流转顺畅、经济高效、海陆空并进的联系“一带一路”的全球门户和全球枢纽。截至2023年7月底，前海参与建设“一带一路”贸易组合枢纽港成效显著，通过开通多条组合港线路和利用先进的信息技术，实现了货物运输的高效、智能和便捷。第一，前海开通了“蛇口—顺德新港组合港”“蛇口—顺德北滘组合港”等27条组合港线路，将货物从深圳西部母港通过驳船转运至顺德北滘、顺德新港等港口，再通过铁路运抵全国各地，既节省了货物在深圳市区道路运输的时间和费用，又避免了货物在珠江口拥堵和排队等待，大大缩短了货运周期，降低了货物损耗风险。第二，前海利用区块链技术构建大湾区通关物流平台，实现了通关监管协同一体化；利用物联网技术实现了货物实时全流程智能监管和驳船在途监管，实现了“一次报关，一次查验，一次放行”快速通关；利用人工智能技术实现了货物的智能分拣、智能装卸、智能调度等功能，提高了港口作业效率和质量。

前海建设“一带一路”贸易组合枢纽港前景广阔。前海建设“一带一路”贸易组合枢纽港具有较大潜力和优势，有望成为粤港澳大湾区乃至全国的重要航运和贸易枢纽。一方面，前海可利用深圳机场作为国内主要枢纽机场、香港机场作为国际航空枢纽等优势，实现空铁联运、空海联运等多种方式的无缝对接，满足不同客户的需求，提升航空货物的运输效率和服务质量。另一方面，《深圳市人民政府关于将一批市（区）级行政职权事项调整由深圳市前海深港现代服务业合作区管理局在前海深港现代服务业合作区实施的决定》将于2023年8月26日正式实施，前海将被赋予更大的自主权，有利于更好更快建设“一带一路”贸易组合枢纽港。

二、前海联动建设国际贸易组合港的重点

（一）航运服务业拓展和互补，共建深港国际航运中心

香港航运业成熟，港口航线网络覆盖全球，提供航班频密且覆盖广泛的班轮服务。2020年，香港港口有80多条国际班轮航线，每周提供500班集装箱班轮服务，连接香港港口与世界500多个目的地[①]。作为重要的枢纽港，香港港口每周提供约200班次的亚洲区内航运服务。此外，“一带一路”倡议涵盖全球约140个国家，而香港港口与其中90多个国家有海路货运往来。

专业服务业溢出与转移。香港航运高端服务业较为发达，但随着土地与人力价格的提高，海事工程、货物代理等已经不具备比较优势。因此，在鼓励其依托比较

① 黄仁刚．“一带一路”背景下粤港澳大湾区港口物流发展问题研究［J］．价格理论与实践，2020（12）．

优势提升竞争力的同时，将辅助性的服务业转移到深圳，可实现深港港口服务业的联动，便于持续为来自世界各地的船舶提供服务。另外，以人民币为币种的船舶融资等在香港受到较大的限制，在日益增加的人民币投资需求的情况下，香港企业将该业务放在深圳是较为合适的选择，以便吸引多币种的船舶融资方式。

港口功能的互补发展。香港港口可利用其国际航运中心的优势，凭借高端服务业的支撑，重点发展国际中转箱，提高港口的运作效率，加快货物的周转时间，与新加坡港、釜山港展开竞争。深圳港立足湾区腹地，发展以外贸为主、内贸为辅的航运业务，重点发展盐田深水码头，形成内外兼顾的航线体系。

高标准对接香港港口监管制度和模式。深圳港受制于制度、政策等因素，水陆中转效率远远不及香港港口。此外，由于“一线放开、二线管住”仅限于保税港区，无法覆盖所有码头，因此，深圳港有必要通过高效深入的监管制度创新，高标准对接香港港口监管制度和模式，进一步加强与香港的深度对接，实现港航政策和标准全面对接，优化粤港分界线引航服务，深化深港港航分工协作，延伸深港港航合作价值链，提升深圳港航增值服务能力，推进深港在货物和服务贸易、现代航运服务业及“走出去”等方面进行更紧密合作，建设更低成本、更高效率的国际航运中心。

《前海方案》提出“支持深圳机场充分利用现有航权，不断与共建‘一带一路’国家和地区扩大合作。支持深圳机场口岸建设整车进口口岸”。这意味着，深圳机场国际航空枢纽和物流枢纽的发展前景将更加广阔，海港、空港之间的互动合作将更加便捷，发展要素将更加完备，机场国际双枢纽能级将进一步提升。

（二）建设跨境贸易大数据平台，推动口岸信息互联互通

为建设跨境贸易大数据平台，推动境内外口岸数据互联、单证互认、监管互助互认，更好地开展双多边投资贸易便利化合作，前海采取了很多措施。重中之重是通过综合运用区块链、大数据、人工智能、云计算等科技赋能，创新构建粤港澳大湾区通关物流平台，打通粤港澳大湾区五大直属海关之间的互联、互通，建设大湾区首个贯通港口、海关、物流、企业、银行、保险等贸易全流程的互联共享的区块链网络，逐步实现“监管精准化、物流集约化、运行智能化、流程可视化、金融普惠化”，降低运营成本，提升效率和效益，助力粤港澳大湾区跨境贸易健康持续发展。未来，前海将在粤港澳大湾区通关物流平台基础上，打造智慧港口、智慧监管、智慧贸易和智慧金融四大服务解决方案，促进智慧金融创新，助力产业转型升级。

在智慧港口方面，以招商局深圳西部母港为枢纽，利用区块链技术实现资源共享，促进湾区内物流要素高效流动，创造港口航运数字化可信价值生态。

在智慧监管方面，通过区块链各方信息交叉验证，实现监管协同一体化通关，同时利用物联网技术的实时全流程智能监管和驳船在途监管，把进出口“转关模式”的两次报关精简为一次报关，真正做到“一次报关，一次查验，一次放行”。联动粤港澳大湾区各地海关协同监管，为企业提供“一站式”通关服务，节省企业报关成本，同时满足货物24小时转运需求，有力促进大湾区物流要素高效便捷流通。

在智慧贸易方面，为企业提供集便捷通关、高效物流、数字金融于一体的综合解决方案，营造信任、便利、高效、可追溯的贸易环境，助力提升贸易便利化，提高湾区进出口企业国际贸易竞争力。

在智慧金融方面，基于多方交叉验证信息，构建可信贸易新生态，优化出口退税融资、跨境电商金融等数字金融服务，提升大湾区贸易金融一体化服务，打造核心竞争力。

» 第五节　国际贸易组合港与前海物流业和供应链发展

前海以“一带一路”贸易组合枢纽港建设为契机，持续加强与境内外合作伙伴、友好园区的务实合作，通过“做平台、做能级、做功能、做价值、做影响”，全力推动重大项目落地，着力提升前海对外开放门户功能、世界贸易枢纽功能。同时，前海不断构建国际合作和竞争新优势，为广大外贸进出口、供应链管理、航运服务等企业和机构提供更好的服务。

一、前海成为具有较强辐射力的高端物流业集聚区

（一）供应链企业集聚前海

数据显示，国内外物流业巨头在前海建立了管理总部、区域总部或功能总

部，前海已经成为具有较强辐射力的高端物流业集聚区。DHL、UPS等国际物流巨头相继在前海建立采购分销、展示交易等服务中心，以前海作为其全球物流战略的重要支点。供应链服务企业也纷纷入驻前海，在前海建立跨境供应链服务平台，拓展全国、全球的业务服务网络。前海保税港区内，早期已经聚集有物流企业、船运等企业，如今也逐步往供应链新业态转型。2022年前海优惠产业目录公布后，供应链巨头企业进一步增加。早在2012年前海就建立了“前海越海全球供应链一体化公共服务平台”，这成为企业重要的生产指挥中心，项目获得前海第一批现代服务业综合试点，飞利浦、华硕已经导入运作。深港共同打造国际物流中心，前海作为重要节点，为发展现代物流和供应链带来信心。

（二）航运服务总部经济聚集区

为进一步促进高端航运服务业发展，推进世界服务贸易重要基地和国际性枢纽港建设，前海着力推动高端航运要素快速集聚。

聚焦“蛇口-前海-海洋新城-光明”西部海洋科技创新走廊和“盐田-大鹏-深汕”东部向海发展走廊，吸引大型航运企业总部、运营中心落户深圳，建设前海、盐田航运服务总部经济集聚区。鼓励航运经纪、航运代理、船舶管理、船员劳务等航运服务企业实现规模化、高端化发展，积极培育航运保险、融资、经纪、公估、理算、资讯等现代航运服务业要素落户前海。

探索研究推进国际船舶登记和配套制度改革，提升航运开放水平。海事部门将实行更加开放的“中国前海”国际船舶登记检验制度。推动将“中国前海”国际登记船舶的适用范围扩展到不参与国内运输市场经营的钻井平台、海洋工程船、私人游艇等。推动免征“中国前海”国际登记船舶的进口关税和进口环节增值税。逐步放开船舶法定检验、入级检验业务。预计到2025年，深圳国际登记船舶数量将显著增加，服务国际船舶的能力将显著增强，国际航运竞争力和影响力将显著提升。

二、前海已发展成为绿色智慧港口示范区

前海加快绿色、智慧供应链发展，在通关模式、自动化建设、公共数据平台等方面不断创新并加大政策和资金扶持力度，已发展成为绿色智慧港口示范区。

（一）创新深港港口快速通关模式

推动深港两地海关口岸部门进一步简化流程和优化查验通关效能，支持深圳海关推动“智慧海关、智能边境、智享联通”建设。开展“深港自贸通”创新试点，构建前海蛇口自贸片区与香港间的直通物流大通道；推行“联合查验、一次放行”等通关新模式，全面推进“一站式作业”；实现口岸管理相关部门“信息互换、监管互认、执法互助”；推动检验检疫企业备案与商事备案“多证合一”，推广“区港一体化”和“预通关”模式；推进“智检口岸”平台建设，分步推进境内外检验检测认证机构信息互换互认工作；推进全国首创跨境电商生鲜进口关检联合作业改革试点，打造生鲜进口快速通关渠道。

（二）推进国际一流的智慧发展示范港建设

积极推进自动化码头建设，推动港口作业区龙门吊远程操控、岸桥远程操控、拖车无人驾驶等自动化技术应用，提升港口运营效率。推广5G和区块链技术、卫星通信技术在深圳港及组合港的应用。推行货车进港作业预约机制，推动深圳港进出口作业流程无纸化，进一步提升港口智慧化水平。建设港口公共数据平台。依托城市大数据中心建设深圳港主题数据库。按照统筹协调、数据驱动、安全可控、多方参与的原则，推动深圳港公共数据平台建设，实现港口公共信息互联共享，提升智慧港口运营水平。

（三）推动绿色港口建设及清洁能源应用

继续推动港口岸电建设，进一步提升船舶岸电使用率，保持全国领先地位。探索适时出台强制性规定，要求进入排放控制区的船舶使用硫含量≤0.1%（m/m）的低硫油。加大清洁能源在港区内的使用，推广使用电动拖车和堆高机，研究试点氢能拖车。鼓励游船和港作船舶使用电能或者液化天然气（LNG）作动力。新增港作拖轮加装尾气处理设施，加大港口船舶水污染物监测防治工作，提升深圳本地船舶含油污水处置能力，完善港城融合的绿色发展格局。

（四）加大政策和资金支持

紧跟《深圳市前海深港现代服务业合作区管理局促进商贸物流产业高质量发展办法》，在政府引导基金框架下研究设立深圳港航发展产业子基金，重点资助绿色集疏运体系类项目，扶持国际班轮公司、国际货运代理等国际航运类项目，支持包括邮轮航线、邮轮旅客和水上客运航线等运营类项目。清理规范涉企经营服务性收费，停征出入境检验检疫费，下调检疫处理收费，进一步降低企业进出口货物查验比例和通关环节制度性成本。以政府购买服务方式承担招录协查辅助人员等的服务费用。

三、建设前海深港商贸物流小镇，打造深港商贸物流发展集聚区

前海深港商贸物流小镇是通过商贸物流产业的集聚发展，继续深化深港产业交流，不断增强畅通国内大循环和联通国内国际双循环功能，为香港的繁荣稳定提供更广阔空间的重要载体。2021年3月，作为先行示范的项目，前海深港商贸物流小镇正式揭牌运营。小镇将通过做平台、做流量、做品牌、做生态，打造新经济特色鲜明的深港商贸物流产业生态圈，促进深港高端商贸物流产业集聚发展；聚焦“深港商贸物流业集聚融合区”“六个小镇先行探索示范区”“前海深港国际服务城先导区”三大定位，布局供应链管理中心、商贸中心、文化教育中心、住房配套和服务配套五大功能，旨在助力香港商贸零售业拓展新空间，推动香港物流企业开拓内地市场。同时，位于前海深港商贸物流小镇内的深圳免税全球购体验店也正式开业。该项目充分利用前海综合保税区的政策和区位优势，采用“跨境电商线上销售+跨境电商线下展示”的一体化经营模式，实现线上线下优势互补，成为全国首创的免税、保税、跨境电商“一店多态”改革试点。前海将加快推进香港商品展销中心等项目建设，重点引进香港本土知名品牌，力争将小镇打造成“港风港韵最足、服务标准最好、企业效益最高”的深港合作示范标杆项目。

四、供应链跨界融合创新，建立与国际接轨的供应链标准

前海在现代服务业创新发展示范区的大背景下，推动供应链跨界融合创新，大胆实践物流与新技术、物流与金融服务的融合创新，建立与国际接轨的供应链标准。

创新发展航运金融及航运法律服务。充分发挥深圳航运基金引导作用，参与全球航运市场的资源配置，提高基金资金使用效益。探索打造航运金融创新基地，拓展航运金融、航运保险、融资租赁等业务。积极培育专业服务于航运业务

的海事律师事务所，进一步扩大深圳既有海事仲裁机构的影响力。

提供世界领先的供应链金融科技解决方案。通过人工智能、区块链、云计算、大数据等先进技术在供应链生态的应用，为航运物流企业和相关金融机构提供世界领先的供应链金融科技解决方案。以线上化、场景化、数据化的方式，实现供应链金融全流程数字化，有效助力小微企业化解融资难的窘境。

五、建设航运人才培育和高端智库集聚中心

前海需加快推进航运人才的培养和引进。借鉴国内外航运人才培养的先进经验，构建与国际接轨的航运人才培养体系。鼓励高等院校开设航运专业，促进航运人才培训产业发展，为深圳乃至国际航运市场输送船员和高端航运人才。加快引进高水平国际航运服务业务团队，推进国际海事可持续发展中心等高端智库落户前海，支撑高端航运服务集聚发展。

综上所述，扩区后新前海将宝安沿海区域纳入，海陆空和口岸俱全，整个功能将更加完善，产业带动效应将越来越明显。对于物流业乃至供应链管理业，前海扩容的更深层意义还在于服务功能、服务模式的扩展。前海湾综合保税区的功能和相关政策可以即刻进行复制推广，通过香港导入的国际化企业服务也可以加速扩展服务领域，这将使得前海可能率先成为在商业环境上与周边发达经济体同步的区域。

前海已经发展成为具有较强辐射力的高端物流业集聚区、智慧港口示范区、深港商贸物流发展集聚区，同时推动供应链跨界融合创新，建立与国际接轨的供应链标准。最终，前海将发展成为全球智慧供应链管理中心和运营枢纽。

CHAPTER 4

第四章 前海的金融业态创新和对外开放

培育以服务实体经济为导向的金融业态，积极稳妥推进金融机构、金融市场、金融产品和金融监管创新，为消费、投资、贸易、科技创新等提供全方位、多层次的金融服务。

提升国家金融业对外开放试验示范窗口和跨境人民币业务创新试验区功能，支持将国家扩大金融业对外开放的政策措施在前海合作区落地实施，在与香港金融市场互联互通、人民币跨境使用、外汇管理便利化等领域先行先试。

——《全面深化前海深港现代服务业合作区改革开放方案》

金融在经济发展中扮演着越来越重要的角色。随着经济全球化的深入发展，金融在促进资金有效配置和合理利用、促进对外开放、加速经济国际化中的作用日益加强。伴随新一轮科技和产业革命的兴起，全球金融业进入数字化、智能化、绿色化升级的快速通道。经过40多年的改革开放，中国金融业以前所未有的速度和规模在成长。中国经济的高速增长和金融领域的重大改革是中国金融业大发展的主要推动力。展望未来，金融改革仍然任重道远。《前海方案》一方面强调金融业态创新，要求前海“培育以服务实体经济为导向的金融业态，积极稳妥推进金融机构、金融市场、金融产品和金融监管创新，为消费、投资、贸易、科技创新等提供全方位、多层次的金融服务”，另一方面强调金融对外开放，要求“提升国家金融业对外开放试验示范窗口和跨境人民币业务创新试验区功能，支持将国家扩大金融业对外开放的政策措施在前海合作区落地实施，在与香港金融市场互联互通、人民币跨境使用、外汇管理便利化等领域先行先试”，为前海金融发展明确了目标，指明了方向。

» 第一节　全球金融业发展趋势和我国金融发展重点

一、国际货币体系向多元化演进

全球经济力量对比正发生重大变化。有着强大的经济、科技、军事实力的西方发达国家在国际政治经济格局中不再占据绝对主导地位，发展中国家和新兴经济体整体力量上升。以中国为代表的发展中国家借助全球化和自身努力，已成为全球生产链重要组成部分。2021年10月IMF（国际货币基金组织）发布全球经济增长预测值，预计2021年新兴市场和发展中国家增长6.4%，发达经济体增长5.2%，前者高于后者1.2个百分点；2022年仍延续2000年以来形成的双速增长[①]格局。新兴经济体的经济实力不断增长，其货币理应在全球货币体系中占据一席

① 双速增长指发展中国家增长速度加快，发达国家增长速度放缓。

之地，世界需要有新兴经济体货币在内的多极化货币体系的支撑[①]。不可否认，短期内发达经济体仍在全球经济中居于重要位置，在货币金融领域仍具有相对优势。新兴经济体和发展中国家的赶超仍面临诸多困难和挑战。但随着人民币等新兴市场货币地位的不断上升，以及在美国滥用金融制裁的情况下，各国加快建立替代性全球金融支付体系的意愿进一步提升。而新兴市场经济体和发展中国家对发达经济体的赶超进程仍在继续，在全球经济中的地位还将进一步提升，世界格局因此仍将处于深刻调整期。国际货币体系必然向多元化进一步演进。

二、金融数字化升级，多国央行布局数字货币

新一轮科技和产业革命正在兴起，第四次工业革命方兴未艾。在数字经济浪潮下，伴随着云计算、大数据、人工智能、工业互联网的发展，全球金融业进入数字化、智能化升级的快速通道。金融科技与新的数字技术也为货币形态的重塑与创新创造了条件。货币形态在历经商品货币、金属货币、纸币、电子货币之后，朝着数字货币的方向演化。

数字化转型已经成为带动各国经济发展和经济战略比拼的主战场。据埃森哲公司分析预测，到2025年，数字技能和技术的应用将使全球经济总值的一半来自数字经济。法定数字货币是数字经济发展的基石，数字经济的发展离不开法定数字货币的推动。2018年11月，IMF总裁拉加德在新加坡金融科技节上呼吁，当货币面临“历史性转折”之际，各国央行应该考虑发行数字货币。央行发行数字货币或为大势所趋。

数字货币成为多国央行关注的热点之一，央行数字货币（CBDC）研究和试点加快。根据国际清算银行2020年初发布的《关于央行数字货币的后续调查》，全球参与调查的中央银行约80%已开展了CBDC的相关工作，其中40%已从概念研究转向试验阶段，另有10%已经开展试点。2020年10月9日，美联储、欧洲央行、日本银行、英格兰银行、加拿大银行、瑞士国家银行、瑞典央行与国际清算银行共同发布了报告《央行数字货币：基本原则与核心特征》。报告阐述了七国

① 王华庆，李良松．国际货币制度改革之道［J］．中国金融，2021（8）．

央行对CBDC核心特征及发行的基本原则达成的共识，强调了对CBDC的设计和在技术方面的考虑。

2022年4月，普华永道发布《全球央行数字货币与稳定币指数报告（2022）》。报告指出，CBDC有利于为金融服务业提供更加高效、低成本的跨境支付服务，有望推动跨境交易和相关司法辖区经济发展。中国、巴哈马、尼日利亚、泰国、新加坡、法国、加拿大、南非等国都在积极推动CBDC的研发与试点。

三、绿色金融市场持续扩张，绿色债券创历史新高

为寻找后疫情时代的经济增长点，全球主要经济体纷纷加快经济绿色转型节奏，各国政府积极加大对绿色低碳领域的投资。全球绿色金融市场持续扩张，2021年前三季度绿色债券发行量超过2020年全年总量，可持续投资在全球范围内持续盛行。绿色经济已成为全球产业竞争的重点。

2021年是绿色与可持续金融发展史上具有里程碑意义的一年，全球在该领域有了许多重大进展。二十国集团（G20）财长和央行行长会议发布核准了由中国人民银行与美国财政部共同牵头起草的《G20可持续金融路线图》（简称《路线图》）。这是G20首个关于可持续金融的框架性文件，明确了可持续金融的工作方向和措施，将为全球层面引导市场资金支持绿色发展提供重要的指引。《路线图》提出了未来全球在可持续金融方面的五大重点领域以及G20在这些重点领域需采取的19项关键优先行动。2021年美国重返《巴黎协定》，召开气候领导人峰会，牵头提出全球甲烷承诺，在联合国大会上宣布了美国的“国际气候融资承诺”，签订《中美关于在21世纪20年代强化气候行动的格拉斯哥联合宣言》等。采纳可持续金融领域黄金标准——“赤道原则”——的金融机构逐渐丰富。截至2021年11月，共有来自38个国家的126家金融机构宣布采纳“赤道原则”，比2020年增加了13家。

四、金融科技发展正重塑金融行业生态格局

在新一轮科技革命和产业变革的背景下，金融科技蓬勃发展，成为各国共同

关注的新因素、新变量，引领全球金融业新变局[①]。全球金融科技的发展经历了以传统IT软硬件为主的信用卡、ATM机、各类金融衍生品时期和以互联网和移动终端为主的互联网金融时期，现在进入第三个阶段——以数据和技术为核心驱动力，以大数据、云计算、人工智能、区块链等技术创新为基础的智慧金融时期。

金融科技的发展正在深刻改变着金融行业的生态格局。金融科技是指技术带来的金融创新，能创造新的业务模式、应用、流程或产品，从而对金融市场、金融机构或金融服务的提供方式造成重大影响。自动化和移动科技在贸易金融领域的使用将大幅提升。全球金融中心美国纽约、英国伦敦、中国香港、新加坡等都把金融科技作为发展重点，放在优先地位。

格林威治联营公司（Greenwich Associates）的研究结果表明，目前金融服务业每年在区块链技术上花费17亿美元。到2026年，区块链带来的商业价值增值将增长到略高于3600亿美元，到2030年将增至超过3.1万亿美元。这一统计数据表明，区块链可能会重塑整个经济，而金融科技企业将处于这场革命的最前沿。

金融中心一定是金融科技中心已成为全球共识。一国能否在新一轮科技革命中抢占制高点，成为决定该国国际竞争力的关键[②]。

五、我国金融业进入大发展时期

（一）中国经济高速增长

根据胡润研究院的资料，2021年中国新增独角兽企业74家，总数达到301家。2020年，中国债券市场的规模已经达到18.6万亿美元，成为世界第二大债券市场。中国股票市场融资额在全球市场的占比正在上升，根据安永的资料统计，中国股票市场（包含香港和内地）2021年上半年共募集资金603亿美元，同比增长95%，占全球市场同期融资总额的27.2%。中国国家统计局发布的数据显示，2020年中国GDP首次突破100万亿元人民币大关。在疫情重创全球经济的背景下，中国经济持续复苏提振了全球信心，注入了中国动力。

① 刘连舸. 金融科技引领全球金融业新格局［J］. 国际金融，2019（12）.
② 陈四清. 全球变局下的金融使命［J］. 中国金融，2019（3）.

（二）中国市场进一步对外开放，国内外资本加速流动和融合

中国正在推动经济结构转型，进一步扩大开放，鼓励更多外国投资者投资，这有助于中国经济再平衡，为实现可持续的增长奠定基础。中国建立了完备齐全的工业生产体系，在全球产业链、价值链和供应链的角色正在发生改变，从“代工生产”走向“自主生产”，从“世界工厂”走向“世界市场”。随着中国市场的进一步对外开放，国内外资本加速流动和融合，投资中国市场的国内外投资者都将越来越成熟。联合国贸易和发展会议公布的最新数据显示，2020年全球外国直接投资（FDI）总额大幅下滑，但中国FDI逆势增长达1630亿美元，成为全球最大外资流入国。外国对华投资的回升速度超出了预期，显示中国在吸引外国投资方面取得巨大进步。

（三）在数字化进程中，我国金融行业走在前列

中国人民银行是最早对数字货币进行研究和试验的中央银行之一，在2014年就成立了法定数字货币的专门研究小组，以论证央行发行法定数字货币的可行性。此后，央行更是进行了一系列的探索和研究。2020年4月，央行数字货币在中国农业银行、中国银行的客户端试运行，积极稳妥推进法定数字货币研发和应用。

（四）人民币将在国际舞台上扮演越来越重要的角色

中国金融大发展加速跨境资本流动，国际市场对人民币的贸易结算和跨境投资需求呈现指数式增长，再加上2016年人民币被国际货币组织纳入特别提款权（SDR）成为国际储备货币，未来国际投资者将会越来越看重离岸人民币市场的深度和流动性，人民币将在国际舞台上扮演越来越重要的角色。

六、金融国际化是下一步重点工作

2020年，习近平总书记在亚太经合组织工商领导人对话会上曾表示，中国将“持续打造市场化、法治化、国际化营商环境”。市场化、法治化、国际化是促进金融、经济发展的核心。中国经济的高质量发展需要高水平的对外开放，也亟须提升在金融领域的国际化水平。

中国已经成长为世界第二大经济体，目前，我国还只是与世界的金融体系接轨，做好了“请进来”的工作，但如何“走出去”还亟待解决。目前中国“走出去”的大多为贸易、商品，金融领域即使“走出去”了，也是在欧美的平台上活动，处于被动的位置。我国在金融国际化方面的行动还远远不够，全球人民币结算的比例仍然很少，与第二大经济体的地位不相匹配。近年来，在美国对中国发动的金融攻势中，不但定点制裁中国部分重要金融机构，限制中国企业在美融资，还对中国发起汇率战，逼迫人民币升值。人民币国际化是我国金融体制发展的瓶颈，也是机遇和突破点。

中国若要在世界经济体系当中扮演更重要的角色，并在世界上承担起大国责任，金融国际化则是下一步的重点工作①。金融业应进一步拓展国际化布局，担当全球资本的整合者，加大对重点战略地区的业务布局，充分运用市场资金、分散风险，为“走出去”企业提供多层次金融支持。中国应支持跨境业务的发展，特别是积极支持跨国企业的投融资与贸易活动，促进技术创新与跨境产能合作；应以“一带一路”建设为抓手，积极参与国际金融规则制定，提升话语权；积极推进人民币国际化，提高国际金融市场中的定价权②。

中国经济40多年的快速发展表明，开放合作、互利共赢是推动全球经济、可持续发展的重要动力。在此背景下，总结中国实践，推进金融国际化，才能抢占世界高地，制造全球标准，引领世界发展。

» 第二节　前海金融基础与深港分工合作

金融国际化的基础是构筑起开放、庞大而高效的金融基础设施系统，从而实现资金、资本在全球范围内的高效流通和运行。这些金融设施包括支付体系、结算体系、清算体系、交易系统、信贷系统、监管系统、法规系统、服务系统及其相关配套金融法规与管理制度。建立高水准的金融基础设施，犹如搭建起金融系统中的“金融公路”“金融铁路”“金融机场”“金融码头”，是国际金融中心的基础。

---

① 郑永年. 深港共建金融中心是提升国际竞争力的必然选择［N］. 光明日报，2022-02-26.

② 陈四清. 全球变局下的金融使命［J］. 中国金融，2019（3）.

一、前海金融基础设施

创新金融发展是前海合作区最早规划的四大产业领域之一。前海一直在跨境金融基础建设上先行先试，处于改革创新的最前端。在建立跨境贷、跨境债、跨境投资、跨境资金池和跨境资产转让“五个跨境”创新试点后，2019年12月31日，经中国人民银行批准，FT账户在前海正式落地。前海蛇口自贸片区内的境内外机构和个人均可办理FT账户相关业务。依托FT账户，前海企业可以综合运用境内外两个金融市场的比较优势，在账户管理、汇兑、融资等方面更好地与国际接轨，优先享受贸易和投融资便利化、自贸区制度创新和金融开放带来的多重利好。这是跨境金融基础设施的重大突破，进一步丰富和完善了前海跨境金融体系；这也意味着前海企业可更高效利用国际金融市场资源，在更高平台参与国际竞争。

在我国金融国际化的进程中，前海的通道作用仍需要加强。内地与香港的金融合作、创新性安排都在前海进行，前海合作区作为桥梁，它的金融基础设施是否通畅、是否能满足各种需要，至关重要。前海连接香港、深圳两大金融中心，可充分借鉴和对接香港的金融规则，建立特殊合作平台，在特定的区域内率先实现要素的便利流动和规则的对接，打造深港共商、共建、共管、共享的新合作机制，为人民币国际化营造优质的发展土壤①。在此基础上，前海可继续深化创新，致力于建立多个具有国际辐射力的金融平台，建设前海离岸金融后台中心，形成多中介渠道、多货币、多参与层面、实时交易支付及结算的完备金融基础设施体系，从而吸引海外的资金经过前海转引到内地进行投资，也能够吸引内地乃至整个亚洲的资金经过前海或在前海投资国际市场。

加强金融基础设施体系，充分发挥前海的作用，打造面向香港及国际的离岸金融市场，全面提升香港离岸人民币市场的深度和广度，这对促进我国金融业对外开放具有重要意义。未来前海金融基础设施建设所需做的工作不仅涉及网络、平台、交易所、结算中心、外汇清算体系等硬件方面的建设，更需要金融安全、

① 严圣禾，党文婷．深港合作 以金融助力湾区发展［N］．光明日报，2022-03-22（12）．

金融品牌、金融法规、金融监管、金融服务等软件方面的建设。

二、共建深港“双城”金融中心

从国际经验来看，全球较大的经济体发展到一定阶段，都需要有自己的金融中心，例如英国伦敦、美国纽约、日本东京等。深港合作共建国际金融中心，是在全球金融竞争激烈、经济格局变动背景下的必然选择。

（一）香港拥有独特的优势

作为连接内地与国际市场的桥梁，香港拥有独特的优势，可以在国家金融大发展中发挥独特的作用。香港国际化的市场机制可以为金融产品创新和人民币国际化提供完美的试验田。

香港是世界领先的金融中心。香港金融基础设施世界一流，更新换代一直紧跟世界步伐。2014年5月国际货币基金组织发布“金融体系评估计划”，对香港的金融基础设施建设给予高度肯定和评价，认为香港金融基础设施完备、稳定而高效。目前，香港各银行建立起了通达世界各主要金融中心及主要金融机构的资金交收网络，香港的金融交易及结算完全实现了与全球金融市场的无缝对接，成为吸引国际投资者投资香港的最重要条件之一。

香港已成为全球最大的人民币离岸市场。全球70%以上的人民币结算交易发生在香港。香港是全球最大的离岸人民币资金池。近5年香港离岸人民币存款余额呈稳步上升态势，年均增长率5.1%。2020年香港离岸人民币存款余额“逆势而上”，年底余额达到7572亿元，同比增长15.08%。香港离岸人民币交易高度活跃。香港具备完善的金融基础设施支持人民币和港币的转换互通。在实时全额支付系统（RTGS）下，香港支付系统支持港元、美元、欧元及人民币转拨，可进行即时支付结算。涉及不同货币种类时，RTGS可同时完成各自货币的支付程序，交易效率高。香港是全球最大的离岸人民币债券市场。根据香港金融管理局年报，截至2020年底，香港市场未偿还人民币债券余额达到1798亿元。沪港通、深港通、债券通持续扩大内地与香港资本市场连接范围。自沪港通、深港通、债券通开通以来，交易总量和投资者数量均呈快速上升趋势。

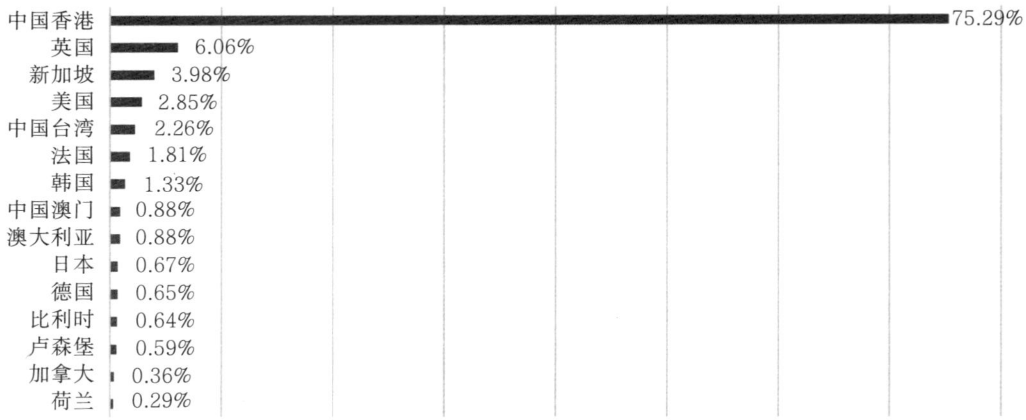

图4-1　2021年4月全球排名前15的离岸人民币清算中心

资料来源：SWIFT网站人民币追踪（RMB Tracker）每年3月实时追踪数据。

香港是世界各地投资者青睐的上市融资中心之一。根据香港交易所数据，2013—2020年，香港交易所首次公开募股（IPO）融资总额稳居前三，四次第一、三次第二、一次第三。2020年IPO融资总额突破500亿美元，与排名第一的美国纳斯达克（573.01亿美元）相差60.22亿美元。值得注意的是，在港上市企业类型与世界经济和产业发展趋势保持一致，表明香港交易所均保持着对新兴和引领型行业企业的强大吸引力。香港交易所是内地企业首选的国际融资中心。

香港是全球重要的国际资产管理中心及风险管理中心。截至2021年11月，香港人民币存款规模达到8687亿元。香港是亚洲最大的国际资产管理中心。香港证监会年报数据显示，香港资产管理公司数量由2019年底的1808家增至2020年底的1878家，资产管理规模上升20%至3.7万亿美元（居第二的新加坡为3万亿美元），2020年内有2000多亿美元资金净流入。香港还是亚洲最重要的风险管理中心。第一，香港是亚洲最大的对冲基金中心。截至2020年6月，香港共有445家对冲基金公司，数量为亚太地区之首。第二，香港是规模仅次于内地、国际化程度极高的亚洲第二的私募基金枢纽。2019年香港私募基金总资产管理规模1600亿美元，全球规模最大的20家私募基金公司有15家在港设点，其中多家是地区总部。第三，香港在金融衍生品市场具有较强的竞争力。2019年香港货币互换（currency swap）市场平均每日成交额为216.86亿美元，全球排名第二，仅次于英国，远高于新加坡和美国。香港外汇互换全球占比9.85%，排名全球第三，高于新加坡[①]。

香港监管制度和法治体制严格全面。区别于内地成文法，香港适用普通法。普通法在国际金融活动中是通用的法律安排，在国际金融活动中遇到的仲裁、诉讼一般适用普通法，香港具有最终仲裁地优势。

（二）深港“双城”国际金融中心能实现优势互补

在国际分工与外循环格局下，相较于香港的世界级“金融中心”，深圳形成了世界级的“科创中心”。

深圳的实体经济不断壮大。2021年9月，英国Z/Yen集团与综合开发研究院（中国·深圳）联合发布第30期《全球金融中心指数》（简称“GFCI 30”），香港和深圳分别位列第四名和第八名，深圳重回这份榜单的前十强。2021年深圳全市地区生产总值超过3万亿元人民币，在疫情的影响下仍然稳定发展。

依托实体经济的壮大，深圳金融业已经具备一定规模。深圳拥有的金融机构数量、规模和密度居全国大中城市前列，拥有一些具有国际影响力的头部金融企业，有的金融企业已经进入世界500强。深港通、债券通、跨境理财通等深港两地跨境金融业务合作有序推进，为进一步合作推出跨境金融业务提供了经验和基础。深圳金融中心拥有本地金融机构强劲发展、创新创业资本高度集聚的优势。

建设深港“双城”国际金融中心是金融发展的重大创新，是我国经济发展实现新突破的必然要求[②]。一方面，深圳的科技创新非常发达，但是缺乏有效的金融机制，中小型企业、科创企业在融资、风险投资方面仍有短板。单纯依靠传统的金融模式难以满足新形势的需要，深圳迫切需要金融系统的强力支持，深圳金融业急需实现新的突破。而香港，近年来面临愈加强烈的国际国内金融中心的竞争，在一些细项指标上面表现出下滑的趋势。香港金融业发展水平呈现“慢进则退”现象，与国际国内迅速崛起的金融中心表现出差距，传统的金融业边际发展速率下降。香港迫切需要注入新的金融发展动力，发展新的金融业务。

① 数据来源：国际清算银行（BIS）数据库，https://stats.bis.org/statx/toc/DER.html。
② 严圣禾，党文婷. 深港合作 以金融助力湾区发展［N］. 光明日报，2022-03-22（12）.

另一方面，香港金融中心具有全球资本资金参与、全球金融人才汇聚、全球金融规则对接的优势，深圳金融中心则具有本地金融机构强劲发展、创新创业资本高度集聚的优势，“双城”金融模式能更好地利用深港毗邻的区位优势和金融优势，最终实现深港金融业规则对接、模式对接、人才对接、技术对接、管理对接以及深港金融资本、金融产品、金融基础设施闭合循环系统的形成。

深港合作共建国际金融中心，正是依托深圳和香港两个国际性金融城市的优势资源，把香港的金融规则和深圳的制造业结合起来，强化两地的总体经济规模优势、科技优势、产业优势和金融优势，推动深港金融市场共同发展。

（三）共建深港“双城”国际金融中心是提升国际竞争力的必然选择

“双城”国际金融中心是指在区位上相邻的两个国际金融中心城市依托各自的金融优势和金融资源，借助区位优势和共同的金融基础设施，合作性地开展金融业务，推出新的金融产品，形成金融市场一体化以及新的国际金融产业集群的一种城市组织合作模式。从世界范围看，“双城”国际金融中心极具稀缺性。“双城”国际金融中心能产生巨大的市场吸引力。

从世界实体经济中心到世界金融中心的形成是一种客观经济发展规律，也是经济社会发展到一定阶段的必然要求。近500年来，几乎所有世界强国都经历了从世界实体经济中心成长为世界金融中心的递进发展过程，比如荷兰、英国、美国、日本等。中国已成为名副其实的“世界工厂”，需要更多的金融资源为实体经济服务，呼唤更具全球性竞争力的国际金融中心的诞生。

深港“双城”国际金融中心建设有利于集聚全球性金融资源，促进经济高质量发展。深港两大国际金融中心毗邻，在金融业以及第四次工业革命的核心技术领域各具优势。深港充分借助第四次工业革命的技术成果、产业成果和集群成果，不断提高金融市场的运行效率和金融资本投入产出效益，持续推出新的金融业务，在金融业发展上形成合力，能有效引导新的国际金融产业集群形成，吸引全球新的国际金融业务在深港两地汇聚。

深港“双城”国际金融中心建设对于稳步推进人民币国际化具有先天优势。人民币国际化是大势所趋，目前人民币国际化程度与中国经济的发展规模以及对外开放水平不对称。深港两地都是中国外向型经济发达的城市，国际资本流向正在发生新的变化，自2009年起，人民币国际化在香港进展非常快，最主要的渠道就来自深圳。通过建设深港“双城”国际金融中心，可以为国际资本提供新的机会，从而有利于吸引国际长期资本进入中国。随着深港两地的密切合作，无论是香港股市、债市还是跨境贷款都由本币进行，这样的金融安排不仅能进一步推动人民币的国际化，更能成就香港多币种的国际金融中心地位。

在全球金融业竞争日趋加剧的背景下，以及国际金融业格局固化的情况下，深港两地应对标全球顶尖的金融中心，用好各自的优势，释放更大的规模效应，服务国家战略大局。充分发挥“双城”国际金融中心模式的优势，分工合作，优势互补，在跨境通道、合作平台、重大项目、金融监管上获得更大的支持力度。携手共建深港“双城”国际金融中心，提升深港两地国际金融业的核心竞争力。

» 第三节　前海金融发展的创新

前海在跨境金融产品创新、金融业态创新、金融监管制度创新等方面都有新的突破，对各地的金融创新发展具有重要的借鉴意义。

一、率先打造“六个跨境”金融特色品牌

在跨境金融创新方面，前海地方金融监督管理局（简称“前海金融局”）在前海管理局的支持下，打造“六个跨境”金融特色品牌，为国家探索金融改革创新提供有力支撑。

（一）率先开展跨境双向人民币贷款

截至2018年9月，前海跨境人民币贷款业务累计实际提款金额371亿元；区内银行向境外企业发放11笔人民币贷款，金额54.94亿元。区内企业共办理33笔全口径外债宏观审慎管理业务，签约金额共计13.11亿美元。

（二）率先打通跨境双向发债、扩大实体经济境内外直接融资渠道

2015年4月22日，前海金融控股有限公司成功赴港发行规模为10亿元的离岸人民币债券，认购规模131亿元，超额认购倍数达12倍，创近年来离岸人民币债券市场超额认购倍数最高纪录。

（三）率先降低跨境双向本外币资金池业务备案门槛

截至2017年末，共有14家跨国企业集团办理了自贸区版跨境双向人民币资金池业务备案，涉及成员企业346家，应计所有者权益5118.8亿元；共有13家跨国企业集团参与跨国公司外汇资金池业务试点，跨境流出入总规模达159.61亿美元。

（四）率先试点跨境双向股权投资

截至2018年6月，已设立外商投资股权投资企业试点（QFLP）管理企业127家，占深圳市的94%，注册资本合计81亿元；设立合格境内投资者境外投资试点（QDIE）企业41家，其中首批8家，获批额度9.61亿美元，成立基金25只，规模8.8亿美元。

（五）率先试点跨境不良资产转让

前海相继落地全国首单依托交易平台实现的银行不良资产跨境转让业务、商业保理资产跨境转让业务、租赁资产跨境转让业务。2017年6月，国家外汇管理局将不良资产跨境转让审批权限下放深圳分局，深圳成为全国首个，也是唯一获得授权自主审核管理银行不良资产跨境转让业务的城市。

（六）率先取得跨境金融基础设施重大突破

2019年12月31日，FT账户在前海正式落地，前海蛇口自贸片区内的境内外机构和个人均可办理FT账户相关业务。依托FT账户，前海企业可以综合运用境内外两个金融市场的比较优势，在账户管理、汇兑、融资等方面更好地与国际接轨，优先享受贸易和投融资便利化、自贸区制度创新和金融开放带来的多重利好。

在人民币国际化方面，前海金融局在前海试点实施外债宏观审慎管理、资本项目收入支付审核便利化、人民币国际投贷基金、更高水平贸易投资便利化等多项改革创新，并在全国范围内推广。在金融创新成果方面，前海金融局在全国率先和首创推出59项金融创新成果，形成一批可复制可推广的金融创新经验[①]。

① 深圳特区报．前海地方金融监督管理局党支部：紧抓深港合作 在金融创新中求突破［EB/OL］．（2021-08-23）．http://qh.sz.gov.cn/sygnan/qhzx/dtzx/content/post_9078199.html.

二、金融业态实现多项深港金融领域合作的“第一”

在金融开放措施落地方面，前海全方位推进金融创新，不断丰富金融发展业态，实现了多项深港金融领域合作的“第一”：全国首家消费金融公司、全国首家港资控股公募基金公司、全国首家港资控股证券公司、全国首家港资现货大宗商品交易平台等落地前海。另外，全国首家民营互联网银行——微众银行、CEPA框架下首家消费金融公司——招联消费金融、首家外资控股公募基金公司——恒生前海基金、首家社会资本主导的再保险公司——前海再保险、首批相互制保险公司——众惠财险、首批外资控股证券公司——汇丰前海和东亚前海、国内唯一一家允许境外机构投资者以外汇参与碳排放权交易交易所——深圳排放权交易所和港交所前海联合交易中心等创新型金融机构纷纷落户前海，前海逐渐形成业态丰富、功能完备的区域金融生态圈①。

三、金融监管模式制度创新与探索

前海一直高度重视金融风险防控工作，积极探索金融监管和金融风险防控模式的创新。前海充分发挥法治、科技、监管等多种手段强化金融风险防控，积极探索科技防控新路径，以前海鹰眼系统为中心，以前海公共信用平台为基础支撑，辅以深圳私募基金监管服务平台以及其他行业相关系统，构建了立体式、多维度的前海金融风险科技防控体系。

（一）设立前海金融监管局，填补地方性金融机构空白

2013年，前海设立针对前海金融业发展的监管部门。2016年，前海管理局和深圳证监局签署了合作备忘录，共建私募领域监管系统，该系统成为全国首创的央地协同监管模式。2019年，深圳市前海地方金融监督管理局正式揭牌，这是广东自贸区首家地方金融监管机构，填补了地方性金融机构的监管空白，是前海深化金融监管体制改革、健全金融监管体系、保障金融业稳健运行、探索金融综合监管试点的重要举措。作为国内自贸区首个地方金融监管机构，前海金融局承

① 任春杨. 前海自由贸易片区金融改革创新研究［J］. 广东经济，2019（3）.

担深圳市近八成地方金融机构监管工作以及深圳市五成金融风险攻坚战任务，履行着建设国家金融业对外开放试验示范窗口和跨境人民币业务创新试验区的重要使命。

（二）率先探索监管科技创新

前海成立前海金融风险防控中心。前海金融风险防控中心是开放式平台，将集成前海及相关部门现有系统资源，并争取与“一行两局”等更多部门开展科技防控合作，实现数据互联互通，建成立体式防控体系，形成对金融企业的持续动态摸底、信息全面监测、风险及时预警、协同联动化解的风险发现与风险应对的闭环体系。为探索解决金融科技快速发展带来的金融风险和监管不匹配等问题，前海积极与多方开展监管沙盒研究，争取在前海率先试点监管沙盒，为中国金融业对外开放当好试验田，为地方金融监管科技创新当好排头兵。

（三）建设前海鹰眼系统，打造金融风险防控“千里眼”“顺风耳”

针对前海互联网金融企业高度集聚的特点，前海管理局与工信部、中央网信办国家互联网应急中心合作，依托国家互联网金融风险分析技术和国家互联网大数据，建设了前海鹰眼系统。前海鹰眼系统是国家互联网金融风险防范技术在全国自贸区范围内的首次运用，是前海有效防控金融风险的重要“法宝”，将拥有跨境监测、跨行业监测、跨地域监测、穿透式监测、实时舆情监测、违规广告监测、风险蔓延监测、区域横向对比监测“八大特色”，成为前海金融风险防控的“千里眼”“顺风耳”。通过该系统对前海互联网金融平台进行全面检查，实现了动态全面摸底。该系统已协助经侦部门提供实际经营地及服务器部署位置，为立案及案件侦破提供有效线索。该系统对有风险的机构开启预警，实现了风险机构的早发现。该系统还能实时全面监测前海金融业机构的网络舆情，针对性形成风险监测报告等。

前海努力开拓金融监管思路，探索创新金融监管模式。目前，前海鹰眼系统、深圳私募基金信息服务平台、前海公共信用平台三大系统在前海金融风险防控中心实现物理集中，打破各系统壁垒，并联动深圳市公安局经纶系统和深圳金融地方金融监管局申报系统，形成“3+2”立体式、多维度的科技防控体系，形成了金融风险早识别、早预警、早发现、早处置的长效机制。

前海在总结过去成功经验的基础上，主动谋划未来，以创新思维为前海现代服务业尤其是金融业布局做好顶层设计，探索与香港金融创新合作的新路径和新办法，力争在关键合作领域和重点合作环节形成重大突破，在防范金融风险方面继续创新探索，扎扎实实地支持香港国际金融中心和香港离岸人民币业务枢纽建设，形成前海金融业与其他沿海改革开放地区差异化发展特色，对促进深港金融合作、扩大金融对外开放起到了重要的支点和纽带作用。将前海推向一个新的发展阶段，为国家开放试验做好探路者。

» 第四节　扩大前海金融业对外开放

《前海方案》支持将国家扩大金融业对外开放的政策措施在前海合作区落地实施，提出前海要进一步“提升国家金融业对外开放试验示范窗口和跨境人民币业务创新试验区功能”，要“在与香港金融市场互联互通、人民币跨境使用、外汇管理便利化等领域先行先试”。

《前海方案》同时提出具体措施。包括开展本外币合一银行账户试点、支持符合条件的金融机构开展跨境证券投资等业务、支持国际保险机构在前海合作区发展、深化粤港澳绿色金融合作、探索建立统一的绿色金融标准、探索跨境贸易金融和国际支付清算新机制、支持前海推进监管科技研究和应用、支持香港交易所前海联合交易中心依法合规开展大宗商品现货交易；依托技术监测、预警、处置等手段，提升前海合作区内金融风险防范化解能力等。这些措施都有利于推动深港跨境金融服务市场的进一步扩容。

在金融对外开放方面，前海肩负着重要战略使命：进一步拓展对港澳金融业开放的深度与广度，进一步探索开展深港跨境金融业务创新试点工作，在金融创新领域不断实现新突破。

一、进一步开展跨境人民币创新

（一）推进本外币合一银行账户试点

2021年7月26日，中国人民银行深圳市中心支行、国家外汇管理局深圳市分局在深圳3家银行的57个银行网点启动本外币合一银行结算账户体系试点，深圳成为全国首批开展试点工作的四个城市之一。试点将以“币种+账号”的模式构建囊括人民币银行结算账户、外汇账户、跨境人民币账户、FT账户、境外机构境内外汇账户（NRA）等几乎所有银行结算账户的本外币合一银行结算账户体系，支持存款人通过开立本外币合一银行结算账户对多币种资金进行收付结算和集中统一管理，进一步增强人民币账户与外币账户的协同管理，便利企业和个人自主使用和管理本外币资金。本外币合一银行账户体系落地，让内地银行业向海外延伸出触角，为企业跨国跨境开展业务带来便利。

（二）探索自贸试验区内资金便利化流动和兑换，开展深港跨境金融业务创新试点工作

一是探索拓展离岸账户（OSA）功能试点工作。广东省的OSA建设已具有较高的国际化程度、坚实的市场基础、丰富的经营经验、全面的服务体系、成熟的业务系统和完善的监管体系等基础，可在前海进一步探索通过增加人民币币种、扩大开户机构范围等方式，继续发挥其支持跨境金融业务发展的重要作用。二是探索开展深港间限额内资本项目可兑换试点工作。《中国人民银行关于金融支持中国（广东）自由贸易试验区建设的指导意见》（银发〔2015〕374号）明确提出要“实行限额内资本项目可兑换”，前海可进一步探索开展深港间限额内资本项目可兑换试点，允许前海港资企业和中资实体企业自主开展跨境投融资活动。

进一步拓展跨境人民币结算业务。扩大人民币在跨境投融资中的使用范围，加快跨境人民币业务发展。创新面向国际的人民币金融产品，支持深圳人民币国际投贷基金在境外设立子公司开展人民币国际投贷业务，鼓励企业以跨境人民币开展境外直接投资，积极推进“跨境理财通”试点，探索拓宽境外人民币回流渠道。

二、进一步扩大资管业对外开放程度

《前海方案》支持符合条件的金融机构开展跨境证券投资等业务。前海按照香港或国际资管业标准进一步扩大资管业对外开放程度，加大力度引进境内外证券金融机构，促进资管行业创新发展，扩大港资金融机构的发展空间，强化国际资产管理中心和风险管理中心建设。

开展证券期货经营机构跨境业务试点，支持符合条件的财务公司、证券经营机构等非银行金融机构依规按需申请结售汇和外汇衍生品业务。

探索创业投资基金和私募股权投资基金跨境投资管理改革。支持私募股权投资基金开展跨境产业、实业投资。扩大合格境内有限合伙人（QDLP）、合格境外有限合伙人（QFLP）、合格境内投资者境外投资（QDIE）、合格境内机构投资者（QDII）、合格境内个人投资者制度（QDII2）试点。推进深港股权投资、风险投资等业务互通。

三、进一步提升保险业开放水平

在我国金融业对外开放中，保险业最先开放。《前海方案》将继续推动深港两地保险合作，进一步提升保险业对外开放水平。

（一）加快推进前海开展“保险通”试点工作

首先，推动在前海实现香港与内地保险“理赔通”和“续保通”，为内地居民为其合法购买的香港保单以人民币为币种进行续期缴费和提供快速理赔服务。其次，推动实现香港与内地保险“产品通”。在前海范围先行先试，通过限定对象、限定产品、限定额度、设立封闭渠道等方式，允许内地居民在前海购买香港保险产品，实现内地与香港两地保险产品互认。

（二）支持香港再保险业务进入内地市场

支持在海外有业务的内地企业在香港购买再保险产品，便利有关资金跨境流动。引进人民币国际投贷基金等新型财富管理机构，发展“互联网+”财富管理产品。允许香港资产管理机构开展以内地居民为客户的高净值人群投资管理业务，允许香港管理机构进入内地艺术品收藏与拍卖、黄金等资产管理市场。

（三）全面推进粤港澳大湾区保险市场互联互通

推动粤港澳大湾区保险市场在产品、服务、资金、人才等领域的深度融合发展。中国人民银行等四部委于2020年5月出台《关于金融支持粤港澳大湾区建设的意见》，提出两条扩大保险业开放的措施：研究在CEPA框架下支持港澳保险业在大湾区内地设立保险售后服务中心，进一步便利大湾区内地银行为已购买港澳保险产品的内地居民提供理赔、续保、退保等跨境资金汇兑服务。该意见提出在支持粤港澳保险机构合作开发跨境医疗保险等更多创新产品的基础上，鼓励保险机构基于粤港澳大湾区重疾发生率以及区域健康医疗经验数据，探索开发粤港澳大湾区专属重疾险产品；支持搭建医疗保险便民服务平台，为大湾区医疗保险患者提供医保直赔、健康管理、疾病预防等服务，改善居民就医结算体验，提升医疗综合服务水平。

四、进一步加大特色金融合作

深化粤港澳绿色金融合作，探索建立统一的绿色金融标准。随着地区的进一步开放，深港两地在绿色金融领域将会有大量互动和合作机会。香港绿色金融走在国际趋势的前端，在债券市场方面，香港很早就开始“绿色债券”的尝试；在金融产品方面，汇丰银行等香港重要银行有丰富的碳金融产品，在协助客户和自身控制碳排放方面具有丰富的经验。前海合作区在绿色金融创新方面也在快速发展、持续推进。深圳市绿色金融协会已正式落户前海合作区，在绿色金融标准、信息披露、制度规则等方面开展研究。此外，前海还将加大政策扶持力度，鼓励支持前海合作区企业赴港发行绿色债券，并将探索建立粤港澳大湾区统一的绿色金融标准。随着粤港澳绿色金融合作的加深，绿色金融标准统一建立后，将促进债券跨境发行交易，争取在境外发行以人民币计价的地方政府债券和绿色债券。2021年10月，深圳市政府成功在香港发行人民币绿债，成为首个在境外发行绿债的内地政府机构，也是深港金融合作、共建绿色大湾区的重要标志。

支持香港交易所前海联合交易中心依法合规开展大宗商品现货交易。《前海方案》指出，支持香港交易所前海联合交易中心依法合规开展大宗商品现货交易。分析人士认为，这将有利于进一步拓展深圳和香港在大宗商品现货市场领域的广泛合作，提升要素市场资源配置效率和金融支持实体，推动中国大宗商品现货价格的国际化进程，有助于加快形成以国内大循环为主体、国内国际双循环相互促进的新发展格局。广东省人民政府办公厅印发《中国（广东）自由贸易试验区发展“十四五”规划的通知》，提出推动前海联合交易中心（QME）建成服务境内外客户的大宗商品现货交易平台。自开业以来，前海联合交易中心在业务实践中始终坚持两个原则：一是坚持交易参与主体必须为产业链企业、实体贸易商和专业机构等法人客户，不接受自然人客户入场交易；二是坚持服务实体企业的宗旨，所有商品均面向实物交收，基于真实的贸易背景。前海联合交易中心2020年全年交易额已突破100亿元大关。

五、进一步探索金融监管合作，提升金融风险防范能力

《前海方案》明确“支持前海推进监管科技研究和应用”“依托技术监测、预警、处置等手段，提升前海合作区内金融风险防范化解能力”。

从全球经验来看，金融业的开放是较为复杂的过程。一方面，政府需要推动开放、推动创新，从而实现更好的资本流动；另一方面，也要防范资金大进大出带来的风险和合规方面的风险。促进城市之间的监管协同需要一个体制机制建设和完善的过程，需要城市间、部门间良好的协调机制推动对话和协作。推动跨境金融服务的发展，需要把握好开放与安全、创新与稳定之间的关系。

在扩大开放的同时，深港在金融监管层面要探索和创立新的合作机制，深化监管合作。深港需要积极推动金融监管人才展开跨城市的交流和轮岗互动，推动跨境金融监管合作组织实施机制和人才库的建设，建立和完善金融风险监测、防范和化解体系，加大对跨境资金异常流动的监测力度，加强粤港澳反洗钱、反恐怖融资和反逃税等方面的金融监管合作。

《前海方案》金融开放政策聚焦两大重点：一是在前海先行先试金融业开放的政策措施，二是发挥前海试验田的作用，推进粤港澳三地金融体系标准统一和制度接轨。围绕这两大重点，粤港澳大湾区金融要素资源流动的体制机制障碍或将加快破除，金融市场互联互通新举措有望在前海率先落地实施。

» 第五节　前海金融城与金融集聚区

《前海方案》明确提出要培育以服务实体经济为导向的金融业态，积极稳妥推进金融机构、金融市场、金融产品和金融监管创新，为消费、投资、贸易、科技创新等提供全方位、多层次的金融服务。基于“推动深港合作、探索金融创新、引导产业集聚”的使命，以服务实体经济为原则，培育发展金融业态，是前海扩大金融业对外开放的一项“必修课”。

一、建设深港国际金融城，构建深港合作金融生态圈

建设前海深港国际金融城已被纳入《深圳市国民经济和社会发展第十四个五年规划和2035年远景目标纲要》重点任务。2021年10月，前海深港国际金融城建设正式启动，将聚焦深港合作，面向国际性大型金融机构、港外资金融机构、数字金融机构打造功能集聚区，崛起错位发展、合作共赢的国际化金融平台。

（一）打造“一平台一窗口两大试验区”

“一平台一窗口两大试验区”，指深港金融合作平台，国家金融业对外开放试验示范窗口，跨境人民币业务创新试验区和金融创新监管试验区。《前海方案》提出“扩大金融业对外开放。提升国家金融业对外开放试验示范窗口和跨境人民币业务创新试验区功能”。打造“一平台一窗口两大试验区”主要体现为启动前海深港国际金融城建设。

前海深港国际金融城（简称“金融城”）致力于打造一个聚焦深港合作主题，面向国际性大型金融机构、港外资金融机构、数字金融机构量身打造的功能集聚区。金融城将聚焦深港金融合作，打造香港金融机构拓展内地市场的“第一站”首选地。聚焦金融开放创新“首创”功能，先行先试金融改革创新项目，建设国家金融业对外开放门户；聚焦落实国家人民币国际化战略，多维度多路径推进跨境人民币试点，促进香港离岸人民币市场发展；探索“综合监管+科技监管+创新监管”的未来金融监管新范式。

金融城跨境金融创新活跃。前海在与香港金融市场互联互通、人民币跨境使用、外汇管理便利化等领域先行先试。中国工商银行、招商银行等深圳12家银行的首批“跨境理财通”试点业务均率先落地前海。

金融城办公空间优质充裕。金融城规划总用地面积2.3平方千米，配套商业、酒店、国际学校、文化交流等综合功能，规划建设前海国际金融交流中心、前海石公园等公共设施，将为深港金融人士营造宜居宜业宜游的优质生活圈。

前海深港金融城建设的启动，是深港合作的又一个里程碑。深港两地金融市场将通过金融城实现错位发展、合作共赢，进一步互联互通，在多个金融范畴探索新的合作空间，共同推动粤港澳大湾区金融业更好地服务实体经济。

（二）加大金融政策支持力度

2021年11月，前海管理局出台了《深圳前海深港现代服务业合作区支持金融业发展专项资金管理暂行办法》，其中涉及深港金融合作政策共16条，占该文件整个政策条款总数的60%，是该文件最重要的部分，对深港金融合作给予了独特政策支持。该文件也围绕打造前海深港国际金融城、为香港金融业参与国内大循环提供重要平台支撑制定了相关政策。前海加快研究出台空间、产业、人才等系列扶持政策。前海国际金融城通过金融业专项扶持，降低港资金融科技机构奖励门槛，加大对跨境金融业务的奖励，鼓励营造深港合作金融生态圈。值得一提的是，入驻前海深港国际金融城的机构，如符合前海优惠产业目录，还可以享受15%的企业所得税优惠税率。根据最新的优惠产业目录，金融机构下设的科技公司、呼叫中心、后台服务中心（包括法律、会计、税务、人力资源等）等均有机会享受该优惠税率。

（三）构建共商共建共享机制

前海国际金融城加强与香港对接沟通，在金融城探索“政府引导、业界共治、深港共享”的治理模式。金融城探索在特定范围、特殊领域适用特殊政策的试点机制，探索金融、法律、税收、人才等方面与国际实现制度对接和规则衔接。一方面，加强交流合作，支持在前海举办深港金融论坛，以及定期召开香港-前海金融合作研讨会，支持开展深港金融领域公职人员挂职交流；另一方面，加强产业集聚，支持前海深港国际金融城聚焦金融科技、创投风投、财富管理等，重点招引港资、外资金融机构，打造特色产业集群，并与香港共建前海深港数字金融港，建设深港金融科技加速器，打造具有全球影响力的金融科技创新策源地。此外，优化招商服务。支持前海联合香港举办全球投资促进推介活动；建设金融城招商服务中心、跨境股权投资服务中心，建立区域协同招商机制，共同招大商、招优商。

前海深港国际金融城金融机构加速集聚，目前，已签约入驻的各类金融机构有百余家，其中港资、外资合计占比超过30%。

二、引导产业集聚，打造服务实体经济的特色产业集群

（一）打造前海深港基金小镇，形成深港基金生态圈

前海标志性产业项目——前海深港基金小镇，是我国自贸区内的首个基金小镇。将重点构建对冲基金中心、创投基金中心、金融科技先导区及大型资管中心产业集群，为财富管理类企业提供一流的服务。小镇设立之初的目标就是打造环境一流、模式创新、产业链完整、服务精准的深港基金生态圈，成为国内外的基金产业集聚区和跨境财富管理中心。

前海深港基金小镇对标欧美，按照“高标准设计、高品质建设、高起点运营”的思路，重点引进和培育创投基金、对冲基金、大型资管等机构，进一步推动资源整合、产融结合、服务“双创”，推动深港跨境财富管理中心建设。与中金、东方、华融、深圳地铁、金科等知名机构合作，通过合资设立资管子公司的方式，引导社会资本参与前海开发建设及产业发展。小镇与地方政府、产业龙头、上市公司等合作设立区域发展基金、产业基金等项目，加大对内地金融的服务力度，推进金融与产业的融合，服务实体经济发展。

自开园以来，前海深港基金小镇不断提升自身的金融产业服务能力，根据战略规划，小镇的业务将分为三个阶段——产业聚集、产业服务、产业投资。小镇力争在3年内探索出一条可对外复制的“前海模式”，作出有特色有价值的内容，精准为客户解决难题，提高服务的含金量，让服务价值最大化，将服务转化为业务收入，让这些服务成为小镇未来发展的硬核和驱动力。

（二）打造深港供应链金融创新基地，形成供应链金融产业集聚区

近年来，前海积极稳妥推动供应链金融服务实体经济，取得良好成效。前海“土生土长”的商业保理、融资租赁行业已做大做强，形成了最具代表性和影响力的供应链金融业态。

根据前海管理局数据，目前基地已入驻金融机构25家，其中供应链金融企业19家，率先实现前海首个楼宇入驻企业年总产值规模突破100亿元。前海管理局积极引导以联易融保理、一方保理、美的保理、惠商保理、兴邦金租、京能租赁等为代表的一批行业规模超亿级的龙头企业回归基地，成功引进深圳能源集团、海天集团、盈峰集团等大型知名优质企业在前海设立保理公司并入驻基地，形成

以基地为载体的供应链金融集聚区。前海商业保理业务规模约占全国的50%，融资租赁企业数量约占全国的20%，两类产值和税收等迅速增长。前海已形成国内商业保理亿级规模企业数量多、创新程度高、科技应用广、业务交流活的发展高地和集聚生态圈。

（三）推动金融科技服务企业集聚

前海已经初步形成金融科技领军企业、持牌金融机构专业子公司和众多金融科技服务企业集聚的金融科技创新发展梯队。前海集聚了小额贷款公司、商业保理公司、融资租赁公司、股权投资公司等创新型金融主体。截至2019年底，中央下放地方监管的“7+4”类金融机构总量约占深圳市八成，前海成为重要的新金融机构集聚地，初步形成业态丰富、功能完备的区域金融生态圈。以微众银行、招联消费金融公司、财付通等为代表的金融科技领军企业已经在前海落地生根，带动效应明显。实施“千亿发债”“千亿信贷”、中小微企业无还本续贷奖励、过桥资金贴息、发债融资奖励等融资促进政策；率先启动“金融方舟”工程，创新开展金融支持企业抗疫专项行动，2020年累计服务小微企业4.7万家；设立政策性融资担保基金和中小微企业贷款风险补偿资金池，启动小额贷款保证保险试点。

（四）推动以保险为核心的金融产业集聚

在推动以保险为核心的金融产业集聚方面，前海设立国内首家社会资本主导的再保险公司——前海再保险股份有限公司，为深圳建设国家保险创新发展试验区和前海再保险中心奠定坚实的基础，推动前海成为区域性保险产业聚集区。率先引进国内首批创新型保险机构——众惠财产相互保险社，改变国内当前保险组织形式单一的现状，推动我国保险市场与国际接轨，完善多层次保险市场体系，进一步促进深圳保险业创新发展，推动深港保险市场互联互通。探索建立港澳保险前海服务中心，支持港澳保险公司通过在深圳开立人民币账户，为前海辖区内已购买香港、澳门跨境医疗、重疾等保障型保险产品的保险客户提供便利化续保、保全、理赔等服务。在符合法律法规要求的前提下，支持深圳保险机构为港澳跨境车辆开发短期机动车辆保险产品，研究跨境机动车辆保险承保、查勘、理赔行为规范，为跨境保险客户提供便利化的承保、查勘、理赔等服务。

（五）推动形成金融配套服务业集聚发展态势

一是建立健全金融消费纠纷保护机制。推动金融机构行业组织和金融消费者权益保护机构与港澳相关协会和机构在人员交流、信息共享、资质互认等方面开展多种形式的交流合作。探索建立金融消费者权益跨境保护机制，共同搭建金融消费者权益跨境保护平台。二是在前海开展监管沙盒试点，加强金融监管合作。允许银行业保险业金融创新产品、服务和技术在前海开展真实环境测试，由深港澳各地监管部门共同对其开展监测评估；推动建立前海金融监管信息共享机制，加强监管部门日常信息交流，及时通报跨境金融机构监管信息；加强对新金融业态和新金融模式的共同研究，推动完善创新领域金融监管规则。三是积极引进会计、法律、评估、评级、资讯等专业服务机构，使金融集聚区和配套体系不断健全。

随着持续深化深港金融合作，推进金融市场互联互通，一批重大港资金融企业陆续开业，创新型金融机构纷纷落户前海。前海深港现代服务业合作区管理局公开披露的数据显示，2020年前海持牌金融机构251家、地方金融机构近万家，金融业注册企业增加值同比增长15.6%，高于全市6.5个百分点，金融业税收225.21亿元，占全市的15%。金融业连续6年保持第一支柱地位，已成为前海重点纳税企业的绝对主力军。前海正在形成业态丰富、功能完备的金融产业生态圈。

CHAPTER 5

第五章 前海数字经济的协同发展与制度创新

推动现代服务业与制造业融合发展，促进“互联网+”、人工智能等服务业新技术新业态新模式加快发展。

——《全面深化前海深港现代服务业合作区改革开放方案》

数字经济是继农业经济、工业经济之后的主要经济形态，是以数据资源为关键要素，以现代信息网络为主要载体，以信息通信技术融合应用、全要素数字化转型为重要推动力，促进公平与效率更加统一的新经济形态。数字经济发展速度之快、辐射范围之广、影响程度之深前所未有，正推动生产方式、生活方式和治理方式发生深刻变革，成为重组全球要素资源、重塑全球经济结构、改变全球竞争格局的关键力量。发展数字经济，把握新一轮科技革命和产业变革新机遇的战略选择，推动我国数字经济健康发展，具有重要战略意义。我国对发展数字经济高度重视。国家《"十四五"数字经济发展规划》加强了数字经济顶层设计，整体规划了我国数字经济发展。我国数字经济在"十四五"时期要转向深化应用、规范发展、普惠共享的新阶段。在此背景下，《前海方案》要求前海要"推动现代服务业与制造业融合发展，促进'互联网+'、人工智能等服务业新技术新业态新模式加快发展"。

» 第一节　数字经济的内涵及发展趋势

一、数字经济的内涵

数字经济作为一种新的经济形态，是技术主导的经济革命。数字经济是以使用数字化的知识和信息作为关键生产要素、以现代信息网络作为重要载体、以信息通信技术的有效使用作为效率提升和经济结构优化的重要推动力的一系列经济活动[①]。从生产函数看，数字经济的研究主要集中在生产技术、生产关系、生产要素三个方面。从经济部门看，数字经济的研究则涵盖了数字技术在企业部门、居民部门、金融部门、政府部门的融合与应用[②]。可以说，数字经济代表了围绕数据这种关键的生产要素所进行的一系列生产、流通和消费的经济活动的总和。

具体来说，数字经济具有四个特征。第一，数字经济的生产要素是数据。每

① G20. 二十国集团数字经济发展与合作倡议［R］. 杭州：G20杭州峰会，2016.
② 陈骁，魏伟，薛威. 数字经济系列报告（一）数字中国：变局与机遇［R］. 2021.

一次经济形态的重大变革，必然产生所依赖的生产要素。传统经济是以土地等自然资源作为生产要素，而数字经济是以数据作为生产要素。第二，数字经济的发展模式是产业融合。各行各业通过拥抱快速发展的数字技术促进产业深度融合，改变经济发展模式，使得产业数字化成为现实。第三，供给和需求的双方界限逐渐模糊。供给方在提供产品和服务的同时，需求方也会参与，这种新的生产模式使得供给和需求的界限淡化。第四，绿色可持续是数字经济的发展特点。数字经济是一场绿色工业革命，以绿色生产要素投入为主。数字经济下的智能工厂能实时调整能源供应，杜绝生产链中的能源浪费，有助于缓解传统经济下因化石能源的大量使用而引起的环境污染问题[①]。随着经济社会与信息技术的发展，数字经济的边界也在不断变化和拓展[②]，给传统的经济体系和社会格局带来重大的变革和重塑。

二、数字产业化与产业数字化

从产业分类看，数字经济的研究主要分为两大类（见图5-1）：一是与信息通信本身直接相关的行业，即数字产业化；二是各个传统行业与数字技术的融合，即产业数字化。

（一）数字产业化

数字产业化，就是通过现代信息技术的市场化应用，推动数字产业的形成和发展。

科技创新绝不仅仅是实验室里的研究，而是必须将科技创新成果转化为推动经济社会发展的现实动力。数字产业化的目的正是将数字化的知识和信息转化为生产要素，通过信息技术创新和管理创新、商业模式创新相融合，不断催生新产业、新业态、新模式，最终形成数字产业链和产业集群。简而言之，数字产业化就是数字技术带来的产品和服务，例如电子信息制造业、信息通信业、软件服务

① 辽宁省财政科学研究所，辽宁省财政学会. 什么是数字经济［J］. 财经活页，2020（1）.
② 陈骁，魏伟，薛威. 数字经济系列报告（一）数字中国：变局与机遇［R］. 2021.

业、互联网业等，都是有了数字技术后才出现的产业[①]。当前数字产业化发展的重点包括人工智能、大数据、区块链、云计算、网络安全等新兴数字产业，以及相关的通信设备、核心电子元器件、关键软件等产业；5G的建设和应用，试点智能交通、智慧物流、智慧能源、智慧医疗等重点领域；第三方大数据服务产业；共享经济和平台经济[②]。

（二）产业数字化

产业数字化，就是利用现代信息技术对传统产业进行全方位、全角度、全链条的改造。

与数字产业化相比，产业数字化涉及产业领域更多、市场规模更大，是未来数字经济发展的主攻方向。我国中小企业数量居多，企业数字化赋能将发起巨大的投资需求，并大大提升企业经营效益。产业数字化势头强劲，为数字经济发展带来无限创新空间。当前，以5G、人工智能、大数据、区块链等为代表的新一代信息技术，在不断驱动信息通信业自身转型发展的同时，更作为推动新旧动能转换、实施供给侧结构性改革的关键生产要素，赋能千行百业，加快推进各行各业数字化、网络化和智能化进程，进一步发挥对经济发展的放大、叠加、倍增作用，为我国高质量发展提供新动能和新机遇。

（三）数字产业化和产业数字化重塑生产力

中国信息通信研究院的研究认为，数字产业化是数字经济的基础部分，产业数字化是数字经济的融合部分，是传统产业应用数字技术带来的生产数量和效率提升，其新增产出构成数字经济的重要组成部分。

数字产业化方兴未艾，数字经济孕育巨大潜能。产业数字化助力优化提升产业机构，提高我国综合竞争力。现代信息技术对经济发展具有独特的放大、叠加、倍增作用。研究成果表明，数字化程度每提高10%，人均GDP增长0.5%～0.62%。产业数字化以“鼎新”带动“革故”，以增量带动存量，通过推动互联网、大数据、人工智能和实体经济深度融合，提高全要素生产率。

---

① 五度易链．数字产业化和产业数字化有什么区别？［EB/OL］．（2022-03-17）．https://baijiahao.baidu.com/s?id=1727524701869996444&wfr=spider&for=pc.

② 陈骁，魏伟，薛威．数字经济系列报告（一）数字中国：变局与机遇［R］．2021.

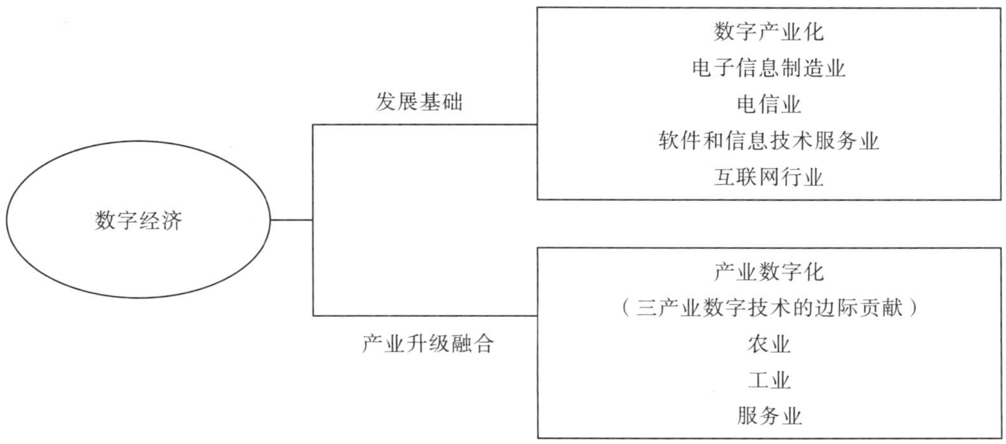

图5-1 数字产业化和产业数字化

三、数字经济的发展趋势

2021全球数字经济大会上发布的《全球数字经济白皮书——疫情冲击下的复苏新曙光》显示，2020年，全球47个国家数字经济增加值规模达到32.6万亿美元，占GDP的比重为43.7%。中国信息通信研究院测算的47个国家中，有35个国家GDP为负增长，47个国家GDP平均同比名义增速为-2.8%。在此背景下，2020年全球数字经济同比名义增长3.0%，显著高于同期GDP增速5.8个百分点。全球数字产业化占数字经济的比重为15.6%，占GDP的比重为6.8%，产业数字化占数字经济的比重为84.4%，占GDP的比重为36.8%。

我国数字经济发展具备良好基础及潜在动力，据联合国贸易和发展会议（UNCTAD）测算，2020年我国可数字化交付的服务贸易规模达2947.6亿美元，疫情期间逆势增长8.4%，占服务贸易总额的44.5%，比“十三五”初期提升了13.9个百分点。据商务部预测，到2025年，中国可数字化的服务贸易进出口总额将超过4000亿美元，占服务贸易总额的比重达到50%左右。

（一）政策方面，国家对发展数字经济作出重要部署

国家《“十四五”数字经济发展规划》明确提出，“十四五”将继续坚持推进数字产业化和产业数字化，赋能传统产业转型升级，为构建数字中国提供有力支撑，首提数字经济核心产业增加值占GDP的比重达到10%的阶段目标。数据要素市场体系初步建立，利用数据资源推动研发、生产、流通、服务、消费全价值

链协同；产业数字化转型迈上新台阶，农业数字化转型快速推进，制造业数字化、网络化、智能化更加深入；数字产业化水平显著提升，新产业新业态新模式持续涌现、广泛普及，对实体经济提质增效的带动作用显著增强；数字化公共服务更加普惠均等，数字基础设施广泛融入生产生活，对政务服务、公共服务、民生保障、社会治理的支撑作用进一步凸显；数字经济治理体系更加完善，与数字经济发展相适应的法律法规制度体系更加完善，数字经济安全体系进一步增强。

（二）技术方面，新一代信息通信技术群体性突破

近年来，新一代信息通信技术实现了群体性突破，如移动互联网、物联网、云计算、大数据、VR/AR、人工智能、区块链、量子计算/量子通信等领域都取得了突破性发展。进入5G时代以后，以5G为代表的新一代信息技术正在加速引发系统性、革命性、群体性的技术突破和产业变革。当前具有代表性的新一代信息通信技术突破性成果主要集中于三个方面：一是高端芯片、操作系统、人工智能关键算法、传感器等；二是通用处理器、云计算系统和软件核心技术一体化研发；三是量子计算、量子通信、神经芯片、DNA存储等前沿技术，以及信息科学与生命科学、材料等基础学科的交叉创新[①]。这些群体性突破成果正在引领数字经济成为全球经济社会变革和我国经济高质量发展的重要引擎。

（三）融合方面，各类技术驱动引领、垂直整合

纵观全球，新一轮科技革命和产业变革交互融合，以5G、大数据、云计算、工业互联网、人工智能、区块链等为代表的新一代信息技术加速发展，已经成为推动经济发展质量变革、效率变革、动力变革的重要驱动力，并加速向各领域广泛渗透，不断催生新产业新模式新业态。数字经济在这一阶段实现了技术驱动、垂直整合、融合发展、开放体系与生态系统的结合发展。互联网、大数据、云计算、人工智能、区块链等技术加速创新，日益融入经济社会发展各领域全过程。数字经济发展速度之快、辐射范围之广、影响程度之深前所未有，正在成为重组全球要素资源、重塑全球经济结构、改变全球竞争格局的关键力量。在技术创新驱动引领、垂直整合下，全球数字经济发展融合深、渗透强，不断推动产业转

① 陈骁，魏伟，薛威. 数字经济系列报告（一）数字中国：变局与机遇［R］. 2021.

型升级，产业数字化成为发展主战场①。同时，数字创新的各种手段深入各行各业，充分协助社会解决发展不平衡和不充分的难题。从移动互联，到共享出行、自动驾驶，再到工业互联网、云经济，每个经济形态都是以技术融合经济的经典范式进行呈现。

（四）经济方面，数字经济成为全球经济增长的关键动力

数字经济推动数字技术与实体经济深度融合，推动各国经济发展，悄然改变世界经济格局。从整体上看，2021年，全球47个国家数字经济增加值规模为38.1万亿美元，同比名义增长15.6%，占GDP的比重为45.0%。其中，发达国家数字经济规模大、占比高，2021年规模为27.6万亿美元，占GDP的比重为55.7%；发展中国家数字经济增长更快，2021年增速达到22.3%②。近年来，我国已经迈入服务经济与数字经济大发展的时代，数字经济作为中国经济增长的新引擎，我国经济发展步履更坚实。《中国互联网发展报告2021》显示，2020年，我国数字经济规模达到39.2万亿元，占GDP的比重为38.6%，数字经济当之无愧成为中国经济增长的新引擎。在数字经济的推动下，共享经济、平台经济、信息消费等新业态不断涌现，为经济发展注入新活力，并带来更多样化的就业机会。

四、推动现代服务业与制造业融合发展

数字经济通过信息技术手段服务不同的行业产业和领域，是服务业的一部分，数字技术与服务业具有高度的互动互助和耦合性。数字经济推动现代服务业与制造业融合发展体现在以下三方面。

（一）软件和信息技术服务业是数字产业化的先导要素

作为数字经济的发展先导，数字产业化是由新一代信息技术驱动形成的新型数字产业体系。其中，软件与信息服务业、互联网和相关服务业是重要的支撑产业，在数字化进程中发挥着引领技术迭代创新、群体突破的关键作用。工信部最新数据显示，2022年一季度，我国规模以上互联网和相关服务企业实现业务收入

① 刘多. 全球数字经济新图景（2020年）：大变局下的可持续发展新动能［R］. 2020.
② 中国信息通信研究院. 全球数字经济白皮书（2022年）［R］. 2021.

3236亿元，同比增长1.4%；信息服务收入（包括网络音乐和视频、网络游戏、新闻信息、网络阅读等）同比增长7.1%，高于全行业增速5.7个百分点；主要提供网络销售服务的企业（包括大宗商品、农副产品、综合电商、医疗用品、快递等）的互联网业务收入同比增长8.5%，高于全行业增速7.1个百分点；全行业研发费用达177.5亿元，同比增长8.4%[①]。2019年起5G正式商用，这为实现万物互联及促进生产生活数字化、网络化、智能化发展奠定了坚实基础。以5G为代表的新一代关键信息技术，将不断催生新技术、新模式、新业态，打造更加先进开放的新一代互联网技术产业生态[②]。

（二）推动现代服务业数字化转型是产业数字化的核心内容

现代服务业数字化转型的重点集中在培育与产业发展相适应的产业生态，推动先进制造业与现代服务业更广、更深、更快融合，利用数字技术进行全方位、多角度、全链条的改造提升。现代服务业数字化呈现出发展速度最快、产业生态最多样、应用牵引最广泛等特点。现代服务业数字化具体转型方向：一是发挥并引导软件与信息服务业、互联网等相关服务业在数字产业化的先导作用；二是根据重点领域和方向，确定数字化转型的实施路径；三是推动全国各地制定现代服务业与数字经济融合的场景运用；四是对服务业数字化的新业态、新模式，探索建立“包容审慎”监管，构建政府监管、企业自治、行业自律、市场监督“四位一体”新治理机制。在社会和城市治理现代化方面，通过数字化管理智慧决策，应用新的数据服务方式，改变了整个城市社会的治理模式，提升了整个城市社会的治理效能，智慧城市应运而生；在生产方式方面，“5G+工业互联网”方兴未艾、势头迅猛，如“美的5G智慧工厂”“宁波5G智慧港口”“内蒙古5G智慧矿区”等一系列数字化转型促进产业转型升级，产业数字化与传统企业相结合，助力实体经济的智能化生产、网络化协同和个性化定制，进而推动实体经济走出创

① 运行监测协调局．2022年一季度互联网和相关服务业运行情况［EB/OL］．（2022-04-29）．https://wap.miit.gov.cn/jgsj/yxj/xxfb/art/2022/art_840858f605c143888620868186248d6b.html.

② 辽宁省财政科学研究所，辽宁省财政学会．我国数字经济发展现状［J］．财经活页，2020（1）．

新发展的“上升曲线”，更为中国经济开拓了新空间[①]。目前产业数字化转型的重点在于：工业互联网和数字化转型促进中心建设，个性定制、柔性制造等新模式；众包设计、智慧物流、新零售等服务业新模式；智慧农业[②]。

（三）实体经济和数字经济融合是推动经济社会关键赋能点

党的二十大报告提出，加快发展数字经济，促进数字经济和实体经济深度融合。实体经济作为我国经济的重要支撑，振兴实体经济需要营造有利的发展环境，要着力加快建设实体经济、科技创新、现代金融、人力资源协同发展的产业体系，创造协同效应。实体经济与数字经济的融合发展，不仅是自身转型升级的内在需要，也是推动整体经济社会数字化、网络化、智能化的关键纽带，能对制造业与数字融合、社会治理与数字融合赋能、赋值、赋智，成为生产方式升级、生产关系变革、新兴产业发展的重要引擎。5G、人工智能、大数据及云计算等，既是推动数字经济增长的基础设施，也是数字产业的关键应用市场。各类行业依托基础设施和技术找到更多实体经济和产业发展的结合点和切入点，推动实体经济发展。以5G发展为例，据中国信息通信研究院《5G产业经济贡献》预测，2020—2025年，中国5G商用直接带动经济总产出将达10.6万亿元，间接带动经济总产出约24.8万亿元，直接创造超过300万个就业岗位。信息消费成为当前创新最活跃、增长最迅速、辐射最广阔的新兴消费领域。

» 第二节　前海发展数字经济的基础和重点领域

我国发展数字经济应借力香港丰富的人才储备及强大的科研力量，瞄准数字经济战略性前瞻性领域，发挥新型举国体制优势、超大规模市场优势，提高深港两地数字技术基础研发能力。发挥前海的制度优势，打造多元化参与、网络化协同、市场化运作的创新生态体系。积极跟踪数字技术演进前沿动态，结合各城

① 辽宁省财政科学研究所，辽宁省财政学会. 我国数字经济发展现状［J］. 财经活页，2020（1）.
② 陈骁，魏伟，薛威. 数字经济系列报告（一）数字中国：变局与机遇［R］. 2021.

市经济发展的特征和优势，加快引进全球数字新技术并率先开展产业化规模化应用，抢占世界数字经济市场高地。

一、人工智能

（一）香港AI原创研发和创新能力突出

美国斯坦福大学于2021年发表的《人工智能指数报告》显示，香港在人工智能领域发表的文章的影响力，学术界及业界评分为全球第二，香港在人工智能方面的研究实力强劲（详见表5-1）。香港高校积极与各产业人士进行行业交流，促进科研与企业的融合发展[①]。香港本地亦涌现出一批杰出的人工智能企业，例如商汤科技、华为诺亚方舟实验室等。商汤科技和香港中文大学研发出准确度超过99%的自动人脸识别系统，在短短的4年间迅速发展成为独角兽企业。香港理工大学于2019年2月26日与英国皇家艺术学院签署合作备忘录，斥资6亿港元在香港成立AI设计实验室，主攻智能服装设计及物料研发等。

表5-1 香港人工智能基础研究机构

研究机构	依托单位	研究领域
香港分子神经和科学国家重点实验室	香港科技大学	承担国家重点研究课题，培养科研人才，提升分子神经科学的基础研究，并促进内地和香港的生物技术科研合作
脑与认知科学国家重点实验室	香港大学	围绕认知科学等重大科学问题，开展多进化层次、多认知层次、多学科层次的临床神经心理学研究
香港人工智能实验室（HK AI Lab）	阿里巴巴集团、商汤集团及香港科技园公司	专注于利用尖端技术和专业知识拓展人工智能的应用领域，并协助初创企业将人工智能发明成果和技术商业化

资料来源：根据香港各高校网站综合整理。

（二）深圳为人工智能领域企业的发展营造了良好的环境

深圳在全国人工智能领域企业地域分布名列榜首。深圳近10年在人工智能领域的专利申请量约为12万件，占广东省申请量的五成，创新能力全国领先，深

① 安明明，章雷．粤港澳大湾区人工智能产业人才资源状况分析［J］．对外经贸，2019（6）．

圳人工智能就业岗位占全国总量的10.5%，拥有14家中国人工智能企业知识产权竞争力百强企业[①]。前海作为深港融合的纽带，发挥综合优势强化AI技术转化服务。前海紧扣深港合作和现代服务业这个成立初衷和主题，坚定不移，努力拓展深港合作的广度和深度，主动衔接，推动深港跨境联合研究孵化工作，引进深港人工智能发展的优势项目。一方面，借助香港研发优势，引进和转化国际前沿科技技术，加快AI技术的优化升级；另一方面，发挥深圳良好创新环境的优势，实现大规模技术转化落地，强化AI技术转化服务，促进香港和内地创新链对接联通，推动科技成果向技术标准转化。

深港数字科技合作成效已初步显现，进一步推动数字经济企业集聚发展，打造产业创新高地应在以下四个方面发力。一是以数字产业化和产业数字化为主攻方向，发挥海量数据和丰富应用场景优势，建设数字政府、智慧城市、数字生态，促进数字化转型。二是数字化人才短缺尤其是具备顶尖数字技能和具备数字技术与行业经验的跨界人才供不应求。企业的数字化人才建设需更多地从产品与服务价值链环节出发，依托当地产业基础和优势，开展订单式人才培养，定向培养先进制造、智能制造、大数据、数字化运营等领域的专业人才。三是加快培育数据要素市场，率先完善数据产权制度，并建立数据隐私保护制度，开展数据生产要素统计核算试点。四是在数字货币方面先行先试，努力解决数字确权问题，促使数字流动、交易，使数字资产的真正价值显现出来，提升前海全球电商贸易竞争力。

二、数字文化创意产业

数字文化创意产业是数字经济的最重要组成部分。由于文化创意产业本身具有高智力密集度、高附加值、可持续的产业特征，与信息科技深度融合后，对更多的经济部门具有提质增效、转结构、促消费、扩就业的独特作用，因此也被认为是全球数字经济发展的“火车头”[②]。

---

① 亿欧智库. 2020年中国人工智能商业落地研究报告［R］. 2020.

② 联合国教科文组织，国际作家与作曲家联合会，安永会计师事务所. 文化时代：第一张文化与创意产业全球地图（Cultural Time:The First Global Map of Cultural and Creative Industries）［R］. 2015.

（一）香港文化配套设施成熟，发展数字文化创意产业具备良好的基础

香港文化及创意产业包罗万象、融汇中西，涵盖各种知识型活动。香港拥有元创方、大馆、星光大道、动漫海滨乐园等创意地标，香港影视娱乐博览、香港书展、设计营商周等具有国际影响力的活动。此外，广告、建筑、设计、数码娱乐、电影、音乐、印刷出版及电视八大创意产业也是香港迈向高增值和多元化经济体的新动力。2008—2018年，香港文化及创意产业的名义增加价值平均每年升幅6.4%（见表5-2），高于香港名义本地生产总值同期升幅。文化及创意产业就业人数由2008年的19.13万人增加到2020年的22.86万人，占香港总就业人数的比重为6.2%（见表5-3）。

表5-2　香港文化及创意产业的名义增加值（2014—2020年）

单位：百万港元

类别	2014年	2015年	2016年	2017年	2018年	2019年	2020年
艺术品、古董及工艺品	12199	10157	8020	18479	19389	18677	14662
文化教育及图书馆、档案保存和博物馆服务	1465	1289	1414	1479	1580	1499	1060
表演艺术	954	1196	1263	1382	1415	1230	1022
电影及录像和音乐	3106	3469	3713	3930	3347	3025	2142
电视及电台	6431	7174	6501	6396	6560	5678	6001
出版	13894	12602	12474	13116	14188	14305	13235
软件、计算机游戏及互动媒体	44387	46141	48343	51468	55135	56418	54415
设计	4080	4146	4247	4306	4523	4845	3964
建筑	11058	10724	11783	10799	11675	11470	13220
广告	9254	9182	9187	9138	9777	9940	5764
娱乐服务	2852	2840	2662	2686	2874	2259	82
文化及创意产业	109680	108920	109607	123180	130463	129347	1115566
占以基本价格计算的GDP的百分比	5.0%	4.7%	4.5%	4.8%	4.8%	4.7%	4.5%

资料来源：香港特区政府统计处。

表5-3 香港文化及创意产业的增加值和就业人数（2017—2020年）

年份	以当时价格计算的增加价值/百万美元	以当时价格计算的增加价值占GDP百分比	就业人数	
			人数/人	占总就业人数百分比
2017	123180	4.8%	231420	6.1%
2018	130463	4.8%	234730	6.1%
2019	129347	4.7%	237150	6.2%
2020	115566	4.5%	228600	6.2%

资料来源：香港政府统计处。

（二）深圳文化产业基础良好，数字文化发展迅速

2017—2021年，深圳文化相关产业和数字经济产业增加值逐年递增，2021年文化及相关产业增加值达2086.36亿元，占GDP比重6.80%；数字经济产业增加值也于2020年达到1601.03亿元，占GDP比重5.79%（见表5-4）。深圳具备良好的数字赋能文化产业生存土壤，可充分发挥经济特区立法权优势，鼓励引导数字经济发展，以法治创新引领数字经济高质量发展，因此在数字经济与文化产业的结合上拥有极大的发展潜力。此外，统计数据显示，2021年数字与时尚产业增加值达3103.66亿元，增长13.0%[①]。这一数据表明，深圳具有优越的“数字+文化创意”发展基础，能够为区域内发展带来新动力和新的经济增长点。大力推动深圳发展数字文化创意产业可在原有的文化和数字经济两个产业类别的基础上创造新的经济效益和收益，改善产业结构，促进不同经济部门交流融合发展。

表5-4 深圳市2017—2021年文化及相关产业和数字经济产业增加值

年份	文化及相关产业			数字经济产业		
	增加值/亿元	同比变化百分比	占GDP比重	增加值/亿元	同比变化百分比	占GDP比重
2017	1529.75	20.6%	6.82%	1022.75	23.4%	4.56%
2018	1560.52	6.3%	6.44%	1240.73	3.8%	5.12%

① 深圳市统计局．深圳市2021年国民经济和社会发展统计公报［EB/OL］．（2022-05-07）．http://www.sz.gov.cn/cn/xxgk/zfxxgj/tjsj/tjgb/content/post_9763161.html.

（续表）

年份	文化及相关产业			数字经济产业		
	增加值/亿元	同比变化百分比	占GDP比重	增加值/亿元	同比变化百分比	占GDP比重
2019	1849.05	18.5%	6.87%	1596.59	18.0%	5.93%
2020	1775.98	1.3%	6.42%	1601.03	-0.2%	5.79%
2021	2086.36	10.2%	6.80%	—	—	

资料来源：深圳市统计局《深圳市2017—2021年国民经济和社会发展统计公报》。

（三）前海软性政策和硬件设施日益完善，具备良好土壤

政策稳步推进。2022年5月，前海管理局发布《深圳前海深港现代服务业合作区专业服务业发展专项资金管理暂行办法》，支持文创特色产业发展与粤港在文化层面的合作。该办法明确，对影视、演艺、数字文化、创意设计等产业给予大力支持，文化创意产业在前海将有更多“用武之地”，特别是有深港合作元素的文化产品将得到重点支持。在影视作品及后期制作、演艺作品、数字文化产品等方面，前海均承诺给予大额资金补助，并支持创意设计优质资源落户，鼓励获得国际国内重要设计奖项的设计师在前海新设法人机构①。除财政优惠及资金补助外，前海为实现对接深港数字文化创意产业发展的目标，还注重向创意服务倾斜，做好数字文化创意基础设施建设，支持在港品牌跨境执业发展，以吸引并留住文化创新型人才；形成良好的支撑数字文化创意产业发展的社会氛围，重视科技进步与个人创造力的融合贯通，不断完善知识产权保护体系，构建深港数字文化产业沟通合作的桥梁。

硬件设施逐步完善。2019年4月24日，前海深港设计创意产业园举行竣工交付仪式，并于同年8月底正式投入运营，29个来自香港设计总会的成员协会进驻和开展合作。2019年12月，前海深港设计创意产业园二元桥项目正式开园，香港来往深圳前海自贸区的粤港澳直通巴士也在当天正式开通，使得深港两地文化及

① 深圳市前海管理局. 前海专业服务业发展再添动能［EB/OL］.（2022-05-16）. http://qh.sz.gov.cn/sygnan/lssj/content/post_9792677.html.

各方面、各层次的交流更加便捷①。二元桥作为前海连接深港创意文化产业的专业服务平台，旨在帮助设计创意行业分享业界成功经验、互换商业资源，共同促进大湾区设计创意产业发展。二元桥×香港设计总会“创意策动2019——设计代码”是由香港设计总会和二元桥合办、香港特别行政区政府“创意香港”赞助的深港设计年度盛会，广泛迎接设计业界团体和公众参与，以此提高粤港澳大湾区城市之间的交流和合作。

专栏5-1　前海二元桥项目简介

前海深港设计创意产业园位于前海妈湾片区航海路北侧，总用地面积约1.4万平方米，总建筑面积约1.9万平方米，项目总投资金额约1.2亿元人民币。该产业园规划业态包括创意市集、交易展示大厅、设计师工作室及设计主题商业等，设计风格突出公共空间多样化、景观生态一体化等特点，以满足展览展示需求，提升人群互动交流，激发活力创意。

“二元桥”并不是一个简单的园区办公空间，通过两地政府的支持以及包括香港设计总会在内的多方合作机构的共同参与，通过专业交流及配对平台，不仅能够为入驻的创意工作室和企业提供办公空间，还能够提供相关商务配套服务，包括企业商务咨询服务、法律服务、空间租用及运营、推广及产品研发、知识教育及产业文化交流等，手把手帮助创业企业发展壮大。创意产业园还将举办各类公众活动如展览、讲座、工作坊、创意市集等，促进深港两地的创意文化交流。

① 深圳市前海管理局. 前海深港设计创意产业园二元桥项目正式开园［EB/OL］.（2019-12-08）. http://qh.sz.gov.cn/sygnan/lssj/content/post_6843795.html.

» 第三节 前海数字经济发展的制度创新与政策设计

一、明确“数字前海”的定位

（一）高标准打造前海深港数字经济集聚区

坚持数字化改革引领，紧扣数字产业化和产业数字化主线，聚焦“培育数字经济产业集群，打造数字经济领跑区”目标定位。释放前海扩区优势，建议在蛇口及大小南山布局生态创意组团和深港自贸服务组团。持续扩大产业规模，加快实现数字产业赋能突破，以物联网、云计算与大数据、网络通信、智能计算、新型电子材料及元器件、人工智能、区块链、数字文化创意等为发展重点。加快对接蛇口网谷、南海意库、国博和二元桥文创园项目/企业。

（二）加强企业引培

围绕主攻方向，依托数字经济重点企业招商库，瞄准头部产业，招引一批“延链、补链、强链”大好高项目。实施企业梯次培育行动，搭建多层次资本对接平台，推动数字经济企业小升规、股改、挂牌和上市，新增一批数字经济科技型企业、高新技术企业、专精特新企业、独角兽企业、上市企业、领军企业和链主型企业。建设以“产业大脑+未来工厂”为核心的数字经济系统，构建数字经济赋能实体经济内循环系统，形成一批未来工厂、智能工厂、工业互联网平台、电商园、数字文化创意产业园，提升企业规模能级。

（三）大力发展数字文化产业

发挥粤港澳大湾区数字经济和科技研发优势，实现跨媒介视觉设计的多样性，促进前海优秀文化资源数字化转化和开发利用。依托前海服务业本底优势，聚焦产业数字化环节，面向文化创意领域，重点发展设计服务和融合服务。依托国家版权创新发展基地，强化对数字创意企业知识产权的全链条保护。积极引进以紫荆文化集团为代表的大型新媒体文化企业，促进深港文化交流，助力数字文化产业“引进来”和“走出去”。协同香港文化及创意等新优势产业发展，对接设计中心、香港康乐及文化事务署等港方机构联合办论坛，推动深港数字创意合作。健全现代文化产业体系和市场体系，培育新型文化企业、文化业态和文化消费模式。用“科技+艺术”实现以数字化内容落地数字化场景体验，映射并构建全新的数字文化。发掘设计服务（工业设计、创意设计）和融合服务（元宇宙、NFT）在前海发展的可行性，发挥粤港澳大湾区数字经济和科技研发优势，实现跨媒介视觉设计的多样性，促进前海优秀文化资源数字化转化和开发利用。

二、强化前海数字经济发展支撑

（一）完善顶层设计

强化与深圳市、区联动机制，重点加强空间布局规划，加大对前海发展数字经济发展空间的支持。提升数字经济重点园区平台能级，强化园区平台规范化管理，建立项目招引、投产、达产全流程跟踪服务机制。充分发挥“一国两制”制度创新优势，加快推动更加完善的要素市场化配置体制机制，面向全球构建内外联动、有序开放、充分竞争的数据市场体系，探索建设国际数据枢纽。

（二）强化基础设施支撑

围绕主攻方向开展“卡脖子”技术攻关，深入开展数字经济核心制造业首台（套）提升工程，引导软件和信息服务业企业加大关键共性软件技术研发。聚焦算力基础设施，按照国家构建一体化大数据中心协同创新体系的要求，推动粤港澳大湾区超级计算中心、智能计算中心、边缘计算中心、云计算中心、大数据中心合作共建、资源共享与科学布局，协同提升数据存储、传输、交换和服务能力，满足不同市场主体个性化数字计算需求。面向合作区重点行业数字化转型需求和人民更高品质生活追求，全面联通、畅通粤港澳大湾区产业互联网、智慧交通网、智慧教育网、智慧医疗网等数字化网络基础设施。

（三）加强数字人才支撑

突出“高精尖缺”导向，结合前海数字产业和现代服务业发展特点，不断提升引才精准度和产业适配度。依托世界青年科学家峰会及各类高层次人才创新创业大赛，支持在深港两地高校加强数字经济领域交叉学科建设和产教融合，培养集聚一批数字经济高层次人才。搭建深港数字人才共享基地，发挥互联网在线的人才发展新模式，为供需双方提供一个高效沟通、信息动态匹配的平台。前海管理局可为区内企业提供涵盖数字技能提升、平台运营提升、数字化转型提升以及数据管理提升的技能培训课程，覆盖区内不同的企业类型。

三、优化前海跨境数据流动平台建设

（一）强化数字经济治理体系的制度保障

充分用好深圳经济特区被授予的独立立法权、国内首部地方数据领域综合性立法《深圳经济特区数据条例》，在合法合规的基础上率先探索数据交易的有效法规支撑，发挥辖内知名企业、龙头企业和香港第三方专业机构集聚优势，在数据要素流通规则和标准制定方面率先实践探索。

（二）设立前海数字经济工作局统筹发展事务

依托市政府联合国家信息中心成立粤港澳大湾区大数据研究院及数据交易流通实验室，积极参与并同步推进实验平台搭建和技术验证，围绕数据确权、价格生成、可信流通等关键问题开展课题攻关和研究论证。借鉴香港特区政府成立“数字化经济发展委员会”，助力深圳交易集团在数据要素交易方面率先探索经验，推动前海在投资贸易、专业服务、跨境数据流动等重点领域和关键环节与香港共同推动新技术，提供应用场景。

第六章

CHAPTER 6

前海生物经济的协同发展与制度创新

聚焦人工智能、健康医疗、金融科技、智慧城市、物联网、能源新材料等港澳优势领域，大力发展粤港澳合作的新型研发机构，创新科技合作管理体制，促进港澳和内地创新链对接联通，推动科技成果向技术标准转化。

——《全面深化前海深港现代服务业合作区改革开放方案》

随着生命科学和生物技术的发展日新月异及取得重大突破，生物经济进入新发展阶段。生物经济以生命科学和生物技术的发展进步为动力，深度融合了医药、健康等产业。近年来，全球生物医药发展迅猛，尤其是伴随着新冠疫情起伏反复，美国、欧洲、日本等世界主要国家及地区纷纷聚焦发展生物医药产业，生物医药产业整体呈现更加创新、智能化、集群化的发展趋势。

从深港产业发展情况来看，生物科技是香港和深圳具有较大优势和合作基础的重要产业，是深港合作的最佳契合点之一。在香港，生物科技是河套深港合作区香港园区规划的重中之重。香港特区政府将生物科技定为具有优势的四大领域之一，在过去几年投入了大量资金，包括注资50亿港元筹建Health@InnoHK创新平台以汇聚全球顶尖科研资源。在深圳，《深圳市人民政府关于发展壮大战略性新兴产业集群和培育发展未来产业的意见》提出发展生物医药产业集群，支持化学创新药、全新剂型及高端制剂、现代中药、先进制药设备以及数字化医疗等领域发展，推动新型基因治疗载体研发、工程细胞构建、抗体工程优化、人工智能辅助药物设计等瓶颈技术突破；发展康养产业集群，重点发展精准医疗、康复养老、现代农产品、医疗美容、化妆品等行业，扩大健康产品高质量供给，加强再生医美材料、康复器具、种质资源与基因发掘、精准药物开发等技术攻关，建设精准营养研发与应用平台、健康设备计量测试平台等创新平台。

《前海方案》提出，要聚焦健康医疗等港澳优势领域，大力发展粤港澳合作的新型研发机构，创新科技合作管理体制，促进港澳和内地创新链对接联通，推动科技成果向技术标准转化。健康医疗是前海发展生物经济的重点和突破口，但生物经济的发展在前海还处于探索起步阶段。因此，与其他各章不同，本章重点分析全球生物经济发展趋势及深圳生物科技产业现状、面临的挑战和机遇、深港合作存在的障碍和问题。在此基础上，就前海深港生物科技合作的制度和政策创新给出相关建议。

第一节 生物经济发展趋势及深圳生物科技产业概况

一、生物医药产业创新发展加速

创新是生物经济的内在驱动力，以生物科技推动研发新药，生物医药企业才能形成有效技术壁垒，推动企业可持续发展。现阶段，全球生物医药产业链不断升级，总体上走向高端化、创新化。

（一）创新研发投入逐步增加

当前，全球生物医药行业创新活跃。2021年，全球有84种新活性物质（NAS）上市，数量是5年前的2倍①。根据中国外商投资企业协会药品研制和开发行业委员会（RDPAC）2021年3月发布的报告显示，2014—2019年，美国每年平均产生创新药高达43个。根据英国医疗健康领域的调研咨询机构Evaluate Pharma发布的《2021年全球生物医药行业评估暨2026年展望》，2020—2026年全球生物医药研发支出预计以4.2%的年复合增长率增长，到2026年全球生物医药研发支出将达到2540亿美元。

（二）创新靶点和开发新一代疗法是创新的主阵地

生物医药企业、研究机构等是生物医药产业创新的主体，在了解患者需求、诊断结果和治疗产品需求等信息的基础上，将创新研发聚焦在创新靶点和开发新一代疗法上。据Pharma Projects统计，2020年全球共新增了139个新靶点，近10年来新增数量仅次于2011年②。创新靶点数量的持续增长推动创新生物药产品线升级发展，加速了生物经济的创新发展。目前，大部分的肿瘤在研产品都属于靶向疗法，超过40%的研发管线用于罕见癌症，下一代生物疗法数量也日益增加。在研的新一代生物疗法超过800种，高于2019年底的600种，CAR-T和NK细胞疗

① IQVIA Institute. 2021年全球医药研发全景回顾［R/OL］. https://www.iqvia.com/zh-cn/locations/china/library/brochures/viewpoint-issue-60.

② 张挺. 生物医药产业发展趋势分析［J］. 智慧中国，2021（10）.

法以及基因编辑和RNA疗法的数量均有所增加①。

（三）生物医药临床试验活跃

2021年全球启动的临床试验约有5500个，在数量上比2020年上升了14%，总临床试验数再创新高。自2020年初以来，全球共启动了1200多项企业申办的干预性试验。2021年启动的试验预期招募的受试者总数首次超过200万，是开展新型冠状病毒试验和超大型埃博拉病毒疫苗试验前的2倍；肿瘤试验共招募近30万名受试者，是10年前的15万名的2倍。临床试验活跃为符合条件的患者提供了更多的治疗机会，反映出生物医药的临床试验非常活跃，为产业的创新发展奠定了前提基础与有力支撑。

二、智能化是生物经济发展的重要趋势

生物经济智能化发展是全球的明显趋势，AI、大数据、云计算等新兴技术推动生物经济在研发、生产、销售等环节的应用，生物医药企业和研究机构通过加强与人工智能科技企业合作，推进新药研发、辅助治疗开发、基因治疗分析，实现生物医药的数字化、自动化、定制化，从而缩短产品研发和上市时间，加快智能化创新升级。当前，生物医药产业智能化主要体现在以下三个方面。

（一）生物医药数字化发展加速

现阶段，越来越多的生物医药企业和医疗科技企业正在加快推动生产业务的全面数字化，在产业链各环节中推广将信息技术（IT）和运营技术（OT）融入生产过程中②。数字化赋能生物医疗成为重要的发展趋势，临床信息采集数字化、线上咨询、线上药房、远程医疗、互联网医院等是主要的应用方式。产业数字化已成为生物医药产业创新的重要基础条件，对于行业创新效率、加快全球生物医疗相关的资源高效整合，以及推动区域产业集聚发展发挥了重要作用。

---

① IQVIA Institute. 2021年全球医药研发全景回顾［R/OL］. https://www.iqvia.com/zh-cn/locations/china/library/brochures/viewpoint-issue-60.

② 德勤. 2022年全球生命科学行业展望［R/OL］. https://www2.deloitte.com/content/dam/Deloitte/cn/Documents/life-sciences-health-care/deloitte-cn-lshc-global-life-sciences-outlook-2022-zh-220518.pdf.

（二）以自动化推动生物医药创新

随着生物医药产业自动化技术水平的提高，工业自动化控制系统在原料药、生物制品、化学制剂、中药、生物添加剂、生物环保及医疗设备等领域得到推广使用，加快了生物医药产业的规模化发展。生物制药生产过程的自动化有助于扩大生产线产能，提高生产效益。近年来，连续生产是生物医药产业自动化的重要发展方向。生物医药企业需要在生产过程中实现连续性的原料投入和产出，以达到有效控制生产成本、加快药物生产过程的目的。同时，生物医药企业也需要新的自动化平台，推动人工操作转变为自动化的工艺，采用自动化系统，大力提高生物药产能。

专栏6-1　艾默生以自动化优化制药流程

艾默生通过自动化技术为制药流程带来转变。过去，实验室的研究人员先要使用实验室设备取得突破，然后再对成果进行解读、转换并升级到生产层面。这样的开发流程速度缓慢、效率低下，难以快速将产品投入大规模生产中。在使用DeltaV 系统后，实验室的研究人员通过使用与药物商业生产时相同的设备和自动化技术进行药物开发，为研究如何高效生产药物提供了重要线索。通过在实验室和制造层面实施自动化和控制技术，推动企业以较低的资金成本实现高度精确且灵活的制造能力。

（三）生物医药生产呈现定制化服务趋势

当前，“创新小型化，服务规模化”是生物医药行业的重要特点。研究人员专注于早期生物技术和药物的研发环节，中后期通过定制化、专业化的服务平台加速生物医药创新。定制化治疗是指个性化医学治疗，即有效地将患者与定制的药物进行匹配，设计出适用于少数人或特定人群的疗法，医药生产企业根据特定人群需求提供商业化定制研发生产服务。其中，高度定制化的合同研究组织（CRO）、合同研发生产组织（CDMO）获取连续商业订单的能力较强。企业加快强化自身技术能力，将业务升级为“定制研发+定制生产”，在研发、生产等供应链环节加强深度对接，可为客户提供创新性的工艺研发与定制化、专业化的生产服务。

三、全球生物医药产业集群化发展态势明显

当前，全球生物医药产业呈现集群化发展态势，主要是聚焦产业发展人才、资金、项目、大数据等核心要素集聚发展。生物医药产业集群集合了高校、科研机构、制药企业、生物技术企业等相关机构。生物医药产业集群化发展趋势有以下特点。

（一）以高校及研究机构为主推动产业集聚发展

生物医药产业需要学术研究机构的基础研究能力作为重要支撑。例如，美国的波士顿拥有医疗保健和生命科学成熟集群，集聚了哈佛大学、麻省理工学院、波士顿大学等顶尖科研机构。“世界基因之都”华盛顿—巴尔的摩—马里兰270科技走廊是美国国立卫生研究院和约翰斯·霍普金斯大学所在地，吸引并培养了众多生物领域人才，同时也孵化了诸多大型生物医药公司。高校及科研机构在生物医药产业集群中发挥了重要的推动作用。如丹麦与瑞典合作在丹麦哥本哈根地区和瑞典南部地区建立了跨国的药谷，实现技术、人才和资金的高密度积聚。

（二）以核心城市为主推动产业集聚发展

生物医药产业集群需要区域中核心城市的辐射、引领、推动作用。一些地区的核心城市逐渐集聚了生物医药产业发展的优质要素，在科研实力、人才吸引、资本体系等方面具有比较优势，有助于培育出能级量级较大的生物医药产业集群。例如，英国伦敦是伦敦都市圈的核心城市，在医学研究和科研人员等方面实力强劲，拥有大量集聚的人口、大规模的医疗市场和临床基地等，医疗服务和临床研究成为其发展生物医药产业集群发展的独特优势。再如，美国生物医药产业集群主要分布在九大核心城市区域，即波士顿、旧金山、圣地亚哥、纽约、北卡三角研究园、费城、洛杉矶、西雅图、华盛顿—巴尔的摩等，体现了核心城市对生物医药产业集群的重要引领带动作用。

（三）以龙头企业为主推动产业集聚发展

生物医药龙头企业在产业集群中的优势主要体现为创新的研发能力、雄厚的资本、丰富的人才储备以及技术和品牌壁垒等。生物医药产业具有高投入、高技术、高风险等特点，龙头企业在产业竞争中更容易形成马太效应，推动产业集聚发展。在美国，各大生物医药产业园区大多拥有商业化十分成功的龙头企业，如

旧金山湾区集聚了基因泰克、凯龙等世界知名的生物医药龙头企业。这些龙头企业是产业集聚的重要因素，发挥了辐射、虹吸、带动作用，吸引众多创新型企业在一定区域范围内集聚发展，形成配套完整、协同创新的产业链。

四、深圳生物科技产业发展概况

从全球来看，美国、欧洲、日本等发达国家和地区在生物科技产业规模和技术水平上占据主导地位，我国处于追赶阶段。从全国来看，生物科技是未来最具发展潜力、各地竞争最激烈的产业之一，在上海科创板上市的254家企业中，55家属于生物科技行业，占比近22%。其中，上海、北京、苏州等城市生物科技产业发展在全国领先，分别有11家、8家和5家，深圳仅有3家①。在胡润研究院发布的《2020胡润中国瞪羚企业》100强榜单中，最多的是生物科技行业，共有17家瞪羚企业上榜，但没有一家深圳企业。可见，生物科技产业是深圳需要发展的产业。

作为首个国家创新型城市和首个以城市为基本单元的国家自主创新示范区，深圳发展生物科技具有较好的基础。特别是在“双区”驱动等利好因素下，深圳生物科技产业在顶层设计、企业培育、创新生态构建等方面取得长足进展。《中共中央 国务院关于支持深圳建设中国特色社会主义先行示范区的意见》《中国特色社会主义先行示范区科技创新行动方案》等国家层面文件均提出支持深圳发展生物科技产业（也称“生物医药产业”）。2020年1月，深圳市政府出台生物医药产业集聚发展“1+3”重磅政策文件，提出要加快实现打造粤港澳大湾区生物医药产业核心引擎、全国生物经济先导示范城市和全球知名的生物科技创新中心与生物医药产业集聚地的战略发展目标，为生物科技产业发展注入强心剂。

（一）基本情况

深圳生物医药产业近年来增长迅速。2020年，深圳市战略性新兴产业增加值10272.72亿元，占GDP的比重为37.1%。其中，生物医药产业增加值408.25亿元，同比增长24.4%，增速位居深圳市七大战略性新兴产业之首（见图6-1）。

---

① 根据万得数据库相关数据整理。

预计到2025年，深圳生物医药产业总产值将突破2000亿元。

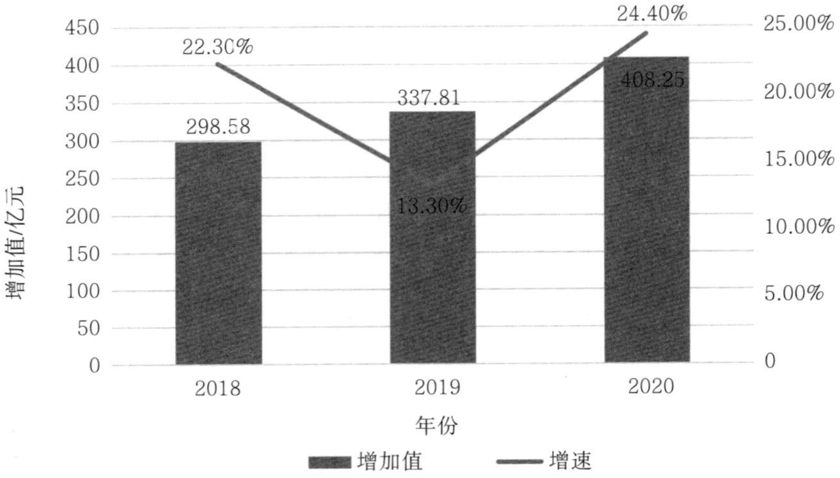

图6-1 2018—2020年深圳生物医药产业发展情况

目前，深圳市已基本形成集药品制造、医疗器械、医药流通为一体的生物医药产业链。在基因测序、医学影像等医疗器械细分领域全国领先，并培育了干细胞、疫苗等特色生物药细分领域，汇聚了信立泰、赛诺菲、三九医药、健康元、海普瑞、国药致君、迈瑞医疗、华大基因、北科生物、海王生物等一批国家级龙头企业和微芯生物、奥萨医药等一批创新型企业。

从全市范围来看，2020年生物医药增加值在深圳市七大战略性新兴产业中占比仅为3.97%，居最后一位，与新一代信息技术（47.64%）、高端装备制造（13.44%）等差距较大。深圳生物医药产业规模和占GDP的比重仍有待提升。

深圳生物医药发展注重统筹协调和顶层设计，不断优化产业空间布局，聚焦优势领域，加速产业集聚，已基本形成协同创新、错位发展的“一核多中心”[①]新格局。

深圳市已建成投入使用的生物医药专业园区12个，总建筑面积173万平方米，在全市10个区均有分布。深圳市政府生物医药“1+3”政策文件明确要打造

① “一核”是指坪山国家生物产业基地，“多中心”是指深港生物医药创新政策探索区（福田区）、光明生物医学工程创新示范区、宝龙生物药创新发展先导区（龙岗区）和坝光国际生物谷精准医疗先锋区（大鹏新区）。

坪山国家生物产业基地、深港生物医药创新政策探索区（福田区）、光明生物医学工程创新示范区、宝龙生物药创新发展先导区（龙岗区）、坝光国际生物谷精准医疗先锋区（大鹏新区）五大特色园区。其中，坪山国家生物产业基地是2005年全国首批国家及生物产业基地，坝光国际生物谷精准医疗先锋区（大鹏新区）属于“广深科技创新走廊”十大创新平台之一，宝龙生物药创新发展先导区（龙岗区）已进入全面规划阶段。综合资源禀赋、发展环境和区位空间等条件，深圳“一核多中心”园区定位和产业细分领域各具特色（见表6-1）。

表6-1 深圳“一核多中心”园区布局情况

园区名称	战略定位	产业细分领域	入驻企业等情况
坪山国家生物产业基地	加速形成生物医药创新研发、成果转化、生产制造的全链条产业生态体系，打造深圳市生物医药产业核心集聚区	基地规划了“一核”“一廊”“四分区”的空间结构：“一核”指生物产业创新综合体；“一廊”指沿荣田河打造的生态景观和生活配套所形成的综合服务走廊；“四分区”指生物医疗器械区、生物医药产业区、生物服务区、生物产业综合发展区	赛诺菲巴斯德、国药致君、海普瑞、康哲药业等120余家生物医药企业和产业化平台项目入驻
深港生物医药创新政策探索区（福田区）	以河套深港生物医药创新政策探索区为主体，鼓励医疗机构开展先进生物治疗技术联创研究应用	加快突破共性关键核心技术，鼓励医疗机构开展先进生物治疗技术临床研究应用；深化研发活动国际合作，联合国际机构开展新药、医疗器械临床试验；向国家争取对紧缺药品、医疗器械和生物样本的进出口实施特殊审批等	截至2020年底，河套深港合作区已确定引进9项生物医药产业项目，其中包括国家药监局“两个分中心”、联影7T磁共振成像系统研制重大专项、深圳市福田区格物智康病原研究所等项目，正在对接的生物医药产业项目共47个
光明生物医学工程创新示范区	构建高端医疗器械研发、转化、制造完整产业体系，创建高性能医疗器械制造业创新中心，打造光明生物医学工程创新示范区	把握光明科学城合成生物、脑解析与脑模拟等生命科学领域重大科技基础设施建设契机，构建高端医药器械研发、转化、制造完整产业体系	依托迈瑞公司、卫武光明和楼村医疗器械产业园区，以及葛兰素史克海王、康泰生物、雷杜等重大企业和项目，促进生物医药与医疗器械产业发展

（续表）

园区名称	战略定位	产业细分领域	入驻企业等情况
宝龙生物药创新发展先导区（龙岗区）	打造生物药创新先导区，深圳市乃至粤港澳大湾区唯一以生物药为产业定位的专业化园区	瞄准生物医药产业发展最前沿，以抗体药物、细胞治疗、基因治疗为核心产业，以高端医疗器械、制药设备、基因检测等为配套产业，着力打造“3+X”产业体系。建设满足研发生产需求的创新实验室及公共服务平台，委托第三方机构，构建市场运作、标准规范的园区管理体系，为企业提供一站式服务	邻近先导区的国际大学园将成为先导区的科教智核；香港中文大学（深圳）、香港中文大学（深圳）医学院、深圳北理莫斯科大学等高水平院校将成为先导区生物技术创新第一策源地
坝光国际生物谷精准医疗先锋区（大鹏新区）	以坝光为主打造精准医疗先锋区，构建集总部、研发、生产、信息、服务于一体的生物科技产业链，形成深圳东部区域生物科技产业的融合共生发展	聚焦基因测序、干细胞临床等前沿医疗技术研究，吸引全球精准医疗优质项目落地转化；引进国际科研团队、创新平台等合作项目，加快国际生命科技中心建设；依托“一库两园”配套基础搭建海洋生物医药产学研合作平台和孵化推广基地。依托中以创新合作产业园区，开展精准医疗创新合作，构建优质产业综合生态体系	区内拥有“DNA之父”詹姆斯·沃森正在推进建设的“沃森生命科技中心”、巴里·马歇尔建设的幽门螺杆菌检测及精准医疗中心、美国三院院士伯纳德·罗兹曼的罗兹玛转化医学研究院，已引进生物企业52家、科研机构11家

资料来源：根据《深圳市生物医药产业集聚发展实施方案（2020—2025年）》以及公开资料整理。

支持政策持续推出，产业发展提速。在国家层面，《粤港澳大湾区发展规划纲要》《中共中央 国务院关于支持深圳建设中国特色社会主义先行示范区的意见》《深圳建设中国特色社会主义先行示范区综合改革试点实施方案（2020—2025年）》《粤港澳大湾区药品医疗器械监管创新发展工作方案》《中国特色社会主义先行示范区科技创新行动方案》等文件提出，支持深圳开展生物科技国际合作、打造生物科技产业集群、创新生物科技资源要素跨境等（见表6-2）。此外，国家药监局药品审评检查大湾区分中心和国家药监管理局医疗器械技术审评检查大湾区分中心于2020年底落户河套深港合作区，有利于提高国际药品和医疗器械进口审评审批效率。国家的政策支持，为深圳生物医药创新发展提供了广阔空间。

在广东省层面，2020年5月发布的《广东省人民政府关于培育发展战略性支柱产业集群和战略性新兴产业集群的意见》提出，支持深圳打造生物医药与健康产业集群，在生物药、高端医疗器械、生物医用材料、体外诊断等领域形成若干个优势产业，在精准医学与干细胞、新药创制、生物安全、生物制造等领域突破一批关键核心技术。2020年12月公布的《中共广东省委关于制定广东省国民经济和社会发展第十四个五年规划和二〇三五年远景目标的建议》提出，打造先进材料、生物医药与健康等十大战略性支柱产业集群，支持深圳强化战略性新兴产业优势，详见表6-3。

表6-2　国家支持深圳生物医药发展的政策

政策文件名称	具体政策
《粤港澳大湾区发展规划纲要》	支持依托深圳国家基因库发起设立“一带一路”生命科技促进联盟
《中共中央 国务院关于支持深圳建设中国特色社会主义先行示范区的意见》	支持深圳建设5G、人工智能、网络空间科学与技术、生命信息与生物医药实验室等重大创新载体，探索建设国际科技信息中心和全新机制的医学科学院 支持深圳实行更加开放便利的境外人才引进和出入境管理制度，允许取得永久居留资格的国际人才在深圳创办科技型企业、担任科研机构法人代表 支持深圳具备条件的各类单位、机构和企业在境外设立科研机构，推动建立全球创新领先城市科技合作组织和平台
《深圳建设中国特色社会主义先行示范区综合改革试点实施方案（2020—2025年）》	创新医疗服务体系。支持在深圳开展国际前沿药品临床应用。探索完善医疗服务跨境衔接，建立与国际接轨的医学人才培养、医院评审认证标准体系。支持建设全新机制的医学科学院。支持完善重大疫情防控体制机制，健全公共卫生应急管理体系

（续表）

政策文件名称	具体政策
《粤港澳大湾区药品医疗器械监管创新发展工作方案》	加快国家药监局药品和医疗器械审评检查大湾区分中心建设。大湾区分中心作为国家药监局药品和医疗器械审评中心的派出机构，主要承担协助国家药监局药品和医疗器械审评机构开展审评事前事中沟通指导及相关检查等工作，建立审评审批的便捷机制 在粤港澳大湾区内地9市暂停实施《医疗器械监督管理条例》第十一条第二款，区域内开业的指定医疗机构使用临床急需、港澳公立医院已采购使用、具有临床应用先进性的医疗器械，由广东省政府批准。坚持分步实施，先期以香港大学深圳医院为试点，在取得可复制、可推广的经验后逐步扩展至其他符合要求的指定医疗机构
《中国特色社会主义先行示范区科技创新行动方案》	支持深圳强化产学研深度融合的创新优势，以深圳为主阵地建设综合性国家科学中心，加大国家重点实验室和国家重大科技基础设施等在深圳的统筹布局和建设力度，在人工智能、先进计算、合成生物学、脑科学、生命健康与生物医药、新材料、量子计算等领域打造一批国际化科研平台。优化国家技术创新中心、临床医学研究中心等在深圳的布局和建设，打造一批产业转移转化平台 支持深圳建设光明科学城、河套深港科技创新合作区深圳园区、西丽湖国际科教城、坪山—大鹏粤港澳大湾区生命健康创新示范区，加快组建全新机制的医学科学院 支持深圳强化关键核心技术攻关，优化和创新支持方式，采用“揭榜挂帅”“立军令状”“滚动立项”等组织方式，集中突破5G及下一代移动通信技术、人工智能、集成电路、生物医药、高端装备、新材料、区块链等领域关键核心技术攻关，突破产业发展技术瓶颈，培育智能经济、健康产业、海洋经济等新产业新业态 支持深圳制定新型研发机构项目申请、分类支持等配套政策。推进创业板改革，实行注册制，推进发行、上市、信息披露、交易、退市等基础性制度改革。优化政策环境，重点支持符合国家战略的高新技术产业和战略性新兴产业领域的高新技术企业在创业板上市

表6-3 广东省支持深圳生物医药发展的政策

政策文件名称	具体政策
《广东省人民政府关于培育发展战略性支柱产业集群和战略性新兴产业集群的意见》	生物医药与健康产业集群。推动精准医疗、智慧医疗、海洋医药、医养融合等新业态发展壮大，在岭南中药、化学药、生物药、高端医疗器械、生物医用材料、体外诊断、医疗服务、公共卫生等领域形成若干个优势产业。在精准医学与干细胞、新药创制、生物安全、生物制造等领域突破一批关键核心技术。打造广州、深圳、珠海、佛山、惠州、东莞、中山等创新集聚区
《中共广东省委关于制定广东省国民经济和社会发展第十四个五年规划和二〇三五年远景目标的建议》	支持深圳建设现代化国际化创新型城市，建设高层次国际人才集聚区，建设光明科学城、西丽湖国际科教城，强化战略性新兴产业优势 打造新一代电子信息、绿色石化、智能家电、汽车、先进材料、现代轻工纺织、软件与信息服务、超高清视频显示、生物医药与健康、现代农业与食品等十大战略性支柱产业集群

在深圳市层面，除了生物医药“1+3”文件外，深圳市还专门出台了《关于支持深港科技创新合作区深圳园区建设国际开放创新中心的若干意见》，提出在河套深港合作区建设先进生物医药技术试验区，争取国际新药、新医疗器械使用领域的政策突破，鼓励开展干细胞、免疫细胞临床前沿医疗技术研究项目；同时，出台了《深圳市人民政府关于支持光明科学城打造世界一流科学城的若干意见》，提出重点围绕生物医药、前沿新材料等领域，布局建设制造业创新中心。此外，深圳市坪山区、福田区、光明区、盐田区、南山区等也相继出台了促进生物医药发展的政策文件，推动全市形成错位协同的发展格局。比如《深圳市坪山区关于加快科技创新发展的若干措施的实施办法》《深圳市福田区关于支持生物医药产业发展若干措施》《南山区促进生物医药产业领航发展的若干措施》等，分别从产业基金、办公场所、企业上市、临床试验支持、药物非临床研究质量管理规范（GLP）资质认证、公共技术服务平台等方面提出具体支持办法。

总体来看，深圳市生物医药发展获得了国家和省级层面授权探索创新试点的支持，深圳市和各区政府也积极有为，推动顶层设计和各区实践上下联动，产业发展开始提速。

（二）发展优势

一是细分领域实现领先，产业高端发展步伐加快。近年来，深圳生物科技产业采取“领域聚焦、空间集聚”发展策略，在医药、医疗器械和精准医疗等方面取得了规模发展和产业高端化发展。

在医药领域，深圳共有药品生产质量管理规范（GMP）生产资质的药品企业64家，超10亿元的企业11家，龙头企业包括信立泰、华润三九、健康元等，创新型企业包括微芯生物、奥萨医药等。创新药方面，深圳市共获批3个一类创新药物，位列全国第四。仿制药方面，信立泰的化学仿制药硫酸氢氯吡格雷片年营收超20亿元，同品种全国第一。

在医疗器械领域，2020年深圳医疗器械领域实现产值525.67亿元，同比增长21.6%，占我国医疗企业市场总规模约8%，在医学影像、体外诊断、植介入等细分领域处于国内领先地位，诞生了迈瑞医疗、新产业生物、开立医疗等龙头企业。在创新成果方面，2020年深圳有效注册医疗器械产品共9527件，居全国第四；增量1666件，居全国第二。

在精准医疗领域，深圳已成为全球最大的基因组研究中心和国内基因测序应用龙头城市，贡献了全球约40%的基因测序数据。深圳国家基因库是我国唯一一个获批建设的国家级基因库，也是全球第四个国家级基因库。北科生物与国内外400多家机构开展合作，实施了10000多例难治性疾病细胞治疗，建立了亚洲最大的综合干细胞库群。

二是创新载体建设提速，基础研究能力显著提升。

创新载体方面。截至2020年，深圳在生物医药领域组建国家、省、市级重点实验室以及工程研究中心等各类创新载体近400个。其中，国家级23个，包括肿瘤化学基因组学国家重点实验室等国家重点实验室7个、工程研究中心2个、工程技术研究中心2个、工程实验室8个、企业技术中心3个和公共服务平台1个（见表6-4）；诺奖实验室11家（见表6-5）；省级重点实验室13家；公共技术服务平台17家，生物孵化器35家，以及生物医药相关学科研究院8所。

表6-4 深圳23家国家级生物科技创新载体

名称	类型	依托单位	立项年度
省部共建肿瘤化学基因组学国家重点实验室	重点实验室	北京大学深圳研究生院、清华大学深圳研究生院	2018年
化妆品监测评价重点实验室	重点实验室	深圳市药品检验研究院	2019年
仿制药评价生物等效性研究重点实验室	重点实验室	深圳市药品检验研究院	2019年
基因组学农业部重点实验室	重点实验室	深圳华大基因研究院	2009年
农业基因组学国家重点实验室	重点实验室	深圳华大基因研究院	2011年
深圳市中药药学及分子药理学研究省部共建国家重点实验室培育基地	重点实验室	香港理工大学深圳研究院	2003年
中国科学院健康信息学重点实验室	重点实验室	中国科学院深圳先进技术研究院	2007年
中药口服制剂关键技术国家地方联合工程研究中心	工程研究中心①	华润三九医药股份有限公司	2019年
骨科生物材料国家地方联合工程研究中心	工程研究中心	北京大学深圳医院	2019年
国家医用诊断仪器工程技术研究中心	工程技术研究中心	深圳迈瑞生物医疗电子股份有限公司	2003年
国家生化工程技术研究中心（深圳分中心）	工程技术研究中心	深圳大学	2002年
个体化细胞治疗技术国家地方联合工程实验室	工程实验室	深圳市北科生物科技有限公司	2016年
医学合成生物学应用关键技术国家地方联合工程实验室	工程实验室	深圳大学	2015年
介入医疗生物技术及系统国家地方联合工程实验室	工程实验室	先健科技（深圳）有限公司	2013年
医学超声关键技术国家地方联合工程实验室	工程实验室	深圳大学	2011年

① 工程研究中心由国家发改委认定，工程技术研究中心由科技部认定，均为国家级创新载体。香港的6个国家工程技术研究中心分中心为科技部认定。

（续表）

名称	类型	依托单位	立项年度
多肽药物国家地方联合工程实验室	工程实验室	深圳翰宇药业股份有限公司	2011年
高端医学影像技术与装备国家地方联合工程实验室	工程实验室	中国科学院深圳先进技术研究院	2011年
个性化抗肿瘤创新药物国家地方联合工程实验室	工程实验室	清华大学深圳研究生院	2012年
肿瘤基因组临床应用关键技术国家地方联合工程实验室	工程实验室	深圳市第二人民医院	2012年
深圳迈瑞生物医疗电子股份有限公司技术中心	企业技术中心	深圳迈瑞生物医疗电子股份有限公司	2015年
深圳海王集团股份有限公司技术中心	企业技术中心	深圳海王集团股份有限公司	1999年
深圳信立泰药业股份有限公司技术中心	企业技术中心	深圳信立泰药业股份有限公司	2012年
深圳国家基因库	公共服务平台	深圳华大基因研究院	2011年

资料来源：深圳市科技创新委员会。

表6-5　深圳11家诺奖实验室名单

诺奖实验室名称	依托单位
深圳格拉布斯研究院	南方科技大学
南方科技大学杰曼诺夫数学中心	南方科技大学
斯发基斯可信自主系统研究院	南方科技大学
大卫·帕特森国际开源实验室	清华大学深圳国际研究生院
深圳盖姆石墨烯研究中心	清华大学深圳国际研究生院
港中大（深圳）瓦谢尔计算生物研究院	香港中文大学（深圳）
港中大（深圳）科比尔卡创新药物与转化医学研究院	香港中文大学（深圳）
马歇尔生物医学工程实验室	深圳大学
索维奇智能新材料实验室	哈尔滨工业大学（深圳）
中村修二激光照明实验室	深圳市中光工业技术研究院
内尔神经可塑性实验室	中国科学院深圳先进技术研究院

专栏6-1 深圳市生物医药创新载体举例

深圳市生物医药安全评价中心。2020年12月深圳市生物医药安全评价中心正式交付使用，填补了深圳市非临床药物安全评价GLP实验室及大型动物房的空白，可同时开展15个创新药物的药效学试验和临床前安全性评价研究。

药物临床试验质量管理规范（GCP）认证机构。截至2020年底，深圳市共17家医院取得GCP认证，基本满足本地医药企业的临床试验需求。

国家高性能医疗器械创新中心。2020年4月，国家高性能医疗器械创新中心（简称“创新中心”）获工信部批复组建，成为深圳首个国家制造业创新中心，旨在聚焦医疗器械关键技术和核心部件，打通创新链产业链堵点和难点，实现医疗装备自主研发，为健康中国提供关键保障。作为国家在医疗器械领域布局的唯一一家制造业创新中心，肩负历史使命，将为我国生命安全和生物安全领域打造医疗器械国之重器，为公共卫生应急体系和疫病防控国家战略体系提供技术保障，为最终实现“健康中国”宏伟目标提供坚实的物质与技术保障。

此外，深圳拥有国家药品监督管理局认证的GCP共19家、认定专业超过145个（见表6-6）。在重大创新载体的支撑下，深圳在个别生物医药领域走在了世界领先水平，比如高端生物医学工程、基因测序和生物信息分析等技术跻身世界前沿，新一代测序能力与超大规模生物信息计算与分析能力位居世界第一等。

表6-6 深圳市19家药物临床试验机构（GCP）及认定专业

医疗机构名称	认定专业	认证日期	有效期截止日
深圳市人民医院	风湿免疫、重症医学、内分泌、麻醉、中医肾病、中医心血管、胸外、老年病（老年心血管、老年神经内科）、血液、普通外科（甲乳）	2019-10-16	2022-10-15
深圳市第二人民医院	血液、内分泌、肾病学、呼吸、骨科、神经外科、泌尿、普通外科（甲乳、肝胆）、烧伤科、胸外科、中西医结合、重症医学	2017-05-19	2020-05-18
深圳市第三人民医院	肝病	2017-05-19	2020-05-18
	结核、艾滋	2014-10-20	2017-10-19

（续表）

医疗机构名称	认定专业	认证日期	有效期截止日
北京大学深圳医院	肾病、整形、生殖健康与不孕症、医学影像（超声诊断）、运动医学、康复医学、普通外科（胃肠）	2019-10-16	2022-10-15
	妇产科、泌尿、医学影像（诊断、治疗）、心血管、肿瘤、神经内科、消化、感染、内分泌	2017-05-19	2020-05-18
香港大学深圳医院	神经内科、心血管、血液、内分泌、免疫、普通外科、新生儿、小儿血液	2019-10-16	2022-10-15
	呼吸内科、肾病、肿瘤、生殖健康与不孕症、骨科、消化内科、皮肤	2017-05-15	2020-05-14
深圳市儿童医院	小儿血液、小儿呼吸、小儿神经病学、中医儿科、医学影像（超声诊断）	2014-10-20	2017-10-19
	小儿内分泌、小儿耳鼻咽喉、小儿皮肤	2019-10-16	2022-10-15
深圳市中医院	中医肝病、中医肾病、中医心血管、中医骨伤、中医消化、中医神经内科、中医妇科	2015-03-19	2018-03-18
中国医学科学院肿瘤医院深圳医院	肿瘤	2019-10-16	2022-10-15
中国科学院大学深圳医院（光明）	妇科、新生儿、内分泌、消化、心血管、呼吸、小儿呼吸	2019-10-16	2022-10-15
深圳市人民医院（暨南大学第二临床医学院）	呼吸、心血管、肿瘤、感染（肝炎）、神经内科、肾病	2014-10-20	2017-10-19
深圳市康宁医院	精神卫生	2014-10-20	2017-10-19
深圳爱尔眼科医院	眼科	2019-10-16	2022-10-15
深圳市南山区人民医院	疼痛、传染、康复医学、骨科（脊柱外科）、肾病学、消化内科、心血管内科、神经内科、内分泌、呼吸内科、眼科	2018-07-17	2021-07-16

（续表）

医疗机构名称	认定专业	认证日期	有效期截止日
深圳市罗湖区人民医院	肿瘤、内分泌、中医内科（肺病）、呼吸、泌尿、妇科	2019-10-16	2022-10-15
深圳市宝安区松岗人民医院	呼吸、消化、心血管、泌尿、妇科、小儿呼吸	2019-10-16	2022-10-15
中山大学附属第八医院（深圳福田）	心血管、血液、肾病、骨科、泌尿、皮肤、麻醉	2019-10-16	2022-10-15
深圳市宝安区中心医院	呼吸内科、肾内科、内分泌、神经内科、普外、心内科	2018-07-17	2021-07-16
深圳市宝安区中医院	中医肝病、中医肿瘤、中医心血管、中医内分泌、中医脑病、中医肺病、中医糖尿病、中医肾病	2019-10-16	2022-10-15
深圳市东湖医院	肝病、结核、艾滋	2006-01-23	2009-01-22

资料来源：国家药品监督管理局。

备注：国家药品监督管理局对GCP认定机构及认定专业实施有效期和复核机制。名单中有些认定专业已经超过有效期，但未从国家药品监督管理局网站除名，可能仍处于复核更新当中。

发明专利方面。根据深圳市市场监督管理局发布的《深圳市2019年度知识产权统计分析报告》，深圳生物医药产业2019年的国内发明专利公开量为5705件，发明专利授权量为1077件，实用新型741件。截至2019年底的有效发明专利量为6415件，其中，发明专利公开量在全国各大城市中位于第四位[①]。具体如表6-7所示。

表6-7　生物医药产业2019年全国主要城市国内发明专利对比

城市	2019年发明专利公开量/件	同比增长率
北京	10232	18.15%
上海	8214	27.98%
广州	5899	5.98%
深圳	5705	28.38%
南京	5015	23.34%

① 深圳市市场监督管理局. 深圳市2019年度知识产权统计分析报告［R/OL］. http://amr.sz.gov.cn/attachment/0/642/642462/7710846.pdf.

（续表）

城市	2019年发明专利公开量/件	同比增长率
杭州	3921	18.57%
成都	3333	-37.82%
苏州	3026	-9.29%
武汉	2864	9.19%

资料来源：《深圳市2019年度知识产权统计分析报告》。

其中，深圳生物医药产业2019年国内发明专利授权量前3名分别是中国科学院深圳先进技术研究院（62件）、深圳先进技术研究院（56件）、深圳迈瑞生物医疗电子股份有限公司（47件），具体如表6-8所示。

表6-8 深圳生物医药产业2019年国内发明专利主要申请人

排名	申请人	2019年发明专利授权量/件
1	中国科学院深圳先进技术研究院	62
2	深圳先进技术研究院	56
3	深圳迈瑞生物医疗电子股份有限公司	47
4	深圳大学	42
5	清华大学深圳研究生院	32
6	先健科技（深圳）有限公司	31
7	深圳华大基因科技有限公司	21
8	深圳市理邦精密仪器股份有限公司	20
9	深圳市第二人民医院	16
10	北京大学深圳研究生院	13

资料来源：《深圳市2019年度知识产权统计分析报告》。

三是优质企业持续引领，产业集聚发展优势显现。近年来，深圳生物科技企业呈现集聚发展态势。根据深圳市企业注册局的数据，2020年深圳市新登记七大战略性新兴产业企业38662户，同比上涨33.2%，其中生物医药新登记企业数量在七大战略性新兴产业中排第4，仅次于新一代信息技术、数字经济和高端装备制造。

上市公司。截至2021年3月，深圳共有21家上市生物科技企业，其中主板10家、创业板8家、上海科创板3家。从注册地来看，南山区聚集了最多上市生物科技企业，共有10家，福田区3家，坪山区、宝安区、龙华区各2家，盐田区和龙岗区各1家；从行业细分领域来看，21家上市企业中，7家从事医疗保健设备，6家从事制药（其中西药5家、中药1家），5家从事生物科技，3家为保健护理产品经销商；从企业规模来看，14家为大型企业，7家为中型企业；从公司属性来看，民营企业居多，有14家，中央国有企业3家，外资企业2家，公众企业1家、地方国有企业1家，反映出深圳民营经济比较发达（见表6-9）。

表6-9　深圳21家上市生物科技企业名单

证券简称	证券代码	上市板块	行业细分领域	企业规模	公司属性
尚荣医疗	002551.SZ	主板	医疗保健设备	大型	民营企业
国药一致	000028.SZ		保健护理产品经销商	大型	中央国有企业
海王生物	000078.SZ		保健护理产品经销商	大型	民营企业
一致B	200028.SZ		保健护理产品经销商	大型	中央国有企业
卫光生物	002880.SZ	主板	生物科技	中型	地方国有企业
国华网安	000004.SZ		制药——西药	中型	民营企业
信立泰	002294.SZ		制药——西药	大型	民营企业
海普瑞	002399.SZ		制药——西药	大型	民营企业
健康元	600380.SH		制药——西药	大型	民营企业
华润三九	000999.SZ		制药——中药	大型	中央国有企业
理邦仪器	300206.SZ	创业板	医疗保健设备	大型	公众企业
开立医疗	300633.SZ		医疗保健设备	大型	民营企业
迈瑞医疗	300760.SZ		医疗保健设备	大型	外资企业
新产业	300832.SZ		医疗保健设备	大型	民营企业
易瑞生物	300942.SZ		医疗保健设备	中型	民营企业
翰宇药业	300199.SZ		生物科技	中型	民营企业
康泰生物	300601.SZ		生物科技	大型	民营企业
华大基因	300676.SZ		生物科技	大型	民营企业
惠泰医疗	688617.SH	科创板	医疗保健设备	中型	民营企业
普门科技	688389.SH		生物科技	中型	民营企业
微芯生物	688321.SH		制药——西药	中型	外资企业

资料来源：万得数据库。

挂牌交易公司。在全国中小企业股份转让系统（也称为“新三板”）挂牌交易的深圳生物科技企业共有16家，其中从事医疗保健设备、生物科技和制药的企业分别有6家、5家和2家，其他3家从事医疗保健用品和保健护理产品经销（见表6-10）。在广东股权交易中心（OTC）挂牌交易的95家深圳企业中，仅有1家企业从事保健护理服务。

表6-10　在新三板挂牌交易的16家深圳生物科技企业

证券简称	证券代码	行业细分领域	企业规模	公司属性
杰纳瑞	430692.OC	医疗保健设备	小型	民营企业
美的连	833505.OC	医疗保健设备	中型	民营企业
邦健医疗	834997.OC	医疗保健设备	小型	公众企业
库贝尔	835236.OC	医疗保健设备	小型	民营企业
ST希思	871107.OC	医疗保健设备	小型	民营企业
华声医疗	872081.OC	医疗保健设备	小型	民营企业
西倍健	838727.OC	医疗保健用品	小型	民营企业
泛谷药业	837090.OC	保健护理产品经销商	中型	民营企业
瑞尔康	839881.OC	保健护理产品经销商	小型	民营企业
深本实B1	420058.OC	生物科技	微型	外资企业
兰亭科技	831118.OC	生物科技	中型	民营企业
ST合一康	832521.OC	生物科技	小型	民营企业
康美生物	835541.OC	生物科技	中型	民营企业
光华伟业	836514.OC	生物科技	小型	民营企业
大佛药业	836649.OC	制药——西药	小型	公众企业
宝明堂	835684.OC	制药——中药	小型	民营企业

资料来源：万得数据库。

国家高新技术企业。根据深圳市科技创新委员会网站数据，截至2021年3月，深圳共有18645家国家高新技术企业，其中，生物医药国家高新技术企业共有618家（见表6-11）。

表6-11　深圳618家生物医药国家高新技术企业分布

区域名称	国家高新技术企业数量/家	占比/%
南山区	150	24.27
宝安区	101	16.34

（续表）

区域名称	国家高新技术企业数量/家	占比/%
坪山区	91	14.72
龙岗区	86	13.92
龙华区	59	9.55
光明区	43	6.96
福田区	34	5.50
大鹏新区	17	2.75
盐田区	16	2.59
前海深港现代服务业合作区	11	1.78
罗湖区	9	1.46
深汕合作区	1	0.16
合计	618	100

资料来源：深圳市科技创新委员会，详细名单见http://stic.sz.gov.cn/zxbs/zdyw/gqrd/gxjsqymd/。

深圳市高新技术企业。根据深圳市科技创新委员会网站数据，截至2021年3月，深圳市共计有4812家市级高新技术企业。其中，生物医药市级高新技术企业共有162家（见表6-12）。

表6-12　深圳162家生物医药市级高新技术企业分布

区域名称	市级高新技术企业数量/家	占比/%
南山区	36	22.22
宝安区	24	14.81
龙华区	22	13.58
坪山区	20	12.35
龙岗区	20	12.35
光明区	10	6.17
福田区	9	5.56
前海深港现代服务业合作区	9	5.56
大鹏新区	5	3.09
盐田区	4	2.47
罗湖区	3	1.85
合计	162	100

资料来源：深圳市科技创新委员会，详细名单见http://stic.sz.gov.cn/zxbs/zdyw/gqrd/gxjsqymd/。

隐形冠军企业。近年来，在基因技术、干细胞等前沿领域，深圳培育出不少隐形冠军企业，这些企业在细分领域占据市场主导地位。比如中国干细胞领域第一家企业——深圳市北科生物科技有限公司，创立于2005年，是中国专业从事干细胞基础研究、临床应用研究及干细胞技术服务的生物高科技企业；再如中国干扰素市场第一品牌公司——深圳科兴生物工程有限公司，主要从事生物医药产品的研发、生产和销售，是我国第一家现代化生物工程生产企业。

四是人才和资金等资源加快汇聚，创新生态不断完善。

人才引进。深圳高度重视人才引进工作，2006年深圳市委、市政府提出“实施自主创新战略建设国家创新型城市”并发布了一系列配套政策措施，包括鼓励境外单位、个人来深设立研发机构等。2011年4月，深圳市委、市政府提出引进海外高层次人才（团队）来深创业创新的“孔雀计划”。2020年初发布的《深圳市促进生物医药产业集聚发展的指导意见》指出，要培养一批产业领军人才，建设产业人才高端智库，完善产业生态支撑体系，提升产业创新动能，实现科教研资源共建共享，打造粤港澳大湾区创新高地。在系列人才措施支持下，深圳引进诺奖实验室团队5个、生物医药领域孔雀团队54个、“千人”专家32名、高层次医学团队73个。

风险投资（VC）和私募股权投资（PE）。根据万得Wind数据库的资料，近5年深圳新成立的VC和PE机构共384家，近1年深圳新成立的VC和PE机构共34家。大量投资机构汇聚，为深圳生物科技发展提供不竭动力，生物科技领域的投资活动十分活跃。万得PE/VC库资料显示，2020年深圳共完成398笔PE/VC投资①，其中生物科技领域56笔，占比14.1%，其中重要的投资包括鼎晖投资、国投招商KIP等对复诺健生物的6200万美元C轮投资，元知科技医疗和普华资本对裕策生物的3亿元人民币C轮投资，华盖资本、高瓴创投等对亦诺微医药的5800万美元B轮投资，国投创合创业基金、夏尔巴一期基金等对北芯生命科技2亿元人民币B+轮投资等。深圳正逐步打造生物医药产业VIC发展模式，即“风险投资（VC）+知识产

① PE/VC投资包括天使投资、战略投资、A轮前（pre-A）、A至C轮融资等。资料来源于万得数据库。

权（IP）+研发外包服务（CRO）”相结合的新药研发模式。

活动资源。从2014年起深圳每年召开深圳国际生物科技（Biotech）领袖峰会，主题围绕当前生物科技、产业发展前沿等最新热点，参会人员涉及国家部委领导、国内外院士、国际顶尖科学家、一线研发人员和企业家。Biotech领袖大会为全国生物医药领域提供了高端专业的交流平台，成为深圳生物科技发展的一张亮丽名片。此外，深圳生命科学国际专家论坛、大湾区生命科学产业高峰论坛、深圳坪山国际生物医药产业创新发展峰会、光明生物医药国际论坛等论坛活动的开展，加快深圳对接国内国际生物医药资源。

五是国家级评审机构入驻，助力产业集聚发展。2020年11月，《粤港澳大湾区药品医疗器械监管创新发展工作方案》公布实施，提出已在港澳上市的药品和医疗器械可在指定医疗机构使用，并提出开展药品上市许可持有人和医疗器械注册人制度改革。2020年12月，国家药监局药品审评检查大湾区分中心和国家药监局医疗器械技术审评检查大湾区分中心落户河套深港合作区，这是继上海分中心之后，国家药监局在国内设立的第二个分中心。分中心可为大湾区生物医药产业创新发展提供国家级的技术指导，靠前服务大湾区的生物医药企业和创新团队，有利于降低创业创新成本，促进产业集聚发展[①]。

» 第二节　深圳生物科技产业发展面临的挑战与机遇

一、深圳生物科技产业发展面临的挑战

（一）基础研究能力偏弱

一是生物科技“大院大所”和大科学装置不足。目前我国生物医学工程实力较强的大学分布在长三角地区和北京，深圳乃至整个粤港澳大湾区较少大型科学装置、高等级生物安全实验室，以及人类细胞谱系装置、医学影像大设施、合

① 广东省药品监督管理局. 关于《粤港澳大湾区药品医疗器械监管创新发展工作方案》政策解读［EB/OL］.（2020-11-25）. http://mpa.gd.gov.cn/gkmlpt/content/3/3134/post_3134908.html#3248.

成生物研究设施等。从生物上市新药看，2018年我国批准的48个上市新药中，85%以上出自长三角地区，而来自粤港澳大湾区的新批准上市药品占比不足5%；全国一类化学创新药品种数量占比靠前的14家企业中，粤港澳大湾区企业仅有1家①。

二是企业研发投入低。从全球看，2014—2018年全球医药行业研发支出保持4.5%的平稳增长，已上市国际医药巨头研发营收比一般在10%～25%之间。2019年，礼来、默克、百时美施贵宝、阿斯利康等大型医药企业年投入研发费用在50亿～100亿美元之间，研发占比在20%以上，吉利德科学投入占比在40%以上。与国际领先的生物科技企业相比，深圳生物科技企业总体上研发强度偏低。比如2016—2018年迈瑞研发投入占比平均为10.8%；2019年华大基因研发投入3.17亿元，占当期营业收入的比例为11.94%②。

三是专业技术人才少。生物科技产业是知识密集型与技术密集型相结合的产业，特别依赖掌握核心技术的高层次人才。近年来，深圳虽然大力引进生物科技团队和人才，但受房价高企、教育和医疗资源不足、科研配套不完善、科研氛围不浓厚等因素的影响，深圳对生物科技人才的吸引力有所下降，人才匮乏问题逐渐成为制约深圳生物医药行业发展的一个重要因素。此外，较高的生活成本导致技术人才出现流失，影响了生物科技企业的发展。

（二）产学研用体系待完善

生物医药企业需求与科研院所对接效率较低，科研成果转化率较低，企业与医疗机构合作机制仍不完善，由企业、高校、医疗机构等构成的产学研用紧密结合科技创新体系尚未形成。科技成果转化是生物技术实现产业化发展的重要环节之一。根据中国科学技术发展战略研究院数据，我国生物医药领域科学论文数量全球第二，但生物医药科研成果转化率却在5%左右③。我国生物医药基础研究与企业产品研发未紧密结合，科研成果往往停留在论文发表上，申请专利及转化成产品的动力不足。从深圳来看，由于高等院校和医院相对较少，生物科技成果自

① 综合国家药品监督管理局（NMPA）及公开资料整理。
② 综合亿欧等媒体公开数据整理。
③ 广州奥凯信息咨询有限公司. 广东省生物医药产业专利导航分析报告［R］. 2019.

主知识产权不足，临床试验单位少，缺乏市场竞争力，导致生物科技成果转化率较低，给深圳的生物医药产业创新发展造成一定的制约影响。此外，缺少公共技术服务平台和临床服务CRO企业，给深圳新药品研发和注册带来一定的困难。据不完全统计，全国涉及临床服务CRO的生物企业中，长三角地区拥有204家，广东仅有51家，深圳更是屈指可数。

（三）中坚力量企业待培育

深圳生物医药企业中，龙头骨干企业和大型跨国企业较少，中小微企业占深圳生物医药企业的绝大部分，而作为中坚力量的中等规模企业较少，缺少发展成为龙头企业的后备力量。深圳生物医药上市企业已超20家，其中包括迈瑞医疗、健康元、华大基因、华润三九，以及在科创板上市的微芯生物、普门科技等。这些企业在行业中的影响力较大。但除去这些行业龙头外，剩余大部分为“散落”在各个环节的中小微企业，这些企业的产品和服务竞争力都较小。生物医药产业是一个投入高、风险大的行业，企业规模过小，抗风险能力差，核心竞争力不强。

（四）金融支持生态待完善

生物医药研发前期投入较大、科研成功率不高、投资回报周期长、风险大、行业准入门槛高。在风险投资机制不够健全的情况下，容易导致资金不足，使得生物医药企业只能从事低价值的医药生产、研发外包等业务。国外生物医药投融资机制相对完善，以多元化的融资方式鼓励企业开展药物研发。有关资料显示，2000—2017年，美国药品研究与制造商协会的大型制药公司会员的企业风险投资金额年均增长率达到664%[①]。而我国生物科技的融资规模与增长仍有待提升。目前，创业者的个人投资、民营企业与上市公司投资、政府风投、科技创新基金以及科技担保基金等是我国生物科技发展主要的资本融通渠道。深圳生物科技投融资的突出问题包括：投资风险意识不强，在成果转化过程中存在着资金瓶颈效应；过于重视科技研究而忽视开发；试验设备落后，下游技术特别是生产工艺改进方面水平较低；临床试验不多，对项目研发、临床测试、认证申请、产品上市

① 王飞. 美国生物医药产业创新的升级规律及启示［J］. 南京社会科学，2019（8）.

等全链条的金融服务有待完善；等等。万得数据库披露的2020年深圳生物科技领域56笔PE/VC投资，绝大部分是小额投资，表明市场资金对深圳生物科技产业发展的支持机制亟待完善。

（五）要素跨境流动待畅通

生物组织、样本、试剂、遗传物资等跨境的时限，对科研机构和企业开展试验影响较大，这是生物科技发展的特殊性所在。目前，从我国港澳地区和国外进入内地的生物物资，受到海关比较复杂的查验。“一次申报、一次查验、一次放行”几乎难以全面落实，“重复申报、重复开箱”问题时有发生，极大影响了科研试验和产业发展。另外，大型医疗设备采用配额制管理，由省级部门进行批准采购，在一定程度上影响了医院医疗水平的提升，对医院发展和生物医药产业发展也造成极大的不利影响。2020年9月，市场监管总局等八部委联合颁布《粤港澳大湾区药品医疗器械监管创新发展工作方案》，提出在粤港澳大湾区内地9市开业的指定医疗机构允许使用临床急需、已在港澳上市的药品和医疗器械，先期以香港大学深圳医院为试点。这一机制仍处于推进过程中，未来是否放宽至其他指定医疗机构仍不明朗。

二、深圳生物科技产业发展面临的机遇

从国际层面来看，加强在生物科技领域的战略布局已经成为美国、英国、日本、欧盟等主要发达经济体发展经济的重要途径，各国在合成生物制造、基因编辑、生物医药等前沿交叉融合性生物科技方面积极加强项目部署，推动生物科技在应对医药、材料、能源、环境和气候变化等方面发挥积极作用。

从国内层面来看，随着我国对外开放合作力度不断加大，创新药、创新疫苗及创新检测等取得良好发展，生物技术已经从传统的基因工程药物逐渐延伸至诊断技术、生物农药、组织工程等相关产业，初步形成了规模较大、技术较全面以及品种较多的产业链，带动农业、环保、食品、海洋等多个领域快速发展。此外，基因工程、细胞工程、生物芯片、基因测序、生物信息等技术得到广泛应用，生物医药与健康产业快速转型、融合升级，生物科技行业发展前景广阔。

从粤港澳大湾区层面来看，广东目前正处于生物医药技术大规模产业化的阶段，产业规模逐步扩大，创新能力不断增强，总体发展水平位居全国前列。有关

数据显示，2014—2018年粤港澳大湾区生物医药行业市场规模从788.4亿元人民币增长到1201.2亿元人民币，年复合增长率为11.1%[①]。截至2019年底，广东省生物医药与健康产业营业收入超过5000亿元，其中生物医药产业营业收入超过2500亿元，有效发明专利量为9702件；拥有3家国家临床医学研究中心、2家省实验室，建有国家基因库等一批重大科技基础设施，中山大学、南方医科大学等大学实力强劲，集聚了广州国际生物岛、深圳坪山国家生物产业基地、珠海金湾生物医药产业园、中山国家健康科技产业基地等园区，并拥有大批具有国际竞争力的创新型龙头企业。而香港有超过250家从事生物科技产业的公司在香港发展，并在临床医学研究方面有独特优势，比如临床测试数据可同时获美国食品药品监督管理局（FDA）、欧洲药品管理局（EMA）和国家药品监督管理局（NMPA）等药物监管机构认可作为药物注册用途，这是吸引多家跨国医药企业选择与香港大学、香港中文大学的医学院合作的重要原因。香港玛丽医院、香港眼科医院等医疗机构，已通过国家药品监督管理局复查评估，可开展批准的药物临床试验。另外，香港拥有控制多种流感病毒等传染病、神经疾病、鼻咽癌/肺癌等检测治疗研究领域的专业人才，香港各院校也参与基因组研究和识别新出现传染病毒等领域的前瞻性的生物医学研究。在澳门，澳门科技大学中药质量研究国家重点实验室与深圳市坪山区达成战略合作协议，未来将在中医药人才培养、科学研究及成果转化应用、科技产品研发与科技服务、产业化机构组建研究等方面加强合作。

» 第三节　深港生物科技合作存在的问题

前海生物经济发展的最大特点是深港合作、国际合作，联合国际机构开展新药、医疗器械临床试验；最重要的目标是进行生物医药创新政策和合作体制机制探索，加快突破共性关键核心技术，建设成为深港生物科技合作先导区、国际生

① 头豹研究院. 2019年中国粤港澳大湾区生物医药行业研究报告［R］. 2020.

物科技规则标准试验区和粤港澳大湾区生物科技中试转化集聚区。但深港生物科技合作存在如下问题。

一、多个生物科技细分领域禁止境外投资

生物科技是极其敏感、市场准入限制较多的领域。无论是全国版的外商投资准入负面清单（2020年版），还是自贸区版、海南自贸港版的外商投资准入负面清单（2020年版），这一领域目前都没有放开。根据目前的负面清单，境外投资者（包括香港投资者）不能投资人体干细胞、基因诊断与治疗技术开发和应用，而医疗机构亦只限于合资形式。在2021年4月国家发改委、商务部出台的《关于支持海南自由贸易港建设放宽市场准入若干特别措施的意见》中，未对人体干细胞、基因诊断与治疗技术开发和应用进行放开。《CEPA服务贸易协议》中虽有涵盖与科研相关的检验及咨询服务，但没有针对港澳生物科技企业进入内地市场提供开放措施。

二、科研要素流动不便利

深港虽然已经在个别领域推动要素跨境通关更加顺畅，但受“一国两制”和内地管理体制的大环境影响，在人员、物资、资金和信息方面，跨境流动仍然不够便利。尤其是生物组织、生物样本、人类遗传资源等科研物资，受到严格的管控。目前生物样本过境可以通过粤港政府已设立的“绿色通道”，也可通过检验检疫部门申请样本过境。但“绿色通道”门槛很高，要求申请样本过关的公司已在内地设立一定数量的驻点，然后在香港也有分部；样品的数量、通关日期也受到严控，对于每个样本可能做的处理亦要填表申报，手续及流程十分繁复，硬件亦非普通科研公司可达到。若通过检验检疫部门申请样本过境，整个过程或持续两三年。一些对时效性要求高的生物样本，难以等待。在科研资金跨境使用方面，仍有几个亟待解决的问题：一是中央科研拨款仍处于试水阶段，拨款规模比较小；二是适用主体仅限于港澳高校及科研机构，在港科技企业无法受惠；三是具体“过河”细则仍未出台，科研、创业、PE/VC等资金跨境流动管理不够灵活，科技项目退出机制复杂，跨境电子支付不便。此外，在通信方面，访问境外网站仍不够方便，未来应向申请国际通信方面发展。

三、企业和个人税负较重

在企业所得税方面，目前一般企业的所得税税率为25%；符合条件的小型微利企业，减按20%的税率征收企业所得税；国家需要重点扶持的高新技术企业，减按15%的税率征收企业所得税。中央已批准在广东前海、横琴和福建平潭实施企业所得税优惠政策。这些区域制定“企业所得税优惠目录”，对以目录中规定的产业项目为主营业务的企业，按15%的税率征收企业所得税。但该目录门槛较高，一般企业难以进入。

在个人所得税方面，2019年3月14日，财政部和国家税务总局颁布了《关于粤港澳大湾区个人所得税优惠政策的通知》（财税〔2019〕31号），广东省按内地与香港个人所得税税负差额，对在粤港澳大湾区工作的境外（含港澳台，下同）高端人才和紧缺人才给予补贴，该补贴免征个人所得税。但高端人才和紧缺人才的认定门槛较高，许多企业急需、市场所需的港澳人才无法达到要求。根据前海的实施模式，申请人是在工作一个年度后，一年申请一次补贴，但申请认定和审核需要一定手续，从申请到补贴实际发放所需时间较长，境外高端人才和紧缺人才有进一步高效便利发放个人所得税优惠补贴的诉求。

» 第四节　前海深港生物科技合作的制度与政策创新

一、前海深港生物科技合作的制度创新

（一）构建深港生物科技转化服务平台

建立包括PE/VC机构、药品和医疗器械注册服务机构、知识产权服务机构、孵化机构等中介服务机构，以及海关、药品和医疗器械审评审批机构等政府部门在内的深港生物科技转化服务平台。平台采用市场化运作、政府机构授权，致力于满足生物科技企业投资、注册、转化等各阶段需求，对接深圳和香港以及国际多方资源，让企业和科研机构专心于药品和医疗器械研发，打造完整的生物科技生态。

（二）加强深港区域伦理委员会合作

推动香港与深圳两地的区域伦理委员会合作，探索在前海试用香港的区域伦理委员会规则和标准，避免重复伦理审查。加强深港区域伦理委员会与美国、欧盟等国家和地区的区域伦理委员会合作，推动伦理审查规则和标准衔接，加快药品和医疗器械上市。

（三）加强生物科技司法协作互助

在生物科技领域，探索根据约定自行选择适用香港法律制度或内地法律制度，强化信息互通和执法互助。在生物科技知识产权保护方面，按照“就高不就低”原则，选择按照香港或深圳知识产权法律中最严格的条款。

（四）建立风险联合防范机制

严守国家生物安全底线，建立药品和医疗器械在香港和深圳（及内地）上市前、中、后信息互通机制，以及生物样本和组织、试剂等在科研过程中风险警示和互通机制，避免发生重大生物安全事件。

二、前海深港生物科技合作的政策创新

（一）加快促进要素高效便捷流动

一是简化研发用途设备和样本样品进出口等手续。对于两地科研生产需要的样品、试剂、耗材等物资予以通关便利。二是促进科技人才聚集。加大STEM（科学、技术、工程、数学）人才引进力度，优化境外科技人才入区工作许可和工作类居留许可审批流程。三是便利科技资金跨境。探索一定额度内的科技资金外汇自由结算，以及投资机构资金在资本项下开放。四是创新信息监管方法。尽快争取建立国际通信专用网络，创造与国际“无速差”的工作和生活通信环境。五是开展大科学研究。采用“无国界化”科研项目管理模式，支持来自不同国家、行业、类型机构共同申请粤港澳大湾区科技项目。

（二）提高药品和医疗器械进口审批效率

2021年1月，中共中央办公厅、国务院办公厅印发的《建设高标准市场体系行动方案》明确提出，要“制定出台海南自由贸易港、深圳建设中国特色社会主义先行示范区、横琴粤澳深度合作区放宽市场准入特别措施。选择符合条件的地区开展放宽市场准入试点”。2021年4月，《国家发展改革委　商务部关于支持

海南自由贸易港建设放宽市场准入若干特别措施的意见》提出“创新医药卫生领域市场准入方式”，放宽了对药品、高端医疗装备等的准入。深圳应借鉴上述做法和经验，争取中央的政策支持，适当、逐步降低境外及国外药品、高端医疗装备的准入门槛，充分利用设在河套深港科技创新合作区的国家药品监督管理局药品审评检查大湾区分中心和国家药品监督管理局医疗器械技术审评检查大湾区分中心，进一步放宽药品和医疗器械进口，不断提高药品和医疗器械进口审批效率。

（三）制定CRO、CDMO等机构入驻支持政策

深港两地政府联合制定支持境外合同研究组织（CRO）、合同研发生产组织（CDMO）、合同注册组织（CRAO）、合同销售组织（CSO）等生物科技服务机构进入深圳相关区域发展的政策意见[①]，包括企业服务、业务开展、企业税收、人才配套等方面。鼓励内地医疗机构、生物科技企业与境外CDMO、CRO等组织合作，提升医疗机构临床试验技术能力和质量管理水平。

（四）推动科研人才交流与合作

科研人才是深港生物科技合作最关键的因素。在人员跨境工作方面，为科研人员开通特别通道，采用备案制和科技手段实现科研人员“无感通关”。在执业方面，加快认可科研人员在境外取得的有关执业资格和执业经历。在人才培养方面，共同培养科研人才，推动科研人才在深港之间流动和交流。

---

① 境外CRO、CDMO等组织可根据国家药监局、国家卫健委于2020年4月公布的《药物临床试验质量管理规范》的有关规定进行注册和开展业务，在准入门槛方面没有障碍。境外CRO、CDMO等组织进入内地较晚、在内地发展较慢的主要原因是制药企业、科研院所等对CRO、CDMO等组织的功能、优势的认识还不够，接受程度还比较有限。因此，地方政府可以在税收、人才配套等方面出台若干支持政策。

CHAPTER 7

第七章 前海海洋经济的协同创新发展

集聚国际海洋创新机构，大力发展海洋科技，加快建设现代海洋服务业集聚区，打造以海洋高端智能设备、海洋工程装备、海洋电子信息（大数据）、海洋新能源、海洋生态环保等为主的海洋科技创新高地。

——《全面深化前海深港现代服务业合作区改革开放方案》

海洋经济萌发于20世纪40年代，发展于20世纪末和21世纪初①。海洋经济是与海洋相关的经济部门的总和，同时也包括那些直接和间接支持这些产业活动的配套活动。人类与日俱增的对海洋的需求和全球科学技术的进步共同促进了各国海洋经济的快速发展，从传统的舟楫渔盐到现在的深海远洋资源开发，海洋经济活动范围日益扩大，产业门类日益增多。现代海洋产业包括为开发海洋资源和依赖海洋空间而进行的生产活动，以及直接或间接为开发海洋资源及空间的相关服务性产业活动。主要包括海洋渔业、海洋交通运输业、海洋船舶工业、海盐业、海洋油气业、滨海旅游业等②。OECD2016年发布的报告，对169个国家的海洋经济数据库进行初步计算，全球海洋经济产出达1.5万亿美元，约占世界总增加值的2.5%。预计到2030年，海洋经济对全球经济的贡献额会翻一番，超过3万亿美元③。超过一半的海洋产业的产值增速将超过全球经济增速，而几乎所有海洋产业就业增速都将超过世界经济整体水平。由于全球经济处于低速增长阶段，许多国家将海洋经济视为新的增长点，导致全球海洋经济活动增加，海洋产业竞争更加激烈，海洋环境压力加大，海洋产业发展格局也随之改变。《前海方案》明确要求要“集聚国际海洋创新机构，大力发展海洋科技，加快建设现代海洋服务业集聚区，打造以海洋高端智能设备、海洋工程装备、海洋电子信息（大数据）、海洋新能源、海洋生态环保等为主的海洋科技创新高地”，目的是提升我国海洋经济竞争力。

» 第一节　海洋经济的全球发展趋势

一、全球海洋产业发展向亚洲新兴国家转移

新兴经济体的快速发展，推动全球海洋产业分工转移和结构调整。一些新兴

① 周秋麟，周通．国外海洋经济研究进展［J］．海洋经济，2011，1（1）．

② 姚朋．世界海洋经济竞争愈演愈烈［N］．中国社会科学报，2016-12-07（4）．

③ 傅梦孜，刘兰芬．全球海洋经济：认知差异、比较研究与中国的机遇［J］．太平洋学报，2022，30（1）．

国家抓住海洋产业转移带来的发展机遇，利用本国的廉价劳动力和强大的市场需求优势，加快发展海洋相关产业[①]。

（一）世界海运贸易向发展中国家转移，亚洲成为世界最重要的装卸货区

国际海运中心经历了由“西欧板块”向“北美板块”再向“东亚板块”的转移变迁。随着中国、印度和印度尼西亚等在世界生产中占据的份额不断扩大，贸易活动重心逐渐东移，部分航运公司和造船公司已经在仔细考虑市场、航线、货物类型和船型的未来变化，谋划新的全球市场布局。国际航运资源也逐渐向亚洲地区进一步集聚，重心正在向东亚尤其是向中国转移。中国的海运供给在世界海运供给结构中的占比进一步提高，过去十年贡献了近一半的全球海运贸易增长量。

（二）亚洲成为海工装备制造领域的主导力量

全球海工装备的发展总体呈大型化、高端化、深海化、全球化趋势。从世界海工装备产业的竞争格局看，欧美垄断了高端海工装备的设计研发和关键设备制造。亚洲国家凭借在劳动力成本上的比较优势，成为海工装备制造领域的主导力量。中国、新加坡、韩国形成三足鼎立之势。韩国围绕钻井船浮式生产储油卸油轮（FPSO）、超深水浮式液化天然气船（FLNG）方面的市场需求着重布局，新加坡在自升式钻井平台领域占有巨大的市场份额，中国主要从事浅水装备建造并正在向深海装备进军。随着世界产业结构的调整，造船产业重心逐渐变化，从先行工业化国家向后起工业化国家转移，中国、韩国、日本的造船产量已经占世界市场份额的75%。随着中国船舶工业的崛起，中国已经成为全球重要的造船中心之一。

（三）亚洲各国成为世界海洋渔业发展的主力军

亚洲为全球海洋捕捞主力区，中国捕捞产量位居第一[②]。海洋渔业是世界渔业的重要组成部分，约占世界水产品总量的70%。自20世纪50年代初以来，全球海洋捕捞技术快速发展，2012年全球海洋捕捞总产量近8000万吨[③]。在18个主要

---

① 国家发改委产业所课题组，盛朝迅．“十三五”时期我国海洋产业转型升级的战略取向研究［J］．经济研究参考，2016（26）．

② 丁燕楠，高小玲．全球海洋渔业产业格局与投资趋势分析［J］．海洋开发与管理，2016，33（9）．

③ 同①。

海洋捕捞国家中，亚洲国家最多。中国是全球最大的海洋捕捞生产国，捕捞产量庞大且保持稳定增长。

全球海洋渔业格局正面临重大而深刻的变化。发达国家有先进的养殖技术和相对过剩的捕捞能力，对优质海洋水产品需求强劲，日本、欧盟、美国、韩国等积极通过向鱼源国投资的方式获取海洋水产品。而近年来以中国为代表的新兴经济体也开始加大对外投资规模，且投资多以并购方式完成。2014年，亚洲水产养殖的产量占世界总产量的比重超过80%，中国、印度、越南、印度尼西亚、孟加拉国和泰国等国家成为海产品的主要供给国。

二、海洋技术创新步伐加快，海洋经济向高精尖方向发展

海洋自然条件恶劣多变的特点决定了海洋经济发展对技术的要求比陆地经济发展对技术的要求更高，技术密集属性更强。全球新一轮科技革命和产业变革正推动全球海洋产业发生深刻变革。

（一）世界各国在发展海洋经济过程中尤其重视技术创新

一是主要沿海国家在发展海洋传统产业的过程中，为了提高品质、增强能效，加大了技术创新研发力度，拓展产业链，开始打造本国海洋品牌，逐步占领下游市场，并以下游市场的软实力带动上游市场的强大需求，形成本国海洋传统产业的核心竞争力。二是海洋新兴产业高度依赖高新技术，必须凭借创新驱动来取得国际竞争中的有利局面，创新是新兴产业发展的内增力。三是海洋服务业要提高对海洋产业的服务支撑能力并满足海洋消费者的高品质服务要求，必须提高技术含量。如海洋交通运输业需要技术创新减少运输成本并提高运输效率，涉海金融服务业需要不断创新金融服务方式满足日益增长的海洋经济活动的需求，等等。

（二）科技创新促进海洋产业协同发展，在更广阔的领域塑造未来

新知识和越来越多的技术正逐渐渗透到各个海洋产业部门，这些产业部门采用和适用这些新知识和技术，引发了新一轮的创新。事实上，正在酝酿中的许多科技进步预计将带来革命性的影响。通过结合不同的海洋技术，产业部门可以搭建多用途的海洋平台，促进不同海洋产业协同发展，创造潜在的收益。在未来，一系列即将实现的技术有望在科学研究和生态系统分析、航运、能源、渔业和旅游业等许多海洋活动中得到运用并提高效率和生产力，优化成本结构。海洋经济

开发不断依托高科技向高精尖方向发展，新兴的海洋经济产业获得了前所未有的推动力，海上采矿、海上休闲旅游、海洋可再生能源、海洋工程、海洋生物医药等领域的成长进入快车道，成为沿海国家经济增长的重要抓手和引擎。

三、新兴海洋产业发展迅猛，成为全球经济新增长点

经过多年的发展，海洋传统产业受市场空间限制逐渐萎缩，而部分海洋新兴产业则呈现蓬勃发展的态势，成为海洋产业发展的新增长点。

海洋工程装备业。随着人类对海洋资源开发的深入，世界各国对海工装备的需求逐渐增多。近年来，海工装备制造业进入飞速发展时期，在未来几十年里都将持续保持较快增长。

海洋生物产业。一方面，随着人们收入水平的提高，人们越来越重视自身健康，促使海洋医疗保健产品需求旺盛；另一方面，人口老龄化的趋势迫使研究人员在海洋寻找陆地上缺乏的具有特殊活性的海洋生物，这将持续激励世界医药界加速海洋生物技术研究，开发新药品和新疗法。海洋生物技术有可能解决许多重大的全球性挑战，如可持续粮食供应、人类健康、能源安全和环境治理，并为许多工业部门的绿色增长作出重大贡献。

海洋可再生能源。能源问题关系所有海洋产业，包括能源使用者和能源供应商。化石能源的不可持续性导致人类将面临能源危机，且化石能源燃烧带来的污染问题也迫使世界各国急切需要寻找可替代的绿色能源。全球海洋能储量巨大，海上风能资源丰富，适合大规模开发，引起了世界各国的广泛关注。海上风能最近几年发展迅速，已成为全球重要的清洁能源之一。彭博新能源财经的初步核算数据显示，2018年全球累计装机容量约22吉瓦，同比增长约17%，欧洲仍为全球海上风能最大市场，海上风能正逐渐成为世界主流能源。同时，海上石油和天然气将在向绿色能源系统转型的过程中继续发挥桥梁作用，约有37%的已探明石油储量属于海上石油，其中约1/3在深海中。

海洋旅游业。全球经济增长将促使居民收入的提高和中产阶级人数的增加，消费这一强大驱动因素使海洋旅游业成为全球海洋产业发展的新增长点。在新兴经济体和一些发展中国家，居民的消费模式和饮食习惯将发生重大变化，对海洋旅游特别是豪华邮轮游的需求和对更高品质的海产品的需求都将增加。

四、绿色低碳环保成为海洋产业发展新的主题

海洋资源衰退和环境问题引发全球民众担忧，国际社会和各国政府重视海洋经济和资源的可持续利用。2015年，海洋和海洋资源的可持续发展被列入联合国《变革我们的世界：2030年可持续发展议程》第14个目标；2017年9月，金砖国家领导人第九次会晤把“蓝色经济”作为一个议题，进行了专门研讨；2018年1月，挪威联合12个沿海国家的政府首脑，成立了可持续海洋经济高级别小组；2018年，欧盟首次在全球提出蓝色增长战略，发布了首份《欧盟蓝色经济2018年度报告》；OECD先后发布了《海洋经济2030》和《可持续海洋经济的创新再思考》；APEC（亚太经合组织）连续举办了五届蓝色经济论坛；世界银行于2017年发布了《蓝色经济的潜力》，首次提出了蓝色经济分类框架；2018年，联合国粮农组织首次将蓝色增长纳入两年发布一次的《世界渔业和水产养殖状况》报告。

进入21世纪以来，绿色、低碳、环保成为各国海洋产业发展新的主题，主要表现在：世界各国大力发展环境友好型的海洋产业，如海洋旅游和涉海金融等海洋服务业等；在海洋产业的发展上更加注重可持续发展和可再生利用，主要沿海国家利用本国海域海洋能储量和资源，大力发展海洋可再生能源产业，有效降低了海洋生产的碳排放，实现了海洋可再生能源的利用；世界各国纷纷改变过去在海洋产业发展过程中过度依赖能源的粗放型发展方式，不断进行技术创新以减少对化石能源的消耗；世界各国在加强海洋产业发展的同时，也采取了一系列海洋环境保护措施，甚至采取一系列措施解决过去无序开发和过度开发所带来的环境污染问题。

海洋经济问题已成为国际组织和各国共同关注的焦点之一，已发布和即将发布的一系列促进海洋可持续发展的政策及相关项目将深刻影响海洋经济的未来发展趋势和全球海洋市场格局。

五、发展海洋经济已成为各国战略部署和融入世界的通道

近年来，海洋的经济价值和战略意义逐渐引起全球各国的高度关注，并被提上国际政策议程。

（一）沿海国家对海洋经济的依赖程度越来越高

在世界海洋强国和大国中，海洋经济的GDP占比大多在7%～15%之间。在美国经济中，80%的GDP受到海岸海洋经济的驱动。澳大利亚的沿海地区更是集中了全国85%的人口；荷兰20%的国土面积和85%的耕地经由填海而来；作为海洋贸易国家的英国，95%的贸易物资依赖国际海运通道；日本对海洋经济的依赖程度更高，其99.8%的海外贸易量和40%的国内贸易量靠海洋运输完成，海洋产品为日本居民提供了40%的动物蛋白①。2019年中国海洋生产总值超过8.9万亿元，占GDP的比重为9.0%，成为支撑经济增长的重要力量。目前，全球有60%以上的人口和近70%的大中城市位于沿海地区，海洋经济越来越具有吸引力。

（二）海洋大国之间围绕海洋产业制高点的竞争加剧

全球海洋经济活动增加，海洋产业竞争更加激烈。陆地资源的有限性和人类经济活动向海洋的延伸使世界各国认识到海洋经济对本国经济发展的重要性，并加入开采和竞争海洋资源的行列。在此背景下，主要发达国家纷纷制定出台促进海洋产业发展的重大战略和计划，努力抢占新的国际竞争制高点，并投入大量的科技人才和资金，提高本国的海洋科技水平。世界各国纷纷加大海洋油气业的开采力度，同时实施发展海洋可再生能源产业的重大战略。

（三）地缘政治仍是不容忽视的因素

全球化时代地缘政治仍是影响大国兴衰的重要因素，地缘政治因素同样也会影响各国家和地区间的贸易往来、海洋经济发展和海洋科技与文化交流等。海洋是国家重要战略疆域，发展海洋经济不仅是融入世界的通道，也是巩固海洋权益和国防的重要手段。

海洋是数亿人所依赖的食物、能源和矿产的重要来源，并在健康、休闲娱乐和交通等方面起着重要作用，海洋经济对于人类的未来福祉和繁荣至关重要。尽管全球对海洋经济有各种不同的理解，但核心都是促进地区经济增长、提高社会包容度、维持和改善生计，利用有限的海洋资源创造更多的财富，同时最大限度地改善社会经济发展与海洋生态系统退化挂钩的现象。国际社会现已普遍认为海

① 姚朋. 世界海洋经济竞争愈演愈烈［N］. 中国社会科学报，2016-12-07（4）.

洋经济是全球经济的重要组成部分，海洋作为新的经济前沿和增长引擎，具备刺激经济增长、创造就业和推动创新的巨大潜力。

» 第二节　发展海洋经济具有国家战略意义

海洋事业关系民族生存发展状态，关系国家兴衰安危。作为建设海洋强国的重要支撑，海洋经济的发展具有重要的战略意义。

一、海洋经济的发展具有重要的战略意义

（一）有助于掌握更多的资源和空间，拓展国土开发空间

海洋蕴藏着丰富的生物、油气和矿产等资源，海洋经济的发展能够缓解陆地资源紧张的状况，拓展国土开发空间，有助于掌握更多的资源和空间，增强我国在世界各国经济发展中的主导地位。我国管辖的海洋面积超过300万平方公里，相当于陆地国土面积的1/3，还有大洋、深海、极地可以开发利用，我国海岸线、海港、岛屿、滩涂等资源条件丰富多元。海洋经济是我国融入全球价值链和制造网络的重要基础。目前我国陆地面积开发强度已较高，关心海洋、认识海洋、走向海洋、开发海洋、经略海洋已经成为我国在新时期、新时代开拓发展新空间、孕育经济新产业、打造增长新引擎、谱写可持续发展新篇章的必由之路。

（二）海洋战略性新兴产业的发展能打造新的经济增长点

在众多沿海国家和地区中，海洋经济成为区域经济发展新的增长点，海洋战略性新兴产业正处于蓬勃发展阶段，并且与其他产业联系较为紧密，能够推动其他产业的升级发展。凭借巨额的海洋科技研发投入，美国站上了海洋经济发展的制高点；澳大利亚以海洋油气业和海洋休闲旅游业最为突出；韩国形成以海运、造船、水产和港口工程为支柱的海洋经济体系，其中海洋水产业尤为发达；日本以“海洋立国”，重视海洋经济与腹地经济产业的互联互动，且造船技术全球领先；加拿大的海洋油气业、海洋交通运输业和滨海休闲旅游业也很发达；俄罗斯有着丰富的海洋渔业资源和海洋油气资源，远洋航运业发达；英国拥有北海渔场，海运业非常发达，海上天然气产量位居世界前列。中国作为后起之秀，海洋

经济发展迅猛，在世界沿海国家中的海洋经济地位不断提升。

（三）海洋通道能够推动形成全面开放新格局

海洋历来是国家对外交往的重要通道，海洋通道能够推动形成全面开放的新格局。海上丝绸之路在古代就是东西方海上贸易交通路线，是陆上丝绸之路的延伸。北宋时期，我国对外贸易的重心已经从陆上转移到海上，海上丝绸之路越过印度洋，直达波斯湾、阿拉伯半岛沿岸。与陆上丝绸之路相比，海上丝绸之路流通的商品更加丰富。现代的海上丝绸之路建设同样有助于推动与周边国家的交流合作。目前，我国90%以上的对外贸易通过海上运输完成，商船遍布全世界1200多个港口[①]。同时，我国集装箱吞吐量排名世界第一，海上通道已经成为经济发展的命脉，加快发展海洋经济成为国内各界共识。

（四）维护国家海洋权益

海洋经济的发展有利于增强海洋意识，提高对深远海资源的开发利用水平，避免他国侵占中国海洋权益，并为海军建设提供坚实的经济支撑。党的十九大报告指出，坚持陆海统筹，加快建设海洋强国。当前方兴未艾的第三次世界海洋经济发展浪潮表明，各海洋大国都把海洋经济作为巩固海权、海洋权益和国防的重要手段。在可以预见的将来，各国围绕海洋经济发展的竞争，围绕海洋专属开发区的归属、海洋科学技术制高点的争夺等，势必越演越烈。各国围绕扶持海洋科技研发、海洋战略性新兴产业发展的竞争也会进入新的阶段。

二、我国海洋经济进入高质量发展时期

20世纪90年代以来，我国海洋经济每年以两位数的年增长率快速发展。海洋经济活动范围向多方向扩展，经济总量迅速增加，增长速度快于全国国民经济增长，一直处于领跑地位。2019年全国海洋生产总值超过8.9万亿元，比上年增长6.2%，海洋生产总值占国内生产总值的比重为9.0%，占沿海地区生产总值的比重为17.1%[②]。2021年，我国海洋经济总量90385亿元，首次突破9万亿元，比上

① 姚朋．世界海洋经济竞争愈演愈烈［N］．中国社会科学报，2016-12-07（4）．

② 自然资源部海洋战略规划与经济司．2019年中国海洋经济统计公报［R/OL］．http://search.mnr.gov.cn/axis2/download/P020200509639115853986.pdf.

一年增长8.3%，占沿海地区生产总值的比重为15.0%[①]。总体来看，我国海洋经济保持平稳发展态势。

（一）海洋传统产业稳中向好

2021年，全国海洋原油、海洋天然气产量同比分别增长7.6%、6.3%；全国新承接海船订单量同比增长257.2%，创10年来最高水平，占全球份额超50%；海船完工量同比增长12.4%，重点监测的船舶企业工业总产值同比增长9.2%。2021年，我国沿海港口完成货物吞吐量、集装箱吞吐量分别为75亿吨、1.9亿标准箱，同比分别增长6.3%、8.9%；海洋货运量、客运量分别为30亿吨、6074万人，同比分别增长6.8%、29.8%[②]。

（二）海洋战略性新兴产业保持高水平增长

在战略性新兴产业方面，我国虽然起步较晚，在技术和经济效益方面存在一些问题，但发展较为迅猛，产业规模位于世界前列。海洋可再生能源利用业生产经营持续向好，超过八成的重点联系企业营业收入实现同比增长；海上风电新增并网容量215万千瓦，同比增长166.0%。海洋药物和生物制品业效益增势良好，有超过七成的重点联系企业营业收入实现同比增长，且有接近两成企业的营业收入增长率在30%以上。超过七成的海洋工程装备制造企业营业收入、利润实现同比增长[③]。

（三）海洋经济产业结构不断优化，第三产业占据主导地位

我国海洋经济产业结构经过有意识的计划调整，产业内部结构呈不断优化趋势。从2016年海洋三次产业结构比例的5.3∶47.0∶47.7到2020年的4.9∶33.4∶61.7，第一产业、第二产业比重有所下降，第三产业比重有所提升。第三产业占海洋生产总值比率从2006年的47.7%上升到2020年的61.7%（见图7-1）。2020年全国海洋生产总值80010亿元，其中，海洋第一产业增加值

① 自然资源部海洋战略规划与经济司. 2021年中国海洋经济统计公报［R/OL］. http://gi.mnr.gov.cn/202204/P020220406315859098460.pdf.

② 海洋战略规划与经济司. 前三季度海洋经济保持恢复态势［EB/OL］.（2021-10-30）. https://www.mnr.gov.cn/dt/ywbb/202110/t20211030_2700623.html.

③ 同②。

3896亿元，第二产业增加值26741亿元，第三产业增加值49373亿元，分别占海洋生产总值的4.9%、33.4%和61.7%[①]。海洋经济产业结构不断优化。

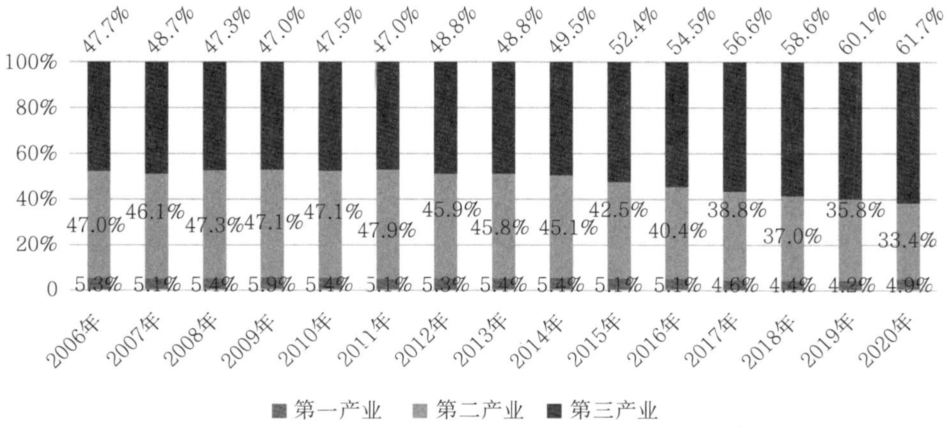

图7-1 2006—2020年海洋三次产业增加值占海洋生产总值变化

数据来源：历年《中国海洋统计年鉴》《中国海洋经济统计公报》。

（四）海洋科技创新能力大幅提升

海洋新兴产业快速发展并不断壮大，成为海洋经济转型升级的新动能，多个领域取得重大技术突破。我国沿海缺水城市和海岛积极推进海水淡化工程建设和规模创新，在反渗透、低温多效等海水淡化核心技术和关键设备方面取得了多项突破。

（五）海洋清洁能源开发势头强劲，海洋产业绿色转型加速

沿海地区加快推进海上风电项目建设进度，海上风电新增并网容量同比增长166.0%，新增装机容量呈现跳跃式发展趋势。绿色低碳船舶快速发展，新承接海船订单及交付订单中的环保动力船占比较2020年分别增加4.4个百分点、3.5个百分点。海洋生物医药业得到大力发展，过去5年海洋生物医药业年均增速达16.83%。海洋工程装备制造企业加紧高端海工装备的研发与制造，在油气开发装备、生产储运装备、海洋工程支援船制造等领域表现突出。深海、绿色、安全的

① 自然资源部海洋战略规划与经济司. 2020年中国海洋经济统计公报［R/OL］. http://gi.mnr.gov.cn/202103/P020210331560946177148.doc.

海洋高技术领域不断取得突破。

（六）海洋领域融资大幅跃升

海洋领域IPO增长势头强劲，2021年38家海洋领域企业IPO完成上市，融资规模748亿元，是上年同期的5.8倍，两年平均增长1.8倍，占全部企业IPO融资规模的18.7%[①]。其中，有14家企业在主板融资533亿元，9家企业在创业板融资35亿元，15家企业在科创板融资180亿元。国证蓝色100指数表现好于大盘，海洋交通运输业、海洋可再生能源利用业、海洋工程装备制造业等板块表现优异。

我国作为世界海洋经济发展的后起之秀，正逢第三次世界海洋经济发展浪潮的历史性机遇。总体来看，我国已经在海洋经济规模、门类等方面成为世界性海洋强国，个别沿海省份的海洋经济比重已经接近海洋强国。市场主体活力保持稳定恢复态势。我国在世界沿海国家中的海洋经济地位将不断提升。

三、我国海洋经济面临的突出问题

我国是海洋经济大国，但距离海洋经济强国还有一段路要走。我国海洋经济无论是GDP占比，还是海洋科技的贡献度等方面，与世界海洋强国均有一定差距，仍有一些问题尚待解决。

（一）陆海统筹的海洋经济体系尚待完善

目前很多地方发展海洋经济的重点主要是在沿岸、领海、近海，对于走向远海、走入深海、走向大洋的重视远远不够。地方发展海洋经济时需强化涉海的综合管理，完善海洋法律法规体系，统筹近岸、近海发展，合理开发岸线、滩涂、浅海、岛礁资源，兼顾深海、远洋和极地，科学用海。

（二）海洋产业有待转型升级和结构调整

海洋传统产业比重过高，我国对于海洋医药、材料、能源等新技术、新产业投入和支持力度不够。海洋的新兴产业、战略性产业、高科技产业发展远远不够，所以海洋经济结构调整和产业升级面临十分繁重的任务。我国应加快海洋产

---

① 海洋战略规划与经济司. 前三季度海洋经济保持恢复态势［EB/OL］.（2021-10-30）. https://www.mnr.gov.cn/dt/ywbb/202110/t20211030_2700623.html.

业的转型升级和结构调整，促进陆地与海洋资源互补、产业互动，实现协调发展，做到产业兴海。

（三）海洋产业创新能力亟待提升

基础性、系统性、突破性的海洋科技创新积累还不够，部分技术依然存在“卡脖子”的现象。我国应通过海洋科技创新，大力发展海洋装备，强化涉海的基础设施建设，实现高质量发展，做到科技强海。

（四）海洋生态意识薄弱

近海污染情况比较严重，海岸带空间管控不足、海洋生物资源衰减等问题亟须治理。我国应把开发利用与管理、保护摆在相同的位置，有效地降低陆源入海的污染负荷，强化海洋的生态环境保护，实现人海和谐可持续发展，做到生态护海。

» 第三节　前海发展海洋经济的基础与优势

前海扩区后面积增大、产业门类增多，海洋经济也被纳入了前海的产业体系，包括海洋工程、海洋设备、海洋生物医药以及海洋大数据等行业。具有开放性、国际性、全球化特征的海洋经济成为前海开发建设的重点内容之一。

前海位于深圳的南头半岛，是深圳市海洋经济的主要集聚空间。前海毗邻香港，港口航运优势明显，同时拥有深圳和香港两地的海洋经济优势。前海涉海行业涉及11个门类，背靠产业链最为完善的珠三角地区，是粤港澳大湾区连接世界的重要门户和通道，在发展海洋经济方面有着自己独特的优势。

一、前海拥有深圳和香港两地的海洋经济优势

（一）深圳具备建设全球海洋中心城市的地理优势和产业基础

深圳经济特区建立40多年来，凭海而兴，向海图强。《全国海洋经济发展“十三五”规划》提出，推进深圳建设全球海洋中心城市。深圳发力海洋经济、海洋科技、海洋生态与文化、海洋综合管理、全球海洋治理等五大领域，提出了2025年成为“中国蓝色实力”的重要代表。根据国家发改委、自然资源部印发

的《关于建设海洋经济发展示范区的通知》，深圳是我国14个海洋经济发展示范区中的一员，也是粤港澳大湾区中唯一一个全国海洋经济发展示范区。2019年2月，《粤港澳大湾区发展规划纲要》提出“支持深圳建设全球海洋中心城市”。2019年8月，《中共中央 国务院关于支持深圳建设中国特色社会主义先行示范区的意见》明确“支持深圳加快建设全球海洋中心城市”。2020年9月，由深圳市规划和自然资源局制定的《关于勇当海洋强国尖兵加快建设全球海洋中心城市的实施方案（2020—2025年）》印发，明确将在“十四五”期间，进一步推动海洋经济的发展。

深圳的地理位置优越。深圳地处南海之滨，东临大鹏湾，西连珠江口，南接香港，连接南海和太平洋，拥有1145平方千米的海域面积和超过260千米的海岸线，在发展蓝色经济方面具有得天独厚的自然条件。深圳地处亚太主航道和海上丝绸之路的战略要冲，面对东南亚，是南海周边唯一的超大型城市，也是我国距离南太平洋最近的经济中心城市。区位优势成为深圳在全球海洋中心城市建设中的核心竞争力。

深圳初步建成现代海洋产业体系。全国海洋经济调查底册数据显示，深圳拥有近10万家涉海企业，占广东省的22%，蓝色经济成为深圳支柱产业和重要的经济增长点。2020年，深圳市海洋生产总值（不含深汕合作区）约为2600亿元，占全市地区生产总值的9.4%。深圳市海洋经济产业以前海、大鹏为核心；东部地区以生态保护为主，重点建设大鹏新区国家级海洋生态文明建设示范区；西部地区以产业集聚为主，重点发展海洋电子信息、海洋高端装备、邮轮游艇、海洋金融等现代海洋服务业。深圳的海洋经济初步形成海洋交通运输业、滨海旅游业、海洋能源与矿产业、海洋渔业、海洋工程装备业、海洋电子信息业、海洋生物医药业和海洋现代服务业八大产业集群①。深圳拥有集装箱国际航线236条，吞吐量全球第三；太子湾邮轮母港已经开通了8条国际航线。深圳形成了集“海、陆、空、铁”为一体的综合交通网络，成为联系中国和世界的桥梁和纽带。

深圳海洋自主创新能力全国领先。深圳海洋领域改革创新走在全国前列，是

① 深圳市哲学社会科学规划项目（编号：SZ2020B001）的相关成果。

全国首个海洋综合管理示范区、国家海洋经济科学发展示范区和国家海洋经济创新发展示范城市。目前，深圳已建成海洋产业相关的国家级、省级重点实验室（工程实验室、工程中心）5个，市级重点实验室6个，市级工程实验室14个，工程中心3个以及公共技术服务平台4个。经过多年积累，深圳已形成海洋高端装备、海洋电子信息和海洋生物医药三条较为完整的产业链条，在研发设计、生产制造、应用服务的产业链系统创新方面持续发力，驱动海洋高端装备与海洋电子信息产业深度融合，促进海洋生物医药品牌企业和研发机构进一步集聚。

（二）香港拥有港航和综合海洋服务优势

香港的海洋经济以海洋交通运输业、滨海旅游业、海洋服务业为主，拥有发达的港口物流、航运服务、海洋金融保险、科研教育及其他专业服务等综合海洋服务优势（见表7-1）。

表7-1 香港海洋产业发展现状

产业		发展现状
海洋交通运输业		全球十大航运中心之一，具有先进的港口设施和高效率的港口服务，2017年集装箱吞吐量2076万标准箱，位居全球第6
滨海旅游业		拥有香港海洋公园、香港迪士尼乐园、香港南莲园池等著名景点，2017年旅游业产值258亿美元，占GDP比重8%
海洋服务业	海事仲裁	汇聚了世界上最著名的海事行业的金融、经济和法律的机构和人才，具有完善的仲裁服务能力，每年受理的海事仲裁案件约占世界总数的7%
	船舶注册	注册船舶2245艘，合计超过1.14亿注册总吨，位列全球第4
	货运代理	海上货运代理服务机构17632个，2016年货运代理服务出口140亿港元，占总运输服务输出的6.4%

香港具有航运港口优势。香港地处亚洲中心，是中国的交通要道，航运业与金融、贸易、制造并列为香港四大支柱产业[①]。香港是亚洲重要的海上运输枢纽

① 许志桦，潘裕娟，曹小曙. 香港港口与城市发展［J］. 城市观察，2012（1）.

和卓越的航运中心，也是全球主要的国际航运中心之一。世界约一半的集装箱吞吐量都是在亚洲港口发生的。香港的航运业十分蓬勃，海上运输业对巩固香港全球贸易地位十分重要。

作为长久以来亚洲重要的海上运输枢纽，依托港口和航运业发展优势，香港的海洋相关服务业如金融、法律、物流信息、船舶注册等产业十分发达。其中，香港的海事仲裁、船舶注册和货运代理尤为突出，为海洋经济的发展提供了重要的支撑，是香港保持海洋经济竞争力的重要支柱。目前，香港每年受理的海事仲裁案件约占世界总数的7%。香港也是世界上主要的船舶注册地，注册手续简单快捷，船舶吨税税率低，在国际上享有较高的声誉和较高的竞争力①。香港的航运服务以效率高、竞争力强且专业享誉世界。

香港在深圳建设全球海洋中心城市中有着重要作用，是一支重要的参与力量。第一，作为全球融资和航运中心，香港在海事仲裁、航运保险、融资租赁等方面具有无与伦比的优势，可以充当资源配置中心的角色；第二，深港企业可以共同合作拓展“一带一路”沿线国家的港口、基建、工业和物流；第三，香港天文台拟在深圳河套深港科技创新合作区设深港气象预警预报中心，进行海洋气象、海事灾害预报等；第四，深圳对香港游艇开放自由行，香港两地牌游艇可以实现单向开放，满足大量香港游艇北上航行至深圳的需求。此外，深港在海洋基金、离岸金融、航运保险、海洋环境保护和科考等方面均有很大的合作空间。可以说，香港资本、管理和港口技术等成为推动深圳经济飞跃发展的引擎。

二、前海为深港海洋经济协同发展提供了很大的空间

《前海方案》为深港海洋经济高水平开放合作注入了新活力，创造了新空间，释放了新动能。

扩区后，前海深港现代服务业合作区120.56平方千米，将极大缓解制约香港海洋产业发展的用地紧缺问题，为深港海洋经济合作提供了很大的空间。香港和深圳都是沿海城市，都已经在各自的区域内布局了若干海洋产业。借助香港的国

① 林香红，高健，张玉洁. 香港海洋经济发展的经验及启示［J］. 海洋信息，2014（4）.

际化优势和深圳的创新能力，双方可以联手发展海洋科技及新兴海洋产业，加快建设现代海洋服务业集聚区。深圳可重点加速在航运咨询服务方面与香港进行对接，同时发挥深圳创投、私募基金优势，引入香港的创新创业项目，在海洋金融领域促进差异化发展，促进香港与深圳的海洋产业深度合作，促进深港协同发展。前海扩区后，将为海洋产业提供更加宽广的发展空间，未来可布局海洋核心设备的研发、首制测试、组装，形成海洋核心技术和设备的聚集区。围绕香港国际金融中心和国际航运中心的优势，切实发挥深圳国家级海洋经济发展示范区等平台载体的示范作用，构建以前海为核心的现代海洋产业体系。

» 第四节　加快建设前海现代海洋服务业集聚区

在《前海方案》“加快科技发展体制机制改革创新”中，海洋科技内容独占约两成，成为前海扩区后科技和新兴产业发展的重点。《前海方案》明确提出前海发展海洋经济的两项任务：一是“集聚国际海洋创新机构”，二是“加快建设现代海洋服务业集聚区”。

一、推动产学研科技创新合作，聚焦国际海洋创新机构

前海作为粤港澳大湾区和深圳先行示范区建设的重大发展平台，在粤港澳合作方面有着得天独厚的优势。借助港澳的大学科研团队机构，推动产学研科技创新合作，是聚焦国际海洋创新机构的重要路径。

（一）组建深港海洋科学中心

2020年8月，香港城市大学海洋污染国家重点实验室前海实验室在前海城市新中心挂牌成立。作为国家重点实验室及工程中心，该实验室拥有卓越的科研团队及优秀的研究成果。该实验室将依托香港城市大学的国际化平台与丰富资源，引进海外高新科技项目与优秀人才，打造机制灵活的科技创新型平台及孵化基地，在政产学研资合作、知识转移及产业孵化、高层次人才培养等领域与前海进行深入合作，持续有效地促成大学科学研究和优秀成果落地。香港在海洋资源开发利用技术、水体污染控制与治理、转基因生物新品种培育、重大新药创制、高

分辨率对地观测系统、深海空间站、种业自主创新等领域具备研究基础和优势。未来可在此基础上，进一步系统引进香港大学、香港科技大学等院所，采取“一个实体，N个合作单位”的“1＋N”协同创新模式，形成海洋交叉技术合力。

（二）探索搭建国际海洋产业合作服务平台

前海将聚焦国际海洋创新机构，加强海洋智库建设，构建服务平台，加快建设现代海洋服务业集聚区，完善“基础研究+技术攻关+成果产业化+科技金融+人才支撑”全过程创新生态链。打造集海洋基础研究、应用研究、产业化于一体的海洋科技创新体系。

二、构建服务平台，加快建设现代海洋服务业集聚区

（一）构建海洋中小企业孵化平台

前海在单纯“场地租赁+基本服务”基础上，加大“商业实验室+技术支持”“场地+商业活动+商业服务”等孵化模式扶持力度，引导孵化器转型。鼓励与香港拥有涉海学科的大学、香港国际知名孵化器运营团队共建孵化中心，引进香港创业人才和海洋创新资源。

前海将探索构建“海洋产业+创投孵化”的生态模式，推动海洋产业科技成果转化。2021年7月，前海创投孵化器入驻深圳海洋城市展厅，创投赋能涉海企业项目，为深圳海洋经济发展积蓄新动能。深圳海洋城市展厅由壹深圳·海洋频道全力打造，展厅面积1000平方米，致力成为海洋城市的展示窗口、企业产品的推广平台、海洋科技的科普基地、涉海企业对接服务平台，为涉海企业提供展示、宣传、对接一站式服务，助力海洋强国建设。前海创投孵化器服务深圳海洋科技创新与产业培育，积极与海洋产业领域的领先企业紧密合作，对接和整合海洋科技领域人才和项目等资源，探索构建“海洋产业+创投孵化”的生态模式，助力深圳汇聚和培养一批海洋高层次领军企业，全力助推深圳全球海洋中心城市建设。

前海将规划建设海洋科技创新走廊。深圳市规划和自然资源局制定的《关于勇当海洋强国尖兵加快建设全球海洋中心城市的实施方案（2020—2025年）》提出，规划建设海洋科技创新走廊。以前海蛇口自贸片区扩区为契机，打造“蛇口—前海—海洋新城—光明”西部海洋科技创新走廊。规划建设国家南方海洋科

学城，重点发展海洋高端装备、海洋电子信息、海洋生物、海洋现代服务业，将促进海洋新能源、海水淡化、深远海开发和海洋新材料等领域产生技术突破。

（二）搭建海洋产业投融资公共服务平台

前海正推动设立500亿元规模的海洋产业发展基金，其中首期海洋基础设施投资基金已于2019年4月在深圳成立，规模近130亿元。海洋产业发展基金已开始投入使用，目前，深圳机场北填海区便使用了新成立的海洋产业发展基金。

前海将依托国际海洋开发银行搭建国际海洋金融公共服务平台。探索设立国际海洋开发银行是落实海洋强国战略重要举措之一。深圳已对涉海龙头企业、事业单位、管理部门进行了多轮调研，并与中国社科院等科研机构和专家进行了沟通，围绕国际海洋开发银行的设立形式、资金构成、运营模式开展了广泛深入的探讨。按照中央的要求，深圳将推动投资基金、海洋贷款、网络金融和智库建设等，将明确和细化建设方案，实现利益相关方共享收益的多赢格局。依托国际海洋开发银行搭建国际海洋金融公共服务平台，将实现涉海企业、金融机构、海洋管理部门、海洋产业园区在项目投融资、政策、信息等方面的交互与对接。

（三）以前海为中心创建“中国蓝色金融改革试验区”

2021年12月，《广东省海洋经济发展“十四五”规划》发布，提出积极争取以深圳前海为中心创建“中国蓝色金融改革试验区”。要求加快发展蓝色金融产业，鼓励有条件的银行业金融机构设立海洋金融事业部，开展海域、无居民海岛使用权和在建船舶、远洋船舶等抵押贷款、质押贷款；推动设立国际海洋开发银行，积极争取以深圳前海为中心创建“中国蓝色金融改革试验区”；对接深交所和上交所南方中心等资本交易平台，支持涉海企业在境内外多层次资本市场上市、发行债务融资，引导吸引各类资本加大对涉海企业的股权投资等。《前海方案》使深圳的“深蓝速度”将再次得到提速。前海扩区后成为深圳资源条件最好、经济产出最高效、科技研发密度最高、金融优势最强的板块。国家、省市对前海海洋经济发展寄予厚望，亟须加快海洋高技术产业和服务业高质量发展，打造前海蓝色样板。

（四）探索组建湾区海洋知识信息、产权专利服务平台

前海将探索与国家知识产权局专利部门、中国科学院文献情报中心等机构联合建立海洋科技资源成果发布系统，构建“信息集散—技术评价—市场预测—决策支持—专家咨询—用户服务”一体的全方位服务模式；支持中国（深圳）知识产权保护中心加挂海洋板块，解决湾区海洋专利保护短板。下一步，前海还将致力于海洋产业技术专利化、专利标准化、标准高端化，为构建海洋产业技术创新资源集聚高地提供支持，为海洋产业单位提供技术标准咨询服务，协助海洋企业申请国家、行业、地方标准。

（五）探索搭建国际海洋产业合作服务平台

前海将推动电子信息、油气、风电、渔业等涉海产业集群间建立沟通机制，共谋交叉技术需求，寻求产业新增长点。另外，前海将加强与美国休斯敦、挪威奥斯陆等海洋知名城市及海洋产业集群组织交流合作，在深设立中欧（国际）蓝色产业联盟执行秘书处，搭建国际海洋产业服务平台和技术、人才、信息交流平台。

（六）搭建国际海洋产业国际交流平台

深圳海博会是我国唯一的国家级海洋经济展会，是展示我国海洋经济发展成就的重要窗口，也是展示全球海洋经济发展及交流最新成果的重要平台。深圳海博会以“中国第一、世界一流的海洋经济国家级国际展会”为定位，以“促进交易，促进新技术投资，推进新技术和应用产业化”为核心目标，努力打造海洋经济发展的高地、海洋科技创新的策源地、海洋国际交流合作的先锋地，不断提高全球海洋中心城市的含金量和辨识度。前海不仅举办海洋专业展会，还积极搭建陆域企业向海洋进军的平台，为海洋经济发展培育更多新增长点，形成涉海产业集群效应。

» 第五节　打造前海海洋科技创新高地

前海不仅拥有招商、中集等一批海洋龙头企业和中集海洋工程总装研发设计国家工程实验室、招商局海洋装备研究院、香港城市大学海洋污染国家重点实验室等创新平台，还集聚了深圳主要的海洋电子信息、海洋高端装备等制造企业。在深圳建设全球海洋中心城市的政策背景下，前海在海洋高端装备科技领域，电子信息产业融合方向，海洋生物医药研发、海洋新能源开发、大数据和人工智能的海洋应用以及海洋金融融合方面，取得持续突破和领先作用。基于此，《关于勇当海洋强国尖兵加快建设全球海洋中心城市的实施方案（2020—2025年）》

（简称《实施方案》）提出，深圳要“全面加速全球海洋中心城市建设，打造前海海洋战略新兴产业科技集聚区”。

一、建设前海海洋战略新兴产业科技集聚区

海洋新兴产业集聚发展区以珠江口东岸陆海空间为依托，重点布局海洋电子信息、海洋高端装备、海洋能源等产业集群，聚焦科技成果转化、关键智能设备制造、装备测试等环节，形成海洋新兴产业创新生态链条。其中前海的宝中片区及大铲湾片区、机场及周边片区、会展新城及海洋新城片区建设海洋新兴产业核心，重点依托海洋新城、大铲湾片区承载海洋新兴产业集群，促进海洋研发成果转化。宝安区依托强大的电子信息产业网络和先进制造业基础，为海洋信息产业、海洋智能装备制造提供产业支撑配套。重点从以下五个方面推进。

（一）推动海洋高端装备科技领域结构性调整

《实施方案》提出，促进海工装备产业智能化和高端化。支持建设智能海洋工程制造业创新中心，形成海工装备领域共性关键技术研发、转化和商业化应用的新载体。推动组建中国海工集团，打造世界一流的海洋工程行业龙头。推动建设中船南方海洋工程技术研究院，支持建设海工装备检测服务平台，促进市场推广和应用。

（二）推进电子信息产业向海发展，打造海洋电子信息产业创新高地和示范基地

《实施方案》提出，推进电子信息产业向海发展，打造海洋电子信息产业创新高地和示范基地。推动海洋信息采集立体化、传输一体化、处理与呈现智能化、管控全过程可视化，推动高端海洋电子装备国产化。大力发展海底探测、深海传感器、无人和载人深潜、海底通信定位等深海关键技术和设备。积极发展卫星、无人机、智能船、海洋遥感与导航等海上态势感知手段和关键技术。推动水声组网通信、水声感知、电磁感知等核心技术突破，积极参与水下无线通信、水下传感网络行业标准的研究与制定。

深圳在电子信息、海洋集成信息方面本身有强大优势，而且是能够迅速形成成果的优势。新一代信息技术产业通过产业链的嫁接融合，逐渐渗透到海洋领域，包括海洋电子信息设备和海洋信息系统与信息技术服务等，成为海洋船舶、海工装备等的核心配套产业之一，并形成体量庞大、体系完整、科技领先的海洋

电子信息制造产业集群。目前，深圳已汇聚了邦彦技术、海能达、云洲创新、汇川技术等创新型企业，在船舶电子、海洋观测和探测、海洋通信、海洋电子元器件等海洋电子信息设备和产品，以及海洋信息系统与信息技术服务等方面不断取得关键技术突破，进一步增强了海洋产业智能化、信息化、数字化、自主化水平。作为高端装备变频驱动国产化的践行者，汇川技术在海工装备领域提供的变频驱动产品，如今已广泛应用于风电、石油、船舶、港口等多个领域。

（三）海洋生物医药研发创新产业集聚

深圳毗邻南海，拥有丰富的海洋生物种质、基因资源。依托此丰富的资源优势和良好的发展环境，深圳积极搭建海洋生物医药产学研合作平台和孵化推广基地，实现了在基础研究、资源获取、药物创新等环节的突破。大鹏海洋生物产业园、国际生物谷坝光核心启动区、深圳国家生物产业基地、高新区生物医药研发总部基地、龙岗海洋生物产业园等产业园区，实现了在基础研究、资源获取、药物创新等环节的突破，集聚一大批海洋生物医药创新型企业，已初步形成产业集聚效应，逐步形成了一条集研发、中试、产业化的创新发展链条。

（四）海洋新能源开发处于产业链顶端

深圳市已拥有中广核、中集集团等海洋新能源开发总包和装备制造总部企业，处于海洋新能源产业链顶端，具有较强的拉动作用。2019年上半年海洋新能源产业增加值94.8亿元，同比增长13.7%。深圳市将依托南海能源资源开发，推动企业加快深水油气田开采进程，引入大型海洋油气企业在深设立海洋油气开采运营公司。中广核研制的“华龙一号”百万千瓦级压水堆核电技术和“海龙兴业号”桁架式桩腿的自升式风电安装平台将成为海博会上海洋新能源领域的重要亮点。

同时，深圳还将依托龙头企业组建海洋新能源研发团队、工程实验室和研发中心，培育和创新海上风电设备融资租赁及保险、基金等海上风电金融业务。未来，深圳市将积极争取一批国内外天然气水合物技术研发、配套装备、工程建造、支持服务等龙头企业落户，推动天然气水合物开发总部基地、支持服务基地、技术研发基地等基础设施建设。

（五）大数据和人工智能将应用于海洋开发

深海开发的机遇和潜力巨大，未来，深海开发将是深圳发展下一步的大概念，包括可燃冰、深海机器人等。中集集团旗下来福士设计建造的超深水半潜式钻井平台“蓝鲸1号”，在2017年就帮助国家率先在南海进行全球首次可燃冰的开采，是目前全球作业水深、钻井深度最深的半潜式钻井平台，适用于全球深海作业。与传统单钻塔平台相比，“蓝鲸1号”可提升30%作业效率，节省10%的燃料消耗。中集来福士已累计建造12座半潜式钻井平台、14座自升式钻井平台、22座海洋牧场平台、8座生产平台，值得一提的是，半潜式钻井平台产品的国产化率已从过去的10%提升到现在的60%。深圳将建设粤港澳大湾区大数据中心，这对海洋产业发展起着重要的推动作用。

深圳将深入推进粤港澳大湾区“智慧海洋”工程。2021年12月，《广东省海洋经济发展“十四五”规划》印发。该规划提出，围绕海洋领域数字产业化和产业数字化发展，巩固提升海洋信息产业发展优势，加强信息化智慧化赋能，推进现代信息技术同海洋产业的深度融合。为此，该规划在推动海洋信息产业发展壮大和加快现代数字技术与海洋产业深度融合两方面作出具体要求，并特别提出推动服务于航行保障、海上搜救、环境监测、生态调节、资源管理的海上新型基础设施建设，支持海底数据中心关键核心技术突破，有序引导广州、深圳、珠海、汕头和惠州等地在海底布放高能耗数据中心。

二、前海海洋金融助力海洋经济发展

《深圳市海洋发展总体规划（2020—2035年）》提到“将打造海洋高端智能装备和前海海洋现代服务业两大千亿级产业集群”。前海海洋现代服务业的千亿级产业集群，将主要依托前海的金融业集聚优势，围绕海洋金融，做强创投、保险、融资租赁等方面，以支撑新兴产业的发展。

（一）设立前海中船智慧海洋基金，助力海洋经济发展

2020年，由前海中船股权投资基金管理有限公司参与出资并受托管理的前海中船智慧海洋基金完成工商注册，同为深圳市海洋产业基金集群、中国船舶集团智慧海洋基金群的首只基金。前海中船智慧海洋基金总规模100亿元人民币，首期规模50亿元人民币，注册地为深圳前海。前海中船智慧海洋基金将聚焦海洋产业，重点投向智能海工装备、海洋信息服务、海洋通信技术、海洋大数据、涉海人工智能、卫星涉海服务应用等智慧海洋产业体系中的高成长细分领域及新技术

领域，助力科技成果转化，培育一批智慧海洋产业上市公司和独角兽企业，并协助推动有关涉海龙头企业、海洋科研院所等机构在深圳和前海落户。前海中船智慧海洋基金紧紧围绕海洋强国战略和粤港澳大湾区战略规划，致力于打造智慧海洋产业领域的国家级基金。

（二）“海洋产业+创投孵化”

2021年7月，前海创投孵化器入驻深圳海洋城市展厅，创投赋能涉海企业项目，为深圳海洋经济发展积蓄新动能。前海创投孵化器积极布局海洋产业，通过资本与服务的手段，深度链接了一批优质项目，如水下机器人、波浪滑翔机、水下传感器、海洋物联网芯片、海洋生物医药、生物制品、优质种苗等。同时，积极布局海洋科技领域，成立经略海洋（深圳）发展有限公司、海南经略海洋发展有限公司，两次承办中国海博会核心论坛和展区，积极推动中国海洋大学深圳研究院落地。未来，前海创投孵化器将依托中国海洋大学深圳研究院的人才资源优势，引进高新技术人才，将已有的科技成果优先转化，加速科技成果转化。

在2020年中国海洋经济博览会上，一大批深圳本土海洋高端装备、海洋电子信息、海洋生物医药及相关领域企业集中亮相，展示了深圳海洋新兴产业发展成果和最新动态。

这些全球海洋中心城市建设的重要规划路线图，为前海指明了发展策略和路径。前海正逐步打造成以海洋高端智能设备、海洋工程装备、海洋电子信息（大数据）、海洋新能源、海洋生态环保等为主的海洋科技创新高地。

CHAPTER 8

第八章 前海文化创意产业的协同创新发展

在审慎监管和完善风险防控前提下，支持前海打造面向海外市场的文化产品开发、创作、发行和集散基地。

稳妥有序扩大文化领域对外开放，建设多种文化开放共荣的文化交流互鉴平台，打造文化软实力基地。

——《全面深化前海深港现代服务业合作区改革开放方案》

文化创意产业起源于20世纪90年代的英国。1998年，英国政府出台了《英国创意产业路径文件》，首次提出创意产业的概念："源自个人创意、技巧及才华，通过知识产权的开发和运用，具有创造财富和就业潜力的行业。"当时这个概念范围主要包括版权产业、文化产业、休闲产业、体验经济、注意力经济。这种以"创意创新"为核心理念的文化产业逐渐兴起，并在世界范围内形成了独特的文化产业品牌，这就是文化创意产业。作为一种全新的产业类型，文化创意产业具有蓬勃的活力，能开发大量的新产品，拓展多元文化市场，创造大量的创业风口和就业机会，对国民经济发展有着重要意义[①]。有专家甚至提出，文化创意产业将会从现代服务业中分离出来，成为一种更高层次的全新产业形态，形成所谓的"第四产业"。我国的文化创意产业是指以创意为核心，以文化为灵魂，以科技为支撑，以知识产权的开发和运用为主体的知识密集型、智慧主导型战略产业。在全球经济发展背景下，这种高知识性、高增值性、低能耗、低污染的产业正面临着前所未有的发展契机，呈现出鲜明的发展新格局。《前海方案》高度重视文化创意产业发展，要求"在审慎监管和完善风险防控前提下，支持前海打造面向海外市场的文化产品开发、创作、发行和集散基地"，"稳妥有序扩大文化领域对外开放，建设多种文化开放共荣的文化交流互鉴平台，打造文化软实力基地"。

» 第一节　文化创意产业的全球发展趋势

一、文化创意产业跃升为世界经济的主要贡献产业

2015年，联合国教科文组织（UNESCO）、国际作者和作曲者协会联合会（CISAC）联合安永会计师事务所共同发布了报告《文化时代——首张文化创意产业全球地图》。这是首次将创意经济作为课题进行深入研究。联合国教科文组

① 张晓瑾，谢熠．中国文化创意产业发展研究：评《文化创意产业发展研究：基于文化根植的视角》［J］．广东财经大学学报，2022，37（3）．

织将文化创意产业定义为“主要目的为商品的生产与再生产、促销、分配以及文化、艺术或自然遗产的相关服务与活动”。《文化时代——首张文化创意产业全球地图》显示，文化创意产业在全球范围内每年平均创造2.25万亿美元的收入，占全球GDP的3%，在全球范围内提供2950万个就业岗位，占全世界工作人口的1%。文化创意产业的经济效益已超过电信服务业的营业额，甚至超过了当年印度国内生产总值，提供的工作岗位数也超过欧洲、日本和美国三地汽车产业工作岗位数的总和。

全球文化产业发展进入以数字创意产业为主体的发展新阶段。尽管全球经济经历了2008年金融危机的沉重打击，但创意产品却逆势而上，为世界经济发展作出了重大贡献。随着数字化信息技术产业的迅猛发展，特别是移动网络的发展和大规模普及，数字内容产业呈现爆发式增长。文化创意产业因为这种前所未有的内容增长方式发生了一系列产业变迁，呈现出跨行业渗透融合、开放包容协作、全产业链协同、多元共生共享的发展态势，推动着全球文化产业发展进入以数字创意产业为主体的发展新阶段。数字文化产品消费成了数字经济的重要收入来源，文化创意产业引领和促进网络经济的发展，成为21世纪新的经济增长点，也是世界各国竞相发展的朝阳产业。

二、全球文化创意产业呈现多极化特色发展

《文化时代——首张文化创意产业全球地图》分析了文化创意产业的11个领域（广告、建筑、图书、游戏、音乐、电影、新闻杂志、表演艺术、广播、电视、视觉艺术）在亚太地区、欧洲、北美洲、拉丁美洲、非洲和中东等地产生的影响（见表8-1），提供的数据展示出全球文化创意产业呈多极化特色发展的趋势。

表8-1 全球文化创意产业收入占比

地区	年均收入		提供的就业岗位	
	总额/亿美元	比重	数量/万个	比重
亚太地区	7430	33%	1270	43%
欧洲	7090	32%	770	26%
北美洲	6200	28%	470	15%
拉丁美洲	1240	6%	190	7%
非洲及中东	580	3%	240	8%

数据来源：《文化时代——首张文化创意产业全球地图》。

欧洲是世界文化创意产业市场的起源地，全球公认的文化创意和科技创新的领先区域，广告行业的产值全球排名第一。欧洲拥有伦敦、巴黎、米兰、马德里、巴塞罗那和罗马等成熟的文化创意产业集聚区，汇聚众多的文化遗产和历史古迹，拥有超过5500家艺术学校和数量最多的全球知名博物馆。其中，英国是世界上第一个提出创意产业概念并运用于公共政策推动创意产业发展的国家。欧洲的文化创意产业还拥有良好的组织生态系统，拥有完整的产业链和众多行业领军企业。

《文化时代——首张文化创意产业全球地图》显示，以美国、加拿大为主的北美地区是全球领先的文化和娱乐巨头，在数码消费领域、影视产品销售方面排名第一。美国是世界上版权保护制度最完善的国家，美国版权法诞生于1790年。从1996年开始，美国版权产品的出口发展成为仅次于军事工业的支柱性产业和第一大出口创汇产业，占美国GDP总量的1/4。文化创意产业已成为加拿大经济发展的关键产业。据加拿大文化遗产部统计，艺术、文化及文化遗产领域在加拿大有546亿美元的市场规模，解决了超过63万人的就业问题。北美地区还拥有最大的电视、电影及无线广播市场，处于全球数字化转型的前沿，拥有数量最多的数字文化内容的消费者。

拉丁美洲的文化创意产业市场是欧洲、美洲、非洲和亚洲文化的“混合体”。多民族融合使拉美文化有极强的包容性。拉美文化善于引进和吸收其他文化的最新成果，具有强大的融合力。开放和创新并举是拉美文化兴盛发展之根本。电视节目业是拉丁美洲的王牌行业，阿根廷和哥伦比亚均是全球排名前五的电视节目出口国。电影业也是阿根廷、巴西和墨西哥的重要产业。同时，拉美和加勒比地区拥有丰富的文化遗产和自然遗产，有131处被列入世界遗产名录。2014—2015年，拉美电子书已占市场总量的12%，拉美儿童文学在全球出版市场的表现令人瞩目。

非洲是世界上古人类和古文明的发祥地之一，文化丰富灿烂。整体而言，非洲文化产业的特点是小型化和碎片化，整个生产体系、市场和销售很难有机衔接，文化产业发展不均衡。进入21世纪，随着经济发展，非洲本土文化保护意识逐渐增强，影视制作技术得到发展，非洲影视产业也进入前所未有的黄金发展期。电视是非洲第一大文化创意产业，电影业也发展迅速，尼日利亚成为电影生产重镇，年产值达1亿美元以上。非洲音乐一直为欧洲及美洲流行音乐提供丰富的养料。在非洲和中东地区，非洲的文化创意产业正变得有吸引力，越来越多的年轻人加入这一产业。

三、亚太地区成为全球第一大文化创意产业市场

值得注意的是，亚太地区的文化创意产业平均每年产生7430亿美元的收入，占据全球文化创意产业总收入的33%；提供了1270万个就业岗位，占全球文化创意产业就业岗位的43%。亚太地区首次跃升成为全球第一大文化创意产业市场。

亚太地区拥有全球最大的文化创意产业的消费基地，拥有正在壮大的中产阶级。亚太地区在游戏行业的产值排名全球第一，在电影行业的产值排名全球第二。亚洲地区的出口额超越了全球其他地区，文化创意经济迎来亚洲时代。

日本和韩国走上了以内容产业为重点的举国战略道路，并在东京、首尔周边形成了极具全球影响力的文化产业集群[①]。日本通过东京规划和东京文化传播项目，扩大文化创意产业的影响力和参与度，努力构建一个跨区域、跨行业、跨代际的无界创意城市，利用东京所拥有的优势，在旅游、文化方面提升东京的城市存在感[②]。韩国的文化创意产业主要集中在电子游戏、电视剧和电影发展。韩国政府动员社会投资，广设各种文化创意产业投资基金，鼓励产业发展，以文化创意产业国际化战略拓展国际市场。新加坡早在1998年就制定了“创意新加坡计划”，2002年又明确提出要把新加坡建成全球的文化和设计业中心、全球的媒体中心。

中国正在成为亚太地区甚至全球文化创意市场的新兴力量。中国文化创意产业起步相对较晚，但资源非常丰富，资源优势转化为产业优势的潜力巨大，文化创意产业集聚化发展趋势日益明显。2001年中国正式加入世界贸易组织（WTO），利用新一轮全球化产业转移的机遇，中国服务贸易结构持续优化，经济进入前所未有的高速增长通道，文化产业进入快速发展的新时期。中国持续

① 张晓欢. 有效推动文化产业与地方经济互促发展［N］. 经济参考报，2021-08-24（A07）.
② 汪菲. 世界城市创意产业发展及经验总结［J］. 城市观察，2014（3）.

领跑全球创意产业出口，年平均增长率高达14%。从2002年开始，中国创意产品的出口总额始终位居世界第一，占据全球市场1/5的份额，保持着较高的增速。不仅创意产品、创意服务的进出口贸易额逐年增加，创意产业的国际竞争力也极强，竞争优势明显[①]。2015年，中国创意产品出口总额是美国的4倍，高达1685亿美元。中国的文化产业在经济增长中的地位和作用日益上升，与文化相关的新兴产业持续发力，文化消费拉动经济发展作用明显。同时，中国香港、中国台湾等地也正全力打造亚洲和华语世界的“创意之都”。未来，中国在电影、电视、人工智能等领域还有巨大发展空间。

四、湾区文化创意产业已成为全球文化创意产业的亮点

因互联网经济而崛起的全球四大湾区（旧金山湾区、纽约湾区、东京湾区、粤港澳大湾区），营收主力为互联网行业、文化创意产品制造和电影娱乐，拥有一大批互联网企业带来的人才、技术、资金以及创新基础设施等优质科技资源要素，已成为带动全球文化创意产业发展的重要增长极和领头羊。

受疫情及国际形势的影响，各湾区都加大了对5G等新一代信息技术、人工智能、生物医疗等高端产业的研发力度，紧盯科技前沿，瞄准未来产业，促进产业升级换代，力争在“工业4.0”时代的未来产业领域中把握更多的发展先机。各湾区在发展过程中形成了各自相对独特的文化内涵和定位，值得研究和借鉴。

旧金山湾区：“高科技湾区”。拥有世界知名的硅谷以及斯坦福大学、加利福尼亚大学伯克利分校等20多所著名科技研究型大学，主打以硅谷为特色的高科技研发。湾区内高技术从业人员密集，多所世界知名高校和科研机构组成雄厚的研发力量。旧金山湾区是大批科技巨头企业全球总部所在地。旧金山湾区营业收入以互联网软件与服务、互联网零售、家庭娱乐软件、应用软件等与互联网直接相关行业为主。

纽约湾区：“金融湾区”。纽约湾区是世界金融中心，其中金融业、奢侈品

① 蒋婷婷，叶臻，谢富纪. 基于国际比较的我国创意产业竞争力跃迁研究［J］. 现代管理科学，2012（4）.

业和都市文化都具有世界级影响力。纽约湾区借助世界金融、贸易核心的优越条件，建设全球媒体、会展和娱乐之都。纽约湾区汇集纽交所和纳斯达克证券交易所，全美六大银行和近3000家全球银行、证券、保险、期货等机构的总部。纽约湾区的金融优势促使创意产业和科技创新产业迅猛发展并成为近年来纽约湾区最为亮眼的两大产业。文创行业主要是电影与娱乐、有线电视和卫星电视、广告、广播、出版等。

东京湾区："产业湾区"。东京湾区拥有庞大的产业集群，将国际物流、贸易中心的优势发挥到极致，促进了文创高新制造业的发展。东京湾区拥有日本最大的工业城市群和国际金融中心、交通中心、商贸中心和消费中心。钢铁、石油化工、现代物流、装备制造和游戏动漫、高新技术等产业十分发达。东京湾区营业收入主要是消费类电子产品、广告、商业印刷、电脑与电子产品零售等。文化创意产品制造类行业成为东京湾区文化创意产业支柱行业。

相比较而言，粤港澳大湾区起点最低，但增长势头最为强劲。2001年粤港澳大湾区文创上市公司数量仅为四大湾区平均数量的16.26%、东京湾区的8.37%、纽约湾区的14.93%、旧金山湾区的20.20%，但却以年均10.5%的增速，在2008年反超旧金山湾区8家，2015年迎头赶超纽约湾区7家，增至四大湾区中的第2位[①]。2021年《财富》世界500强企业中，粤港澳大湾区上榜企业25家，首次超越纽约湾区。粤港澳大湾区产业结构相对全面。与旧金山湾区相似，粤港澳大湾区兼具金融业和创新科技两个支点。文化创意产业营业收入结构呈先集中后分散的趋势，表现出被社会需求、技术发展、规划要求等因素不断重塑，但新兴产业和高端要素集聚度仍然相对较低，产业转型升级仍需进一步突破。

自20世纪90年代以来，全球的文化创意产业发展大致经历着相似的状况。一是新的文化创意产业集聚区不断增多。伴随着冷战结束与世界贸易组织的建立，生产国际化程度加深，国际贸易大幅增长，资本扩张和旅游业爆发式增长刺激了城市的文化设施（包括博物馆、剧院等）大规模新建、翻新和扩张，形成新的文

① 臧志彭，伍倩颖．世界四大湾区文化创意产业结构演化比较：基于2001—2016年全球文创上市公司的实证研究［J］．山东大学学报（哲学社会科学版），2019（1）．

化创意产业集聚区。二是互联网和数字技术的发展带给文化创意产业变革式的影响，数字经济崛起，为文化创意工作者提供了更多的选择，孕育出新方向和新业态。世界各国都已经意识到文化创意产业在拉动经济发展中的重要作用，试图借助文化创意产业进一步增强自身实力。全球文化创意产业正在蓬勃发展，拥抱新技术和商业市场带来的机遇。

» 第二节　我国发展文化创意产业的意义及前海的机遇

在新的经济形势下，我国的文化创意产业蓬勃发展，成为市场经济的重要组成部分，与国家文化建设部署目标一致，是国家文化软实力提升的关键所在。虽然此项产业起步较晚，但通过有效的引导、积极的探索也渐成规模[①]。在国家和地方政策的鼓励下，我国文化产业进入快速发展的新时期，同时面临一场从“中国制造”到“中国创造”转型升级的严峻考验。

一、我国文化创意产业发展现状

（一）文化创意产业已成为经济增长的新动力

自2000年我国提出文化产业的概念以来，我国文化产业发展迅速，取得了显著成效，增速远高于整体国民经济增速，已成为经济增长的新动力。据国家统计局发布的数据，2016年文化产业增加值为30254亿元，首次突破3万亿元，占GDP的比重为4.07%，首次突破4%。2021年，全国规模以上文化产业实现营业收入119064亿元，比上年增长16%，九大文化行业营业收入与上年相比均实现两位数增长。文化产业在经济增长中的地位和作用日益上升。2020年前三季度，全国6万家规模以上文化及相关产业企业实现营业收入66119亿元，比上年同期下降0.6%；文化新业态特征较为明显的16个行业小类实现营业收入21229亿元，增长21.9%。

① 闫莹．中国文化创意产业良性发展路径探究［J］．文化产业，2021（36）．

（二）文化产业数字化进程加速

截至2020年6月，我国互联网普及率达到67%，网民规模9.4亿，个性化、网络化的文化消费需求持续攀升。文化消费市场的不断扩大，对服务贸易的驱动作用日益明显，对外文化贸易结构持续升级优化。随着5G+8K、人工智能、区块链等技术发展，文化消费新场景不断解锁，新兴业态不断出现，数字文化资源规模化、集成化进程提速，数字文化产业发展动力强劲。

受“十三五”“十四五”数字化战略、文化产业政策等多重因素刺激，数字文化经济的活跃度提升。2021年文化和旅游部发布《“十四五”文化产业发展规划》，提出要加快发展新型文化业态、改造提升传统文化业态，包括培育壮大线上演播、数字创意、数字艺术、数字娱乐、沉浸式体验等新型文化业态，强化科技在演艺、娱乐等传统文化行业的应用。2022年中共中央办公厅、国务院办公厅印发《关于推进实施国家文化数字化战略的意见》。这反映出我国文化产业发生了巨大的结构变迁，数字文化产业的重要性不断凸显，步入以数字文化产业为主要特征的新时代。国家统计局数据显示，2021年全国规模以上文化及相关产业中，数字文化新业态特征较为明显的16个行业小类实现营业收入39623亿元，比上年增长18.9%，两年平均增长20.5%。

（三）“文化+科技”产业融合日渐明显

在构建“双循环”新发展格局的背景下，“文化+科技”融合发展将使我国文化产业面向更加广阔的全球市场，驱动产业发展空间不断增长。“互联网+”促进文化产业集约化经营，“一带一路”促进文化产业跨地融合。文化大数据、数字内容、媒体融合、智慧文旅、人工智能、数字文博等成为产业融合的新热点，并不断催生出新场景、新模式、新业态。

（四）以集群化为特点协同发展

我国文化创意产业已经初步形成了以国家级文化创意产业示范园区和基地为龙头，以省市级文化创意产业园区和基地为骨干，以各地特色文化产业群为支点，共同推动文化创意产业加快发展的格局。我国文化创意产业已呈规模化发展，产业集群集聚效应不断提升，逐渐培育出各具特色、充满活力的文化创意产业园区。文化创意产业成为城市经济的重要支柱产业。

二、文化创意是促进产业转型的重要途径

文化创意促进产业转型。文化产业可以通过改变传统产业生产方式，形成开放的、网络化的和智能化的新型文化生产体系，激发产业发展新动能；还可以和其他产业融合发展，促进产业创新和结构优化，有效地推动经济转型和经济创新。从粤港澳大湾区发达地区的文化创意产业的发展实践来看，通过文化创意的发展，产业转型取得了积极成效。比如香港特区政府为优化经济结构，全力支持创意产业，目前创意产业已成为香港快速增长的产业之一。

我国的文化创意产业园区建设初具规模，正在向智慧型园区转型升级，由国内区域集聚向国际协同发展。一些文化企业开始在美国、欧洲等发达地区建设文化创意产业园区。未来将有更多的企业和园区探讨在海外建立文化创意产业园区，国际合作园区也将不断出现，促进不同文化创意产业园区良性互动。

我国文化创意产业虽然发展迅速，但还存在诸如盲目投资、文化产业与地方经济衔接不紧密、政策法规不健全等问题①。新兴产业和高端要素集聚度仍然较低，产业转型升级仍需进一步突破。我国文化产业正面临一场从“中国制造”到“中国创造”转型升级的严峻考验。

为促进我国文化创意产业高质量发展，构建特色鲜明、附加值高、原创性强、成长性好的现代文化创意产业体系，优先在大都市区域布局适宜的文化产业，选择综合条件较好地区，结合当地特色文化优势，优化文化产业发展环境，以内容创新为文化产业发展之本，大力发展文化科技、文化金融，推动创意产业集聚，培育新的创意产业群落，形成文化产业和创意产业互动发展态势②。这是我国文化产业转型升级、增强核心竞争力的重要途径。

三、前海发展文化创意产业的机遇

国家实施文化产业数字化战略为前海发展文化创意产业带来新机遇，粤港澳

---

① 张晓欢. 有效推动文化产业与地方经济互促发展［N］. 经济参考报，2021-08-24（A07）.
② 同上。

大湾区文化创新发展为前海文化创意产业迎来新格局。

（一）数字化战略政策带来新机遇

前海所在的深圳经济特区是珠江三角洲和中国经济最活跃的区域。深圳经济总量位居全国城市前列，是中国经济效益最好的城市之一。深圳借助“十三五”“十四五”时期文化产业发展的重大机遇，巩固了文化产业的支柱产业地位，加快推进了文化产业与相关产业的融合，为前海发展文化创意产业提供了坚实的基础。

《“十三五”国家战略性新兴产业发展规划》将数字创意产业作为目标年产值达10万亿元级的五大重要板块之一，纳入战略性新兴产业范畴。国家统计局发布的《战略性新兴产业分类（2018）》明确数字创意产业主要覆盖四个领域：数字创意技术设备制造、数字文化创意活动、设计服务和数字创意与融合服务。“十三五”期间，深圳市委、市政府高度重视文化产业创新发展，文化产业总量规模快速增长，产业结构不断优化，企业整体竞争力大幅提升，新型文化业态加快涌现，文化科技融合效应日益凸显，对外文化贸易规模不断扩大，创意设计、动漫游戏、网络文化等行业在全国的竞争优势明显提升，进一步巩固了文化产业在深圳的支柱产业地位。

“十四五”时期是我国开启全面建设社会主义现代化国家新征程的第一个五年，是深圳实现建设中国特色社会主义先行示范区第一阶段发展目标的五年。《中共中央关于制定国民经济和社会发展第十四个五年规划和二〇三五年远景目标的建议》提出，“实施文化产业数字化战略，加快发展新型文化企业、文化业态、文化消费模式”。

随着全面建成小康社会，深圳市民收入水平不断提升，文化消费在居民消费中的比重显著提升，将对文化产业发展带来新的需求。新一轮科技创新和产业变革加速推进，新技术在文化产业中的应用场景日趋广泛，创意设计、数字创意、时尚文化等优势产业前景广阔，文化科技、文化金融、文化贸易等全面发展，文化创意与相关产业融合加快演进，文化产业发展面临重大机遇。

（二）粤港澳大湾区文化创意产业发展迎来新机遇

粤港澳大湾区文化创意产业发展迎来重大政策利好。粤港澳大湾区强调深度融合发展和资源要素的自由流动，对提升前海文化贸易有辐射联动作用，这是前海文化产业“走出去”的机遇。

《粤港澳大湾区发展规划纲要》（简称《规划纲要》）提及“文化”71次、“创新”139次，对大湾区优秀传统文化传承与创新、文化产业协同发展、文化旅游与体育合作机制创新等方面提出了一系列新目标、新要求。《规划纲要》要求粤港澳三地合力推进大湾区政治、经济、文化、社会与生态的全面发展，发挥粤港澳大湾区的辐射作用，带动广东经济协调发展。

为了更好地实施粤港澳大湾区战略，2019年8月18日《中共中央　国务院关于支持深圳建设中国特色社会主义先行示范区的意见》发布，提出深圳要大力弘扬粤港澳大湾区人文精神，与香港、澳门联合举办文化艺术活动，开展跨界重大文化遗产保护，加强数字创意产业合作，用好香港、澳门会展资源和行业优势等。

新发展格局孕育着新发展机遇。政策支持意味着粤港澳大湾区将在促进文化和旅游产业现代化、国际化、协同化发展方面形成强大的合力，不断彰显粤港澳大湾区独特的文化魅力。应充分发挥粤港澳地域相近、文脉相亲的优势，共同发展文化产业，共建人文湾区。粤港澳大湾区将协力完善文化创意产业体系，发挥大湾区城市中西文化长期交汇共存等综合优势，进一步扩大中华传统文化对外开放的领域，开辟中华文化对外合作的渠道，丰富中华文化“走出去”的形式，提升大湾区特色文化产业的国际影响力。作为粤港澳大湾区“桥头堡”的前海，文化创意产业发展也将迎来新机遇。

» 第三节　前海发展文化创意产业的优势和重点领域

一、前海发展文化创意产业的优势

作为中国开放程度最高、经济活力最强劲的区域之一，前海拥有经济特区、粤港澳大湾区、深圳先行示范区、自贸试验区和深港合作区“五区”叠加的政策利好。“五区”叠加使前海成为文化协同创新发展的最佳示范区。前海在推动突破性政策先行先试、探索粤港澳三地文化合作机制创新方面有优势。

（一）前海有较强的区位优势和政策优势

在前海发展文化创意产业，有较强的区位优势和政策优势：能在依托国家自主创新示范区、国家文化和科技融合示范基地、国家文化产业示范基地的基础上，既享受前海的特殊政策，又享有前海湾保税港区的系列优惠政策，形成政策叠加效应和产业集聚优势。前海新增文化创意扶持领域，围绕广播影视、动漫、音像、传媒、视觉艺术、表演艺术、工艺与设计、雕塑、环境艺术、广告装潢、服装设计、软件和计算机服务等领域开展有利于采用技术、创意等方式推动文化产业蓬勃发展的项目。2020年，《深圳市文化产业发展专项资金资助办法》（简称《办法》）出台。《办法》包括了促进自主创新、加强创意引领、培育产业主体、鼓励内容原创、推动聚集发展、拓展国内外市场、构建产业服务平台、完善金融支持体系、优化发展环境共9个方面。前海在突破性政策上先行先试，成为文化创意产业先导区。

（二）前海能发挥港澳在国际贸易和文化交流领域的优势

前海发展文化创意产业，可探索粤港澳三地文化合作机制创新。前海推进粤港澳三地金融资本合作，探索文化版权贸易和文化投融资领域的深度合作。以总部文化企业、文化产业园区为核心，建设文化产业协同创新发展平台，推进文化产业相关主体跨区域联动发展，完善文化新兴业态产业链，优化粤港澳中小文化企业发展环境，形成总部企业、领军企业、中小企业的梯次发展结构。

借力于政策叠加效应，服务构建新发展格局，以高质量发展为主题，激发文化创新创造活力，积极拓展对外文化贸易，率先发展更具竞争力的文化产业，前海自贸区必将打造具有国际竞争力的文化新兴业态产业集群，推进文化协同创新发展。

二、前海发展文化创意产业的重点领域

《前海方案》提出，“在审慎监管和完善风险防控前提下，支持前海打造面向海外市场的文化产品开发、创作、发行和集散基地”。

利用前述基础和综合优势，前海在文化进出口政策、文化科技、文化产权交易、文化金融等多个领域进行创新试点，力图打造国际文化贸易服务平台、文化金融服务平台、国际知识产权交易服务平台，为文化创意产业的发展提供全链条服务。

（一）打造国际文化贸易服务平台

2013年12月，广东省文化厅转发文化部批复文件（文外函〔2013〕1737号）：同意将深圳报业集团在前海深港现代服务业合作区第九功能单元区的对外文化贸易服务平台（深圳创意信息港）命名为国家对外文化贸易基地（简称“基地”）。

国家把对外文化贸易基地落户前海，是部、省、市推动对外文化贸易，打造文化产业升级版，探索文化贸易新模式，建设海上丝绸之路的重要举措。此举将发挥基地毗邻港澳和东南亚优势，建成我国与东盟和南亚发展文化经贸合作的“桥头堡”、对外文化贸易先行区。

基地采取“平台+园区”模式，以深圳市创意文化中心为基地运营机构，将基地8个专业服务平台、两大园区及集团内外文化产业服务资源链接起来，形成完整的文化贸易服务链。广义上的基地运营依靠文博会、文交所等9个平台加上深圳的54个现有园区（基地）以及将来增加的园区。

基地发挥我国境外经贸代表机构的作用，积极与海外相关机构合作，举办文化创意产业投资贸易推介活动，推动企业开展国际合作，引导、服务企业开拓国际市场。将充分利用香港国际金融、贸易、航运中心的国际窗口优势条件，与香港商贸机构在创意产业和文化贸易方面密切合作。同时，充分利用深圳及前海优势，为深圳与国际其他城市文化企业提供全方位、高品质的服务。

基地借力文博会，积极引入国际重要展会机构，利用基地品牌推动建立国际文化创意产业展会联盟：一是组织和支持深圳和华南文化企业参加境外重要创意设计展、动漫游戏展、文化艺术节等；二是利用基地品牌与国际重要展会进行品牌合作，在深圳打造类似巴赛尔国际艺术博览会、巴黎时装周、威尼斯国际建筑双年展、爱丁堡艺术节等文化会展品牌，成为对珠三角及东南亚有直接辐射作用的国际文化创意展示交易中心。不断提升中国（深圳）国际文化产业博览交易会国际化、市场化、专业化水平，将其打造成为全球文化会展核心平台。

基地充分发挥深圳市创意文化中心作用，在部、省、市支持下，积极与33个创意城市、54个国际友好城市、东南亚城市及港澳台开展文化交流和经贸合作。开展“中国创意”“中国创造”品牌推广活动。

基地利用国家优惠政策、国际营销渠道与交流平台，打造高度融合的文化贸易服务链，形成一个提供从创意设计到国外销售全链条服务的对外文化贸易服务平台。基地成为我国现代海上丝绸之路重要的文化产品和文化服务进出口集散地，推动我国优秀文化产品和文化服务“走出去”。

（二）打造文化金融服务平台

借助前海金融开放创新政策及区位优势，在前海设立国家文化金融合作试验区，创建文化与金融合作示范区，集中优质资源先行先试，探索建立文化、金融、财政等多部门沟通协作机制，推动文化与金融的融合与变革，探索符合本地区特点的文化金融创新模式。

前海通过优化文化产业金融支持政策、推动文化金融产品创新、搭建文化金融服务平台等多项措施，推动“文化+金融”在前海的发展，具体如下。

进一步优化文化产业金融支持政策。文化创意产业被列入前海税收优惠产业目录。在预算安排上提高金融支持文化产业投入比例，确保对文化产业的财政投入逐年增长。完善文化产业重点项目扶持资金管理办法，建立风险补偿体系。加快文化产业集聚区的基础设施建设和公共服务平台建设，形成文化产业园区，推动实现文化产业发展的规模效益。

推动文化金融合作计划。在符合金融监管规定的前提下，鼓励金融资本、社会资本与文化资源相结合。支持商业银行设立文化特色银行，为文化企业提供创新性、专业化、精准化的金融服务。支持开展文化产业保险服务。支持文化企业发债或上市融资。鼓励版权质押贷款、版权信托、版权供应链金融、文化产业投资基金等文化金融业态发展。

推动文化金融产品创新。依托已有跨境金融优势，鼓励推动文化金融担保优惠措施，促进文化金融融合发展，引导银行研发适合文化企业的信贷产品。在保险方面，培育文化保险市场，开发文化企业专属保险产品；在创新金融方面，积极审慎推进互联网金融与众筹融资平台支持文化企业，推动内容产业众筹、IP金融以及以区块链为标志的文化金融等。

鼓励搭建文化金融服务平台。如尝试组建文化金融联盟，或者文化金融中心，举办以“文化金融”为主题的峰会、论坛等，为文化金融的发展提供更广阔的平台。鼓励传统金融机构、中介机构等培养专业跨界人才，积极开展文化金融业务或创新文化金融产品，加强对文化产业的支持。

（三）打造国际知识产权交易服务平台

前海是《深圳经济特区知识产权保护条例》规定的知识产权保护工作示范区。前海高度重视知识产权保护工作，深入贯彻落实《中共中央 国务院关于支持深圳建设中国特色社会主义先行示范区的意见》《粤港澳大湾区发展规划纲要》中关于建设知识产权高地的部署，充分运用自贸区和合作区先行先试政策，深入实施创新驱动发展战略，推进全面创新改革试验，力图打通知识产权保护、运用、创造、管理、服务全链条，打造前海国际知识产权高地。

2018年12月26日，经国家知识产权局批复同意，深圳市首个国家级知识产权保护中心——中国（深圳）知识产权保护中心——在前海挂牌运行，面向新能源和互联网产业开展快速审查、确权和维权。

2019年11月26日，深圳市知识产权“一站式”协同保护平台在位于前海的中国（深圳）知识产权保护中心正式启动，包括深圳国际仲裁院、前海法院、前海检察院多家前海单位在内的首批8家知识产权保护机构集中进驻中心并挂牌运行。

2019年10月24日，国家版权创新发展基地在前海深港现代服务业合作区正式揭牌。前海将利用独特的制度创新优势，促进版权产业机制创新、版权产业技术与标准创新、版权运营与服务模式创新，以高站位、宽视野、大格局做好基地总体规划。为推动形成健康的版权产业链探索“前海模式”、打造“深圳标准”，在版权领域助力粤港澳大湾区发展和深圳社会主义先行示范区建设。推动版权示范园区、中国版权保护中心粤港澳版权登记大厅等建设，鼓励支持版权输出，构建版权登记、保护和交易平台。支持知识产权服务机构为文化企业提供专门服务。

2020年4月26日，位于前海的中国（深圳）知识产权保护中心，经国家知识产权局批准设立国家海外知识产权纠纷应对指导中心深圳分中心。又一国家级知识产权“金字招牌”在前海落地。

深圳市中级人民法院深圳知识产权法庭、中国（深圳）知识产权保护中心、前海法院、前海检察院、华南高科技和知识产权仲裁中心、知识产权司法鉴定机构、知识产权专业律师事务所和其他知识产权高端服务机构已齐聚前海，形成了以司法保护为主导，行政保护为支撑，仲裁调解、行业自律和社会监督为补充的知识产权多元保护机制，打通知识产权保护、运用、创造、管理、服务全链条。

依托国际文化贸易服务平台，形成文化产品从创意设计到国外销售的全链条服务；依托文化金融服务平台，打通文化产品投融资、交易、担保全链条服务；依托国际知识产权交易平台，建立文化产品知识产权保护、运用、创造、管理全链条服务。前海正形成一个“面向海外市场的文化产品开发、创作、发行和集散基地”。

» 第四节　打造文化软实力基地

《前海方案》提出，“稳妥有序扩大文化领域对外开放，建设多种文化开放共荣的文化交流互鉴平台，打造文化软实力基地。”这是前海文化创新产业发展的定位和使命，也是前海文化创新产业发展的重大意义。

立足深圳文化基础，发挥全国示范效应，密切深港合作，放眼全球视野，通过前海打造一个文化进出口高端服务平台，辐射港澳、东南亚乃至全球文化市场，带动泛珠三角文化产品和文化服务进出口。这不仅能促进中国特色文化产业和世界文化产业潮流有机融合，也能将“文化+科技”的双轮驱动效应进一步体现在与产业发展相适应的产业配套、金融服务体系、现代文化治理体系以及相关制度的创新中，促进不同文化创意产业园区良性互动。

依托面向海外市场的文化产品开发、创作、发行和集散基地，前海将稳妥有序扩大文化领域对外开放，共建粤港澳人文湾区，探索深港创意文化合作新方式。

一、共建粤港澳人文湾区，推动中外文化交流互鉴

《粤港澳大湾区发展规划纲要》（简称《规划纲要》）第八章第二节提出“塑造湾区人文精神”。要充分发挥粤港澳地域相近、文脉相亲的优势，共同发展文化产业，共建人文湾区。《规划纲要》提出“共建人文湾区”“塑造湾区人文精神”“共同推动文化繁荣发展”“加强粤港澳青少年交流”“推动中外文化交流互鉴”等发展目标。

在粤港澳大湾区建设领导小组框架下，完善粤港澳文化协同创新沟通机制，发挥粤港澳文化合作会议的积极作用，发挥三地政府的引导作用，推动更多粤港

澳三地文化交流合作的措施和项目；在《内地与香港关于建立更紧密经贸关系的安排》（CEPA）框架下，建立以文化贸易为核心的沟通机制，推动湾区文化市场主体交流与合作，这是《规划纲要》落实的重要工作。前海充分发挥湾区发展核心引擎作用，利用自身的政策优势、区位优势、创新优势、活力优势和开放包容的文化优势，在人文建设中主动积极落实各项合作措施和项目。同向发力、共建共享，打造具有国际竞争力的大湾区文化产业圈。

（一）充分利用深圳“创意设计之都”的特点，加强深港、深澳在创意设计等领域的合作

办好深港设计双年展、深澳创意周等大湾区文化产业交流合作活动；打造大湾区文化会展品牌，如深圳文博会、国际湾区文化电影节等；探索传统文化内容的数字化呈现方式，重点推动文物古迹、世界文化遗产和非物质文化遗产等中华优秀传统文化内容的数字化创新，增强粤港澳大湾区数字文化内容生产能力；引导湾区传统制造业转型发展高端文化装备生产，重点推动广电影视装备、移动互联装备、印刷装备、舞台演艺装备、影院装备、游戏（艺）娱乐装备、文化教育装备等文化装备的生产研发能力；强化粤港澳三地文化市场主体，在新闻出版广播影视产业、音乐产业、时尚产业、体育产业、文化旅游等相关业态的产业合作和资源对接，构建剧院联盟、演艺联盟、文旅联盟、文博联盟等系列文化联盟，共同推进湾区文化产业发展。

（二）发挥前海体制机制优势，建设国际文化总部企业，吸引国际重大文化项目落地粤港澳大湾区

这一举措能促进相关产业要素发展和产业链建设，推动湾区文化产业创新发展，为湾区培育富有活力的文化新业态集群。粤港澳大湾区文化产业的转型升级重点在于走向跨界融合的创意经济。粤港澳大湾区发展论坛组委会从国家战略及市场导向出发，规划打造网红直播国际总部，以直播的形式构建集制造经济、结算经济、峰会经济、金融经济等于一体的总部平台，助推粤港澳大湾区文化产业转型升级发展①。2020年8月7日，深圳举办了首届粤港澳大湾区直播文化节，

① 涂成林，苏泽群，李罗力. 粤港澳大湾区蓝皮书：中国粤港澳大湾区改革创新报告（2020）［M］. 北京：社会科学文献出版社，2020.

通过播放网络点播视频和在线直播两种形式，引领行业推动线上与线下的文化消费，引导社会支持文化创新创业，拉动经济、刺激消费，为文化产业提供精准的服务与支持。

（三）加大对文化、教育项目的建设支持力度，配合大湾区共同打造教育和人才高地、高水平科技创新载体和平台

设立文化创新专项扶持资金，资助文化产业园区建设，增加湾区文化产业发展空间；奖励总部文化企业、领军型文化企业，提升湾区文化创新业态集聚效应；资助公共服务和技术平台、实验室、研发中心建设，提升湾区产业服务能力；奖励文化原创作品，资助文化展会和公共文化活动，营造湾区文化创新氛围。加强财政资金的引导作用，鼓励多元社会主体组建文化创新发展基金，引导社会力量加大文化创新投入。同时，鼓励引进高精尖文化创新人才，前海的总部企业引进全球排名前100名大学、全球排名前100名实验室、全球500强企业的优秀人才，国际学术前沿一流的科学家和创新团队，创新湾区文化人才培养模式。

（四）前海正建设成为我国现代海上丝绸之路重要的国际文化交流示范区

前海正在打造八大专业示范平台：国际文化贸易展示交易平台、创意城市网络国际文化交流合作平台、国际版权交易平台、文化产业国际投融资平台、国际文化品牌宣传推广平台、国际文化贸易人才交流培训平台、粤港国际文化贸易合作平台、国家对外文化贸易理论研究和政策创新平台等。借助这些平台，前海更新理念以适应国际文化交流新趋势、新局面、新挑战，壮大市场主力军参与国际文化交流与竞争；创新交流载体，创设国际品牌，创建国际标准以应对国际文化交流与竞争，增强在国际文化交流中的辐射影响力。

二、建设国际文化创新基地，探索深港文化创意合作新模式

《粤港澳大湾区发展规划纲要》提出，优化提升深圳前海深港现代服务业合作区功能，建设国际文化创意基地，探索深港文化创意合作新模式。前海作为深港合作的重要平台，联手香港深度参与实施国家战略，继续不断深化拓展深港合作领域和内涵，发挥香港、深圳强强联合的引领带动作用，深化深港合作，提升整体实力和全球影响力，引领粤港澳大湾区深度参与国际合作。

（一）深港合作在前海成立文创产业平台

2016年2月，香港特区政府与深圳市政府签署《香港特别行政区政府与深圳市人民政府关于促进创意产业合作的协议》，旨在探讨在前海成立文创产业平台，推动两地设计创意领域的深度合作。项目定位为以深港新兴的文创产业为支撑，融合香港国际化设计资源和深圳广阔的市场需求，打造以文创为核心，以设计、影视、科技、金融、信息为外延的“1+N”产业平台。项目主要有三个：一是依托妈湾深港设计创意产业园、前海深港创新中心，加速建设前海深港文创小镇，推动深港文化创意产业在前海集聚，争取吸引更多深港文创产业专业人士和项目落户前海。二是进一步优化文化产业金融支持政策。在预算安排上提高金融支持文化产业投入比例，确保对文化产业的财政投入逐年增长。加快文化产业集聚区的基础设施建设和公共服务平台建设，形成文化产业园区，推动实现文化产业发展的规模效益。三是建立健全文化服务联盟。促进文化商业银行、文化互助担保、文化共同基金、文化交易所、文化金融中介、文化诚信体系等协同发展。

（二）推动深港文创合作平台的落地实施

已有或正在建设中的深港文创合作平台如下：

前海深港设计创意产业园。打造前海深港设计创意产业园，旨在充分挖掘深港文创设计产业合作的巨大潜力，为香港文创设计产业拓展发展空间，将前海打造成国际一流的文化创意基地，为香港企业和香港青年发展创造更好条件、营造一流环境。经香港特区政府、深圳市政府、招商局集团三方研究，提出打造一期命名为“二元桥”的前海深港设计创意产业园项目，寓意深港创意设计的交流合作，促进多元产业发展。

前海深港青年梦工场。前海深港青年梦工场是深圳市前海管理局投资建立的国际化青年创新创业中心。以粤港澳初创型、生长型企业及孵化、研发机构为主要客户，重点支持智能硬件、AI和芯片设计、移动互联网、文化创意等四大范畴创业项目，打造科技时髦、开放共享、聪慧生机、个性互动的全球科技创新者汇集生长空间。作为服务粤港澳及世界青年创新创业、帮助广大青年实现创业梦想的国际化服务平台，集聚国际一流的创业资源与优质服务，孵化出一批高技术、高质量的企业。

前海深港文创小镇。前海深港文创小镇项目定位为以深港新兴的文创产业为支撑，融合香港国际化文创资源和内地广阔的市场需求，打造以文创为核心，以设计、影视、科技、金融、信息为外延的“1+N”产业融合平台，为港澳青年在内地创新创业提供舞台，实现深港文创合作平台的落地实施。该项目是前海推进深港合作的重要抓手，对深港文创产业合作的探索实践具有重要意义。

前海自贸区发展年报数据显示，2020年，前海合作区文创产业新增注册企业543家，增长38.5%；累计注册企业7540家，开业率56.1%；纳税总额5.72亿元，下降36.9%。港资企业发挥重要作用，港资文创企业共计495家，纳税500万元以上5家，合计纳税总额约2.5亿元；营业收入亿元以上企业4家。

三、建设“世界级湾区城市客厅”，提升软实力

广东省第十二次党代会、深圳市委六届七次全会赋予前海“城市新中心”的定位要求，深圳市委六届九次全会、市政府工作报告对前海城市新中心规划建设作出任务部署。

在前海城市新中心建设规划中，制定了2018—2020年“三年行动计划”，包括6大类219个项目约1400亿元的投资，除了前海深港文创小镇、前海深港设计创意产业园、前海深港青年梦工场等，更有前海的未来文化地标——深圳文博会、中国国家博物馆·深圳馆、前海城市新中心地标、前海国际会议中心、伯克利未来音乐中心、国际学校等，前海把这一规划称为“世界级湾区城市客厅”。

（一）深圳文博会推动中国文化“走出去”

深圳文博会［全称为中国（深圳）国际文化产业博览交易会］是我国唯一一个国家级、国际化、综合性文化产业博览交易会，被誉为“中国文化产业第一展”。从创立之初，深圳文博会就明确了推动中国文化“走出去”的使命，目标是办成国际会展品牌。深圳文博会的全国影响力和全球辐射力越来越强，大步向国际知名品牌迈进。经过10多年的培育，深圳文博会已经成长为中国重要的文化产业项目投融资平台，是中国文化产品和服务走向世界的一个平台，亦是海内外文化与交流合作的平台。九届深圳文博会累计总成交额突破8000亿元，总出口额达850亿元。

（二）中国国家博物馆·深圳馆将建设成为文物藏品征集交流的重要基地

2018年9月13日，深圳市政府与国家博物馆在深签署战略合作框架协议，将

合作建设深圳新十大文化设施之一的中国国家博物馆·深圳馆，同时在藏品征集、科研、展览、公共教育、文创开发等领域广泛开展战略合作，共同推进博物馆事业健康发展。根据双方签署的战略合作框架协议，双方合作组建运营团队，努力将中国国家博物馆·深圳馆建设成为深圳城市新的文化地标，成为国家博物馆与地方合作的新标杆。同时，双方将合作开展文物藏品征集交流，将中国国家博物馆·深圳馆建设成为国家博物馆面向东南亚、中亚、西亚、非洲乃至世界范围征集外国文物的重要基地。该博物馆选址前海深港现代服务业合作区前湾片区，将打造成为国内乃至国际一流的国家级大型综合性博物馆和城市名片。

（三）打造集现代音乐产、学、研、演为一体的伯克利未来音乐中心

2019年4月30日，深圳市前海管理局与美国伯克利音乐学院、深圳合纵文化集团签署合作备忘录，三方将共同在前海打造集现代音乐产、学、研、演为一体的伯克利未来音乐中心。伯克利音乐学院将把自身特点和深圳的创新创意、前海的体制机制优势充分结合起来，提供更多世界级、高水准、多样性的文化产品，吸引更多年轻的音乐人才来到深圳这座梦想之城，为提升深圳在国际文化领域的知名度、影响力发挥积极作用。

前海既承载着巨大的历史责任，又蕴含着深厚的人文情怀，既要打造成为现代化经济体系的新高地，也要打造成为文化开放创新融合的新高地，实现国际化新城市中心的时代功能。发达国家和地区的先进经验表明，以文化为先导的创新和发展对于区域的成长、成熟有着不可替代的重要核心作用。前海站在新的历史节点上，学习借鉴世界发达国家和湾区的成功经验，用好用足国家赋予前海“先行先试”的特殊政策，培育和壮大文化艺术软实力，对于前海具有不可替代的意义。

四、提升公共文化服务水平，锻造新时代文化传播力

（一）构建国际化城市新中心公共文化服务体系

加快构建普惠性、高质量、可持续的公共文化服务。提升公共文化服务设施规划建设水平，研究制定统一的有约束力的前海标准。促进基本公共文化服务标准化、均等化，更好地满足人民群众精神文化需求，提高全民文化素质。加快建设“新时代文化设施”，打造国际一流城市文化地标；优化基层文化服务体系，

实现街道、社区等基层综合公共文化设施全覆盖；鼓励社会组织参与社区文明创建活动，在开展文化、教育、体育、科普、慈善等活动中积极践行社会主义核心价值观，形成向上向善、孝亲敬老、与邻为善、守望互助的良好社区氛围。

（二）打造新时代文化活动展示示范区

积极申办国家级、国际化文化活动，满足国际化多元文化需求。打造前海文化名片，高品质打造全域文化体育旅游目的地，高水平承接举办世界级赛事和文化节庆活动，积极发展成为享誉全球、吸引国内外游客的文体旅新地标。借助全市搭建的全媒体外宣、大湾区新媒体传播、港澳本地化传播三大平台，畅通国家级对外传播、个人化对外传播、外媒传播三个渠道，借助多方力量和资源，构建“3+3+3+N”对外宣传矩阵，创新推进国际传播，成为国家外宣战略前沿基地。

第九章

CHAPTER 9

前海会展业的协同发展与制度创新

依托深圳国际会展中心，推动会展与科技、产业、旅游、消费的融合发展，打造国际一流系列会展品牌，积极承办主场外交活动。

——《全面深化前海深港现代服务业合作区改革开放方案》

会展业是现代服务业的重要组成部分，在产业发展规模壮大的同时拉动关联产业加速发展，在城市发展中具有十分重要的经济效益与社会效益。会展业直接的经济效益体现在搭建费、场租费等收入方面，更为重要的是，在会展业发展产生的要素流动中，商贸、广告、餐饮、住宿、通信、交通、娱乐、旅游等相关配套行业也被带动而发展。近年来，伴随着我国经济发展和国际化进程加快，会展业发展取得巨大成效。会展业设施完善，内容和形式丰富多样，在数字化时代呈现出新的特点与趋势，成为重要的新经济产业之一。《前海方案》提出，要“依托深圳国际会展中心，推动会展与科技、产业、旅游、消费的融合发展，打造国际一流系列会展品牌，积极承办主场外交活动”。推动前海会展业的协同创新发展，既有助于为前海现代服务业培育新的经济增长点，又有助于扩展深港现代服务业合作空间，为提升粤港澳合作水平、构建对外开放新格局发挥示范效应与提供崭新样本。

» 第一节　会展业的发展特点和趋势

一、大型化、多功能化是会展业发展的重要趋势

（一）我国会展业发展迅猛

会展业是国家综合经济实力和经济发展水平的重要体现。发达国家如德国、法国、英国等的会展业整体实力强，在展出规模、参展商数量、观众人数、国际参展商比例、贸易效果及服务水平等方面领先全球，世界大型的知名展会大多在欧洲举办。根据2022年1月国际展览业协会（UFI）发布的《2022年全球展览场馆地图》，欧洲共有488个室内展馆，总面积约1570万平方米，占世界展馆总面积的37%。在我国，近年来展览馆数量及室内可租用面积均呈现增长趋势。截至2021年底，上海国际展览中心和深圳国际会展中心的可展览面积超40万平方米，超越汉诺威展览中心，成为全球前两大会展场馆。根据《2021年度中国展览数据统计报告》，2021年，我国展览总面积从2011年的8173万平方米增长至2021年的9189万平方米，如表9-1所示。2021年是全国防控新冠疫情的第二年，展览行业逐步恢复，全国境内举办线下展览的城市由2020年的151个恢复至183个。虽然全国境内线下展览总数与2020年相比涨幅不大，但总规模有大幅增长，表明线下展览正在逐步恢复中。

表9-1 2011—2021年全国展览城市、展览数量与展览面积的变化

年份	展览城市/个	展览数量/场	同比	展览面积/万平方米	同比	平均面积/万平方米
2011	83	7330	—	8173	—	1.12
2012	101	6901	-5.85%	8250	0.94%	1.20
2013	124	6904	0.04%	8956	8.56%	1.30
2014	140	7495	8.56%	9736	8.71%	1.30
2015	161	8157	8.83%	10846	11.40%	1.33
2016	159	9892	21.27%	13075	20.55%	1.32
2017	175	10358	4.71%	14285	9.25%	1.38
2018	181	10889	5.13%	14456	1.20%	1.33
2019	187	11033	1.32%	14877	2.91%	1.35
2020	151	5408	-50.98%	7727	-48.06%	1.43
2021	183	5497	1.65%	9189	18.92%	1.67

资料来源：根据2011—2021年《中国展览数据统计报告》整理所得。

（二）会展业向大型化、多功能化、专业化和特色化发展

随着会展数量、展馆面积的增长，我国会展场馆建设在体量、功能、定位上趋向于大型化、多功能化发展。一是城市新建会展场馆普遍趋于大型化。新建场馆室内可供展览面积一般在10万平方米以上，上海、深圳新建场馆室内可供展览面积高达40万平方米以上，展览设施硬件水平已经达到国际领先水平。二是会展活动类型由单一化向多元化转变。会展场馆普遍兼备会议及展览功能，功能性与设计性的平衡成为会展场馆设计的方向。三是会展场馆功能定位更加多元化。中小型展馆发展方向以会议功能为主、展览功能为辅，在会议室设置、会议室规格、会议设施等方面提升会议接待的竞争力，同时，场馆与商业综合体相结合。在大型化、多功能化发展的趋势下，我国城市已经拥有会展品牌，由UFI认证的展览个数总体上稳步增加。2020年，北京、广州、上海获得UFI认证的展览总数达到44个，如表9-2所示。

表9-2　2014—2020年北京、广州、上海获得UFI认证的展览个数

单位：个

城市	年份						
	2014	2015	2016	2017	2018	2019	2020
广州	8	7	7	8	8	11	10
北京	17	18	14	14	15	10	9
上海	20	21	20	18	20	22	25

资料来源：根据2014—2020年《中国展览数据统计报告》整理所得。

同时，专业化和特色化成为会展业发展的趋势。举办特色鲜明的专业展是目前欧美展览大国的特点，专业化的展会有利于参会者更精准地锁定潜在的合作者。如德国根据行业和产品类别将展会作出合理细分，且在同一领域和行业进行更深入的划分，以满足不同参展商和客户的需求。此外，会展和旅游、重大节事活动等有机结合，推动会展形式从传统的静态陈列向融合商务洽谈、旅游观光、文化娱乐等综合性活动转变，通过“会展+”的丰富形式，进一步提升城市的知名度和影响力。

二、线上会展和双线会展逐步兴起

（一）线上会展趋势明显

数字信息化转型、配套附加服务拓展，催生了线上会展和双线会展的新业态。线上会展即网上会展，依托会展网络平台，展示企业产品及服务。双线会展是指线上、线下企业共同参与，会展企业在开展实体展会的同时，利用网络推动线上线下融合。在新技术的支持下，会展业加速数字化转型，线上会展加快速度发展。VR、AR、3D打印等新技术推动线上会展是现阶段会展业发展的趋势，会展业务积极依托O2O平台，“展会+B2B+精准营销”的创新商业模式成为会展业发展的重要方向。会展企业根据需求方和供应方的优质资源，提升O2O平台专业配套服务水平，可进一步提高展会质量。可以看出，在数字经济发展背景下，线上办展已成为趋势。

全球线上会展的发展以欧美地区为主，其线上会展起步早，已经具备成熟的产业链，通过运用先进的科技展示方式、日趋完善的功能与服务，设置各项互动

环节，在增强展览效果的同时提高沟通效率，节约社会资源，大多数企业已经习惯运用线上会展传递企业产品及服务信息①。

从我国看，线上会展近年来逐步发展。据不完全统计，2021年我国境内线上会展总计举办714场，同比增幅达13.69%②。2020年，商务部办公厅印发《关于创新展会服务模式培育展览业发展新动能有关工作的通知》，提出要积极引导、动员和扶持企业举办线上展会，充分运用5G、VR/AR、大数据等现代信息技术手段，举办"云展览"。2021年，中国贸促会展览管理办公室印发《关于创新展会服务模式的指导意见》，明确要探索运用新技术新手段创新展览业态和模式的新思路、新途径，为更多外贸参展企业和国外采购商提供在线交流洽谈的机会。在新技术发展及国家政策的支持下，线上会展将迎来更大的发展空间。

专栏9-1　第127届广交会线上会展

广交会创办于1957年，是中国目前历史最长、层次最高、规模最大、成交效果最好的综合性国际贸易盛会之一。2020年，第127届广交会以"广交云上、互利天下"为主题，充分利用数字技术在云端展示中外企业新产品，数十万采购商和数以百万计的中国外贸产业人员在24小时内不间断进行网上洽谈、在线签约。此次广交会还有直播模式，通过直播向采购商介绍产品；同时，还带有实时翻译以及回放功能，展会效果良好。

（二）线上、线下会展双线融合发展更趋紧密

近年来，数字线上展、代参展、双线双展等创新参展模式更趋成熟。据统计，2021年，我国举办境内线上展714场，其中同期举办境内线下展总数达到623场，占我国境内线上展举办总数的87.25%③（见图9-1）。其中广交会、进博会、服贸会等国家级展览皆为线下与线上双结合的办展模式，表明我国展会的双线融合发展更加紧密，线上辅助线下的功能得到广泛推广。

① 刘洋. 后疫情的"线上展会"分析：以广交会为例［J］. 会展前瞻，2021（2）.
② 中国会展经济研究会. 2021年度中国展览数据统计报告［R］. 2022.
③ 同上。

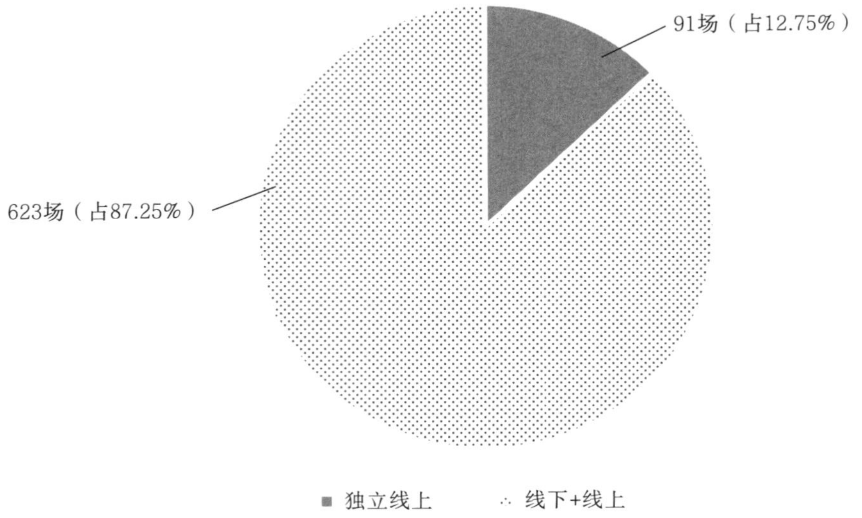

图9-1　2021年中国境内线上展情况

资料来源：《2021年度中国展览数据统计报告》。

专栏9-2　米奥会展：境内境外的线上线下服务融合模式

2016 年，米奥会展已启动数字化展览的技术开发，在2020年疫情刚开始的时候，便投入使用网展贸MAX数字展览。TradeChina数字展览由米奥会展创办，依托经营了多年的线下海外品牌展运营经验，积累了相当数量的展会买家资源和境外推广渠道。因为疫情暴发，大部分海外展会或者不同程度延迟或者直接取消，TradeChina数字展览利用MAX核心技术，依托外贸大数据和精准配对功能，在线重构“展示、撮合、商洽”三大展览核心模式，使外贸企业实现在家做外贸、在家找客商、在家拓市场的目标。米奥会展官网显示，2020年TradeChina跨境贸易综合服务平台上累计154个国家的2000多万家独立采购商数据，采购商行为数据超过15亿，数字展览平台注册买家128万，活跃供应商超过15万家。

三、国内外经济形势严峻，疫情对会展冲击较大

疫情暴发以来，全球会展行业受到巨大冲击。2020年我国各会展主办单位规模普遍下降，平均办展规模相当于2019年的58%，总办展数量相当于2019年的

48%[①]。相关调研显示，2021年，因疫情原因导致各类展会活动取消、延期、异地举办，选择线上、线下相结合的方式举办已经成为常态，近70%的主办机构选择了双线融合举办的方式[②]。因疫情全球展览业发展放缓，无论是发达经济体还是发展中经济体，基本难以完全恢复举办线下展会。我国境内办展中，国际化程度较高的展会也受到严重影响，如我国第一大展广交会，2020年被迫线下停办转线上，其他境内涉及国际展商及观众的展览内容大多受到较大影响。

疫情反复对我国对外参展影响更为明显。2021年，中国商业文化研究会国际会展与营销专业委员会《外展业现状调查报告》显示，2021年1～8月，超过80%的展商依旧未能如期出境参展，超过70%的中国出展企业员工收入受到巨大影响，超过50%的企业选择缩减办公面积。此外，100%的出展企业表示公司受到了疫情的影响，超过40%的出展企业表示影响较大，45%的出展企业表示影响极大。在疫情影响下，42%的出展企业选择转型线上展模式，30%的出展企业选择做跨境电商，18%的出展企业重启了境外线下展，24%的出展企业选择转型代参展模式[③]。

» 第二节　前海发展会展业的基础与优势

从德国、新加坡等会展业较为发达的国家和我国北京、上海等会展业较为发达的地区来看，其成功的重要因素包括地理位置优越、交通便利、会展场馆设施完善、经营管理模式高效、会展服务公司专业等。综合来看，前海会展业在地理位置、交通便利、场馆设施、国际会议举办水平、与香港的合作基础等方面均具备较为明显的优势，前海具有发展会展业的重要基础与良好条件。

---

① 人民网. 业界：会展业为经济持续稳定发展做出重要努力［EB/OL］.（2021-09-18）. https://baijiahao.baidu.com/s?id=1711218215463209841&wfr=spider&for=PC.

② 中国会展经济研究会. 中国会展主办机构数字化调研报告（2022）［EB/OL］.（2022-04-15）. https://www.cces2006.org/index.php/home/index/detail/id/15345.

③ 中国会展经济研究会. 2021年度中国展览数据统计报告［R］. 2022.

一、前海会展新城地理位置优越，设施、功能较为完善

《全面深化前海深港现代服务业合作区改革开放方案》指出，扩展后的前海合作区包括会展新城及海洋新城片区29.36平方公里，扩展的区域大部分是深圳已经发展成熟的区域。前海合作区所在区域交通便利，生活配套相对齐全，这为前海发展会展业提供了有力支撑。

（一）前海会展新城地处粤港澳大湾区几何中心

前海会展新城地处粤港澳大湾区的几何中心，在粤港澳大湾区中具有得天独厚的区位优势。在交通优势方面，广深沿江高速二期国际会展中心互通立交项目衔接深中通道、机荷高速对接线以及宝安国际机场，深圳地铁11号线福永站和桥头站距离深圳国际会展中心仅约3公里。此外，宝安区政府组织实施快速智慧公交与地铁11号线的无缝衔接，服务机场客流的机场接驳专线已开启运营。深圳国际会展中心拥有超过5万平方米的餐饮设施，可满足展会活动巨大的餐饮需求。展馆周边规划建设154万平方米的酒店、商业、办公、公寓等配套设施，为各类会议活动提供国际化的高质量商务服务。

（二）深圳国际会展中心展会场地面积位列全球第二

在会展场馆转型发展背景下，位于扩区后的前海的深圳国际会展中心以超大体量、功能完备作为重要优势。深圳国际会展中心一期总建筑面积160.5万平方米，是超大型会展综合体，室内展览面积仅次于德国汉诺威展览中心，是全球第二大、国内第一大的会展中心①，如表9-3所示。建成后，深圳国际会展中心将成为全球最大的会展中心。在功能与设计上，深圳国际会展中心展馆采取独特的“鱼骨”式设计，将外观美感与实用性相结合。深圳国际会展中心可举办不同规模规格的展览与会议活动，也能接待更多的演艺、赛事等活动，功能完备。

① 深圳国际会展中心．深圳国际会展中心凭硬核实力引领中国会展场馆建设新趋势［EB/OL］．（2019-09-27）．https://www.takeforto.cn/viewnews-1915577.html.

表9-3　全球前五大展会场地面积（截至2021年12月）

名次	展馆	面积/平方米	国家
1	国家会展中心（上海）	404400	中国
2	深圳国际会展中心	400000	中国
3	汉诺威展览中心	392446	德国
4	法兰克福展览中心	372073	德国
5	番红花博览会	366100	俄罗斯

资料来源：西部证券研究报告《后疫情时代，数字会展驱动会展龙头崛起》。

从场馆的运营模式看，深圳国际会展中心采取建设、运营、开发一体化运作模式（BOD），展馆由深圳市招华国际会展运营有限公司和美国ASM Global公司（全球三大场馆运营机构之一）合作运营管理。展馆运营国际合作方SMG参与专业的场馆深化设计和后期的运营工作。深圳国际会展中心引入国际化的展馆管理人员，建立符合国际标准的管理制度、服务流程和运营体系。强大的投资及运营实力为深圳国际会展中心的国际化、专业化发展提供有力支撑。

二、国际会议水平具有较强竞争力

深圳国际会展中心拥有100多个不同类型的会议室，会议室总面积达3.4万平方米，并均配备先进的会议设备，可举办数千人的大型会议，最大的会议空间可容纳6200多人。在推进展览国际化、品牌化的同时，深圳国际会展中心积极扩容会议空间，提升会议举办国际化水平。深圳国际会展中心会议室设备先进，功能丰富。不同会议室根据功能不同分别配备对应的会议设施。此外，媒体采访室、媒体发布厅配备相应装置以保障媒体会议的顺利举办。

三、深圳会展业发展基础良好

近年来，深圳会展业进入快速发展阶段。根据《中国展览经济发展报告2021》，2021年，深圳在办展数量和办展面积上分别位居全国第六、第四，在全国处于领先地位。据统计，全国共有4个城市展览馆室内可租面积在50万平方米以上，分别是上海、广州、天津和深圳。其中，深圳国际会展中心可租面积为40万平方米，如表9-4所示。2020年，深圳市商务局实施《深圳市加快会展业发展三年行动计划（2020—2022年）》，提出要努力打造一批具有国际影响力的品牌展览，建设国际知名会议目的地，引领智慧化、绿色发展，加强境内外交流合作。2022年2月，深圳加快了建设国际会展之都的步伐。深圳市商务局印发的《深圳市关于建设国际会展之都的若干措施》，提出培育三大会展集聚区，将深圳建成服务湾区、闻名世界的国际会展之都。综上所述，深圳良好的会展业发展基础，为前海推动会展新城发展奠定了良好的基础与有利条件。

表9-4 可租面积在30万平方米以上的展馆

展馆	城市	可租面积/平方米
国家会展中心（上海）	上海	400000
深圳国际会展中心	深圳	400000
国家会展中心（天津）	天津	400000
中国进出口商品交易会展馆（琶洲展馆）	广州	338000
昆明滇池国际会展中心	昆明	300000

资料来源：《中国展览经济发展报告》。

四、前海与香港的会展合作基础好

近年来，前海在更深层次、更广领域不断推动深港两地现代服务业合作，加快深港产业融合，支持香港会展业到前海发展。会展业是香港的优势产业，香港领先全球的会展实力为前海拓展了会展业发展空间。

香港是全球公认最佳的会议、展览及商务旅游城市之一，会展业专业化、市场化、国际化程度高，拥有丰富的国际客源市场及办展经验。香港每年举办多项大型国际会展活动，包括“一带一路”高峰论坛、亚洲金融论坛、亚洲物流航运及空运会议、亚洲知识产权营商论坛，以及知名艺术及设计活动，例如巴塞尔艺术展及设计营商周等[①]。香港是“亚洲会聚之都”，具备承办特定专业领域高品质行业会议的实力。2020年，香港获Smart Travel Asia Awards评选为亚洲“最佳会议城市”。香港的会展需求旺盛，面临展览面积供应紧缺的突出问题，一项由

① 参考香港商务及经济发展局信息。

政府委托顾问进行的研究估计，到2028年，香港在展览旺季的会议及展览面积不足之数约达13.2万平方米。与前海加强合作，是解决香港会展场地不足的重要途径之一，也为前海会展业发展提供了重大机遇。

专栏9-3 香港领先全球的会展实力为前海拓展了会展业发展空间

香港有超过50个会展场地，包括位于主要商业区的香港会议展览中心、毗邻香港国际机场的亚洲国际博览馆，以及位于九龙湾的国际展贸中心。香港可提供的总展览面积超过15万平方米。2019年，香港共举办了超过100项展览，吸引超过160万名会议、展览及奖励旅游（MICE）的海外旅客赴港参加。香港贸发局每年在香港主办30多项大型展览会，涉及电子、珠宝、礼品、钟表及灯饰等行业，是全球规模最大的展览。香港有超过100家展览服务供货商，综合展览服务齐全，一些大型国际商业活动的主办机构在香港设立地区总部，香港的会议及展览主办机构积极安排本地参展商在外地展出，以内地作为首选地，同时积极拓展其他具有潜力的地区，如中东和东欧等新兴市场。①

第三节 前海发展会展业的目标和重点

前海肩负着建设高水平对外开放门户枢纽、不断构筑国际合作和竞争新优势的历史重任，前海发展会展业，必须在新的历史起点上，以国际视野前瞻布局，结合自身优势，明确战略目标与发展重点。

一、前海发展会展业的目标

《全面深化前海深港现代服务业合作区改革开放方案》指出，依托深圳国际会展中心，推动会展与科技、产业、旅游、消费的融合发展，打造国际一流系列会展品牌，积极承办主场外交活动。与全球知名会展中心相比，我国会展水平存在较大差距，前海会展业仍有较大发展空间。例如，在2020国际会议业CEO峰会

① 香港会展服务业概况［EB/OL］.（2022-01-04）. https://research.hktdc.com/tc/article/MzEzODk1MDk2.

暨全球会议目的地竞争力指数发布活动[①]中，首次向全球发布《2020年全球会议目的地竞争力指数报告》。报告显示，全球排名前十的会议目的地城市分别是巴黎、伦敦、新加坡、巴塞罗那、东京、维也纳、柏林、曼谷、纽约、里斯本；中国除港澳台地区外排名前十的会议目的地城市分别是北京、上海、成都、深圳、广州、杭州、西安、重庆、武汉、南京[②]。深圳虽然在全国排名第4，但是未能跻身全球前30名。

在纵深推进粤港澳大湾区建设的背景下，世界级的湾区必将产生世界级的会展产业。前海会展业将按下“加速键”，明确发展目标，推动前海会展业高质量发展。对标国际，高标准建设会展基础设施，依托深圳国际会展中心，完善功能完备、配套齐全的会展业基础设施体系，建设全球一流会展承接地，打造服务大湾区、世界知名的国际会展之都，推动粤港澳大湾区成为世界第一会展湾区。前海发展会展业的目标主要体现在以下几方面。

一是打造国际知名的专业展会。围绕高新技术、机械制造、文化产业、品牌服装、时尚家居等品牌展会，结合深圳的优势产业，打造国际知名的专业展会。以线上线下相结合的形式为企业提供全方位的进出口服务，从而丰富展品展示，以合理的定位，确定办展内容，吸引更多的客商参展、观展，扩大会展规模。

二是打造领先全球的国际会议目的地。依托集成电路、人工智能等优势领域，举办国际学术会议，同时结合新材料、大数据、生命科技等前沿科技领域举办国际会议，扩大影响力。加强与国际知名培训机构合作，将深圳前海打造成为亚洲会议主要目的地。

三是打造创新的会展服务模式。聚焦服务模式创新、管理模式创新、业态模式创新，支持利用新技术，深化“放管服”改革，进一步推进市场化发展，结合会展新经济，积极推动多业态融合。

---

① 该峰会由国际大会及会议协会（ICCA）、《会议》杂志主办，ICCA国际会议研究及培训中心（CIMERT）承办。此次峰会发布的报告是全球首个围绕会议目的地竞争力而作出的专业评价，将推动整个会议行业城市管理者和相关机构以全新视角审视会议产业发展和会议目的地城市建设。

② 首个“全球会议目的地竞争力指数”出炉[EB/OL].（2020-12-15）. http://tradeinservices.mofcom.gov.cn/article/lingyu/hzhanye/202012/112137.html.

四是打造深港会展合作重要枢纽。引进香港及国际知名会展企业在前海设立分支机构，借鉴其成熟的组织架构、领先的运营理念，共同开拓国际国内会展市场。

五是打造国际会展集聚区。积极培育具有国际竞争力的会展领军企业，支持骨干企业组建具有国际竞争力的大型会展集团，并大力引进国际知名会展企业总部、境内外专业组展机构及其上下游配套企业落户，打造全国领先、全球知名的国际会展集聚区。

二、前海发展会展业的重点

围绕前海发展会展业的目标，需要在举办前海特色专业展会、加强与香港会展业合作共赢、建立前海会展产业链等方面加大力度，重点推进如下几个方面。

一是举办前海特色专业展会。粤港澳大湾区初步形成了以广州、深圳、香港为核心，澳门、珠海、东莞、中山等协同发展的国际展会都市圈。立足自身产业优势，广州、深圳、珠海等市形成了广交会、高交会、航博会等一批国际高端展会。香港是亚洲的世界级会展业中心城市之一，澳门有全球休闲娱乐和会议中心。大湾区各个城市已发展了一批具有当地特色的专业型展会，加强了会展经济的发展。如表9-5所示，佛山举办了中国（广东）国际“互联网+”博览会，东莞举办了21世纪海上丝绸之路国际博览会等特色展会。前海需要加强自身特色及与深圳发展特色相结合，在自贸区发展、科技创新、现代服务业发展、深港合作等领域举办具有前海特色的专业品牌展会。

表9-5 粤港澳大湾区主要城市特色展会

城市	特色展会
广州	中国进出口商品交易会（即“广交会”）
深圳	中国国际高新技术成果交易会、中国（深圳）国际文化产业博览交易会、DMP大湾区工业博览会、中国电子信息博览会
珠海	中国国际航空航天博览会（即“珠海航展”）
佛山	中国（广东）国际“互联网+”博览会
东莞	21世纪海上丝绸之路国际博览会（2019年起从东莞移至广州举办）
香港	电子、珠宝、礼品、钟表及灯饰等相关行业的专业展会，“一带一路”高峰论坛、亚洲金融论坛、亚洲物流航运及空运会议、亚洲知识产权营商论坛等

二是加强与香港会展业合作共赢。前海与香港的会展业在产业基础、市场前景、发展潜力等方面各具优势，可通过加强并购、错位发展、设立会展合作试验区等举措，实现优势互补、共同发展。建立深港会展产业紧密合作平台，促进前海与香港会展产业合作措施落地实施。推动“一会（展）两地”“展会北上”等模式，积极合作举办品牌会展、高端会议，争取高级别国际会议在前海举办。扩大与香港业界交流，加强会展人才培训交流。进一步简化两地办展程序手续，提高办展效率。

三是建立前海会展产业链。整合深圳会展资源，集聚中大型展览公司进驻前海，构建由会展主办方和承办方、展览服务机构、会展代理销售机构、参展商等共同组成的链条，提高场馆租赁方在展位搭建、展具租赁、酒店、翻译、票务以及代理机构等方面的服务水平，发挥会展链条的整体协同效应，打造导向性强、效益性高、联动性高、专业性强的会展产业链。同时，加强区域协同发展，避免与周边城市会展产业定位及规划功能重叠，推动前海区域会展产业链高效发展。

» 第四节　前海发展会展业的主导路径

虽然会展业发展迅速，如深圳国际会展中心目前是世界第二大展馆，但是，如何发挥区位优势和展馆优势，整合会展产业资源，更好地推动会展业发展，是前海面临的挑战。尤其国内外会展业受到疫情冲击，在全球产业链面临重组、经济发展面临不确定性的形势下，前海会展业更应化危为机，重点打造“国际会议+专业展会”模式，提升前海会展专业化运营水平，增强前海会展综合竞争力，加快推动会展业做大做强，以应对错综复杂的外部环境。

一、构建“国际会议+专业展会”模式

（一）提升国际会议举办水平

以国际会议作为积极发展前海会展业的首选路径，加强与香港共同举办知名国际会议，进一步发挥前海对外辐射功能，共同把握粤港澳大湾区建设与“一带一路”建设带来的会展合作新机遇。通过建立大湾区国际会议联盟，协调推进会

展发展环境和配套服务建设。依托高新技术、专业服务、对外经贸合作等优势领域，举办国际学术会议，加强与国际知名培训机构合作，争取每年举办若干得到国际大会及会议协会（ICCA）认定的知名会议，努力提升前海国际会议举办水平。

（二）举办大型特色专题展览会

以大型品牌会展为重点，积极举办国际展览业协会认证的展览。发挥深圳国际会展中心的作用，通过举办专业展、品牌展、精品展，如科技展、环保展、车展等，展示粤港澳大湾区的优势特色品牌产品与服务，促进与国内外地区开展经贸合作。同时，探索进口贸易合作新模式，支持电商企业、贸易公司对接境外货源，以线上线下相结合的形式为企业提供全方位的进出口服务，丰富展品展示，以合理的定位，确定办展内容，吸引更多的客商参展、观展，扩大会展规模。

二、提升前海会展专业化运营水平

（一）提高前海会展市场化运营管理水平

借鉴香港、澳门等地以及国外的会展经验，探索政府投资、商业运作的发展模式。德国是世界领先的会展强国，市场主导和培育相结合的管理模式是其主要的成功因素之一，政府主要在会展场馆建设、会展发展政策制定等方面发挥积极作用，会展的经营管理主要由大型会展公司运作，市场化程度较高，推动会展企业在优胜劣汰中高质量发展。高度市场化运作是会展业发展的重要因素，前海应借鉴国内外先进经验，进一步推动市场化运作，加强与知名的展览公司合作，通过合展、合资等形式组织国内外展览公司联合办展。同时，通过设立展会质量评价机制，淘汰社会效益和商业价值低的展会。

（二）以新技术推动会展线上线下融合发展

信息技术是会展业创新发展的重要助推器，VR、AR、人脸识别、DSP（数字信号处理）、签到技术等已经在会展活动中得到积极推广运用，可以提高现代会展的效率与质量。推动前海借鉴国际会展运作管理的先进经验，积极将大数据、云计算、移动互联网技术等新技术应用于会展产业链，建立健全会展数据采集筛选和运用机制，提高与会者服务体验现代感。支持前海与会展科技研发企业加大合作力度，创新会展科技，利用大数据提供信息服务，分析用户关注的商品与服务，对科技发展趋势和方向进行预测，推动参展商精准营销。通过数字信息化推动会展线上线下多种形式发展，以新技术手段的应用，提前布局会展业的上中下游相关领域，构建"云游"会展，提高会展管理效率，丰富会展活动体验，推动会展发展模式创新，打造新的会展经济体系，实现虚拟现实的高度融合。

（三）培育前海会展龙头企业

现阶段，深圳还缺乏具有国际竞争力的会展企业。支持骨干会展企业通过并购重组等方式，建立具有国际竞争力的大型会展集团。依托前海专业服务机构集聚的优势，引进国际知名会展企业总部、境内外专业组展机构及其上下游配套企业落户。前海积极开拓国际市场，拓展会展龙头企业发展空间。

专栏9-4　励展：全球会展服务行业龙头

励展博览集团（简称"励展"）是一家为专业和商业客户提供基于信息分析和决策工具的全球提供商。励展为180多个国家的客户提供服务，并在约40个国家设有办事处。它拥有超过33000名员工，其中40%以上在北美。励展作为全球会展服务行业龙头，其展会业务将行业专业知识与数字和数据化工具相结合，帮助客户进行数字和面对面的联系，了解市场，采购产品和完成交易。2021年励展在19个国家举办了269场面对面活动。为了通过帮助参展商找新的产品，促进供应商和客户更好地了解企业的革新和工作网络来建立企业形象，励展的面对面活动和品牌都会通过数字和数据化工具来拓展活动的触达范围以及增加参与价值。在2021年，励展不断增加数字化产品的数量，来源于数字化产品和展览的收入大幅增长，占到总收入的11%。

（四）加强前海会展人才培养

现代会展业是涉及面广、专业性较强，对从业人员有较高的业务能力和综合管理能力要求的现代服务业。与发达国家和地区相比，前海及深圳会展专业人才的培养还存在较大差距，人才培养机制不够完善，难以满足国际化需要。专业的会展从业人员是行业发展和创新的主体。人才的短板成为前海会展业向国际化、品牌化发展的制约因素。前海需要借鉴国外人才培养模式，推动大型展览企业与大湾区高校合作办学的方式，以会展市场为导向，共同制作会展接待参加者的培训材料，培养高质量会展人才。积极引进国外高端复合型会展人才，巩固提升前海会展人才队伍质量水平。建立以市场为导向、与国际会展相衔接的会展人才评价机制，并制定相关政策措施。

三、增强前海会展综合竞争力

推动前海会展业与其他优势产业协同创新发展，并加强前海会展业发展的区域协同创新合作，是增强前海会展综合竞争力的重要路径，需要通过产业的融合及区域的合作，加快前海会展业发展。

（一）推动前海会展业与其他优势产业协同创新发展

推动会展业与相关产业形成产业链良性互动、资源优化整合产业系统，是推动前海会展业发展的重要方向。拥有良好的产业基础是城市会展业发展的动力源泉，结合自身产业优势打造国际品牌展会是国际知名会展中心城市的重要路径。以巴黎时装周为例，著名的巴黎时装周正是依托巴黎的服装产业发展起来的，同时也推动巴黎成为著名的国际会议城市。因此，前海发展会展业的首要任务是，依托科技创新、金融、专业服务等现代服务业发展新型产业展会。会展业发展与城市的产业基础有着高度联动关系，这是行业发展的显著规律。前海会展业应与其他优势产业融合发展，助推其拓展市场，通过展示科技创新、金融、创意设计、视觉艺术等成果，促进前海与大湾区、国内外相关产业交流合作。发挥会展业对相关产业的拉动作用，将会展与酒店、餐饮、娱乐等其他产业积极联动起来全方位多领域发展。

（二）加强前海会展业发展的区域协同创新合作

在逆全球化趋势愈加明显的形势下，加强区域合作、推动经贸交流合作尤显重要，支持前海充分利用自贸片区的区域合作基础，构建广深港澳会展业联盟。依托综合交通优势，充分利用深港现代服务业合作优势，探索与香港共同举办展会。与广交会、珠海航展等大型展会合作，将更多主题进行拆分，在前海举办分会场。与佛山、东莞等周边城市合作，在航空航天展、文化展览等方面协调发展，形成主展、分展相互促进的良好格局。同时，争取中央部委及广东省政府的支持，进一步优化会展活动相关企业与人员的签注安排，提高会展展品的通关效率。

» 第五节 前海会展业发展的制度机制创新

前海打造服务大湾区、世界知名的国际会展之都，充分利用自贸区及深圳先行示范区的政策叠加优势，推动前海会展业发展的制度机制创新，是突破前海会展业发展局限、促进前海会展业加速拓展国内国际市场的重要举措与发展保障。

一、前瞻性做好前海会展业发展的顶层设计

（一）制定前海会展业发展规划，明确推动会展经济发展的规章制度落地，在法律法规层面保障会展经济稳定发展

将会展业与地区经济发展战略相衔接，完善扶持措施，根据形势变化动态调整规划。加快出台深圳经济特区会展业条例，对前海会展活动进行规范，同时加强法律与制度保障。

（二）建立健全会展业标准化体系

制定会展业的湾区标准，对场馆管理、经营服务、安全运营、节能环保等建立标准，鼓励会展行业组织、会展活动各方主体参与标准制定工作。建立会展业统计指标体系，设立会展业统计数据库，强化大数据分析，加强对会展业发展情况的监测、分析与评估。

（三）建立参展商信息数据库，促进参展企业交流合作

会展企业是参展商和参观者的桥梁，参展商与参观者之间需要建立相应的信息沟通渠道。通过对双方信息进行及时的统计和相应的整理分类，建立参展商信息数据库，搭建高效便利的参展商沟通交易平台，强化对参展商信息的管理，通过大数据分析，精准匹配相关信息，增强会展企业对参展商及客户的了解，加强参展企业之间的交流合作[①]。

---

① 宗祖盼，王惠冰. 疫情防控常态化背景下会展业的数字化转型研究［J］. 文化软实力研究，2021，6（6）.

二、提升前海会展业发展的政务服务水平

（一）优化与会展相关的政务服务

依托前海“e站通”服务平台，开设会展统一服务窗口，推动各部门加强业务协同办理，优化会展政务服务流程。为会展举办单位、场馆单位、服务单位等提供专业的咨询服务与跟踪服务，提高与会展相关的消防、户外广告、地图审核等的行政许可、备案等有关行政事务办事效率。

（二）推动会展展品通关便利化

对于经备案的会展活动，给予展品进境通关便利、大型会展活动保障等服务。优化会展活动展品的通关手续和监管流程，提高通关效率。建立信用良好的会展活动各方主体“白名单”，提高相关人员出入境的便利性。

（三）加大前海会展业发展资金支持力度

对举办符合条件的线上展会项目的会展企业给予补贴支持。加大对开展会展专业技能提升等培训项目的资金支持力度，对延期举办且符合一定条件的展会项目给予一定的补贴。对科技创新、人工智能等专业展览进行资金奖励。

三、建立前海会展业发展的创新机制

（一）建立前海会展业国际化发展机制

以会展项目为依托，结合前海会展企业发展品牌展会的优势，积极拓展海外市场，鼓励会展企业设立项目海外代表处、代理商、办事处，推动品牌移植，通过代理商了解客户需求，开拓市场，宣传推广会展项目，寻找当地合适的合作伙伴。支持前海会展企业设立海外分会场、海外专场或者在海外轮流举办，加快前海会展业国际化发展①。

（二）建立支持前海绿色会展发展机制

坚持发展绿色会展，制定、实施绿色会展相关标准，结合展览运营全流程，

① 张静．信息化时代我国会展企业国际化行为模式及路径探索［J］．现代商贸工业，2020，41（2）．

对“绿色展出”“绿色搭建”“绿色处理”等建立标准框架体系，推动展台搭建材料回收利用，优化展览场馆室内空气质量，减少固体废弃物的产生，推广应用各种节能降耗的器材设备，鼓励举办单位、场馆单位、会展服务单位和参展单位采用绿色原材料，应用低碳环保技术。

（三）建立前海会展活动知识产权保护机制

充分发挥前海知识产权机构集聚的优势，强化对会展活动知识产权保护工作的指导，发挥前海调解、仲裁等知识产权纠纷解决途径的作用，快速公正地解决展会侵权纠纷。加强会展活动知识产权司法保护，完善知识产权诉讼案件审理机制。鼓励专业技术人员、法律专业人员设立会展活动知识产权投诉机构。建立会展业知识产权协会保护机制，规范组织者、参展商、展会服务企业的行为，及时有效地调解展会上出现的各类知识产权侵权行为，尽力保护参展商的利益。

第十章 CHAPTER 10

建设国际法律服务中心和国际商事争议解决中心

在前海合作区内建设国际法律服务中心和国际商事争议解决中心，探索不同法系、跨境法律规则衔接。探索完善前海合作区内适用香港法律和选用香港作仲裁地解决民商事案件的机制。

构建知识产权创造、保护和运用生态系统，推动知识产权维权援助、金融服务、海外风险防控等体制机制创新，建设国家版权创新发展基地。

——《全面深化前海深港现代服务业合作区改革开放方案》

法律服务的概念有广义和狭义之分。狭义的法律服务主要是以律师为主体为当事人提供诉讼或非诉讼法律服务的行为，如RCEP承诺表中对法律服务业的定义就是指律师服务。广义的法律服务主体还包括司法系统、法学研究人员、数字法律中介等。香港特区政府统计处对“法律服务”的定义为，与法律事务有关的咨询及代表服务，法律文件的预备、制定及核实服务，以及其他法律咨询及资讯服务。法律事务可理解为包括法治建设、法律服务等一切与法律有关的事务，涉及法律平台建设、法律适用机制、律师事务所、仲裁服务机构、争端解决平台等丰富内容。《前海方案》提出：“在前海合作区内建设国际法律服务中心和国际商事争议解决中心，探索不同法系、跨境法律规则衔接。探索完善前海合作区内适用香港法律和选用香港作仲裁地解决民商事案件的机制。”“构建知识产权创造、保护和运用生态系统，推动知识产权维权援助、金融服务、海外风险防控等体制机制创新，建设国家版权创新发展基地。”要求既明确具体，也具有艰巨性和挑战性。

» 第一节 法律服务业的发展趋势

一、全球法律服务业发展新趋势

（一）全球法律服务市场规模稳中有升

根据全球综合数据资料库Statista统计，过去5年，全球法律服务市场规模因受疫情影响但仍然稳中上升。2015—2019年取得3.4%的年复合增长率；随着疫情放缓，2022年全球法律服务市场恢复并达到约7890亿美元（见图10-1）。

（二）法律需求发生结构性调整

受疫情影响，不少企业面临运营压力，法律服务市场需求大幅下滑，主要表现为企业压缩法律服务支出，并购等法律活动减少，诉讼类法律服务需求减少。乔治敦大学法学院道德与法律职业中心和汤森路透集团发布的《2022年法律市场状况报告》显示，2021年美国法律服务需求超过疫情前，需求增长点主要来自（包括并购活动在内）公司（18.7%）和房地产（10%）法律事务。

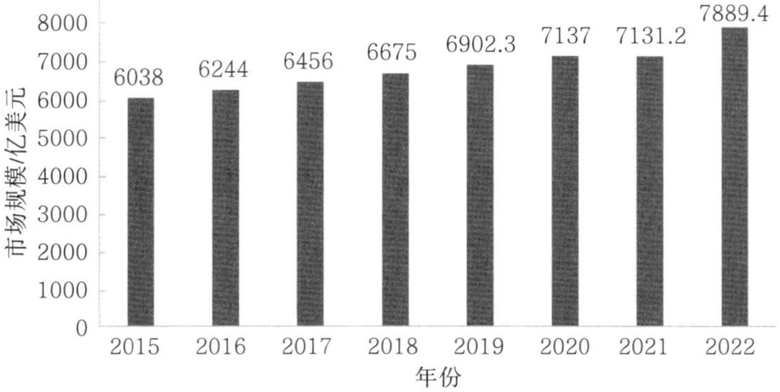

图10-1　2015—2022年全球法律服务市场规模及2022年规模

资料来源：Statista数据库。

（三）数字化技术打破原有法律服务模式

数字化技术兴起叠加疫情发生，全球法律服务业面对面服务模式被打破。一方面，数字化技术促进了工具创新，科技企业开发了法律咨询、法律检索、法律文本生成等App，一定程度替代了法律专业人士、律师等劳动，节约了当事人时间和委托成本。例如，由印度企业开发的SpotDraft法律软件，可以实现AI起草和分析合同，于2018年获得55万美元种子轮融资，引起法律界的高度关注。随着图像识别、语音识别等技术的成熟，大量服务不同对象、解决不同需求的法律软件在市场出现，法律服务业样态发生根本性改变。另一方面，数字化技术也为律师带来更多服务方式的选择。过去，当事人与律师等法律提供者主要依赖面对面服务方式，数字化技术改变了法律服务的沟通模式，使在线法律服务成为可能，推动在线法律服务规模增长。以美国为例，《2022年法律市场状况报告》显示，2022年美国在线法律服务市场规模为113亿美元，2017—2022年在线法律服务市场规模年化增长8.5%；在线法律服务员工为48198人，就业增长5.8%。

二、我国法律服务业发展趋势

（一）中央政策支持加快推动法律服务业对外开放

法律服务业作为服务贸易的具体形式，在《服务贸易总协定》（General Agreement on Trade in Services，GATS）框架下，服务提供者可以以跨境提供、境外消费、商业存在和自然人流动四种方式提供服务。我国加入WTO时对法律服务部门进行了特殊承诺，在市场准入和国民待遇方面作出相当水平的开放；对于商业存在，我国仅承诺外国律师事务所以代表处的形式提供法律服务并限制其经营范围；对于自然人流动，未在市场准入和国民待遇方面作任何承诺。总体而言，在我国参与的国际条约中，对法律服务业规制较为严格。如《外商投资准入特别管理措施（负面清单）（2021年版）》规定，“禁止投资中国法律事务（提供有关中国法律环境影响的信息除外），不得成为国内律师事务所合伙人”。又如根据《外国律师事务所驻华代表机构管理条例》，外国律师事务所驻华代表机构的设立和注册需满足一定条件。

RCEP生效对我国服务业开放有重要影响。我国承诺在自然人流动方面作出特殊承诺，允许协定缔约方根据中国法律、法规和规则，在特定自由贸易区范围内以互派律师的形式开展经营活动。根据RCEP中国承诺表以及附件9，我国作出的承诺主要包括两个部分：一是允许在中国（上海）自由贸易试验区设立代表机构的外国律师事务所与中国律师事务所互派律师；允许在中国（上海）自由贸易试验区设立代表机构的外国律师事务所与中国律师事务所建立联营关系。而实际上，我国在RCEP中所作的法律服务业开放并没有过多的突破，中外律所互派律师以及与境外律所联营两种模式，早于2014年起在内地推广适用。

除了关注开放以外，我国近年高度关注涉外法律服务业的发展。随着全球经贸合作紧密，我国企业“走出去”加快，我国对跨境诉讼、海外资产维护、跨国并购等涉外法律服务需求增加。在此背景下，中央各部委制定重要政策，加大力度推动涉外法律服务业发展，全面提升涉外法律服务业水平。2017年，司法部、外交部、商务部、国务院法制办联合印发了《关于发展涉外法律服务业的意见》，对发展涉外法律服务业作出全面部署，着眼壮大涉外法律服务业队伍和服务机构。司法部发布的《2020年度律师、基层法律服务工作统计分析》显示，截至2020年底，全国共有执业律师52.2万多人，中国律师事务所在境外设立分支机构共150多家。

（二）CEPA与“一国两制”法律服务业开放

某种意义上，CEPA的实施是我国探索法律服务业对外开放的重要抓手。内地与港澳法律服务业合作属于与境外合作，但在“一国两制”框架下具有率先开放的特殊性。在无先例可循情况下，我国以国际通行的世界贸易组织《服务贸易总协定》分类标准及国际区域经济合作的基本要求为参照系推进与港澳法律服务合作深化。自CEPA于2004年实施后，内地向香港法律服务业开放市场，签订多份补充协议，具体包括：放宽对香港律师事务所驻内地代表机构的代表在内地的居留时间要求，允许香港永久性居民参加国家统一法律职业资格考试，允许内地律师事务所聘用香港律师为法律顾问，放宽香港与内地律师事务所联营的限制等。可以说，港澳法律服务业提供者率先享受了政策红利。

试点允许内地与港澳律师事务所联营方式从合同型联营到合伙型联营，在对港澳服务业开放进程中具有里程碑意义，极大提升了内地与港澳法律服务合作和交流，目前在全国范围内已推广适用。2003年，为落实CEPA和规范香港、澳门律师事务所与内地律师事务所在内地进行联营的活动及管理，司法部出台《香港特别行政区和澳门特别行政区律师事务所与内地律师事务所联营管理办法》，规定“本办法所称的联营，是由已在内地设立代表机构的香港、澳门律师事务所与其代表机构所在的省、自治区、直辖市区域内的一个内地律师事务所，按照协议约定的权利和义务，在内地进行联合经营，向委托人分别提供香港、澳门和内地法律服务”，“香港、澳门律师事务所与内地律师事务所联营，不得采取合伙型联营和法人型联营”，也就是说，仅能采用合同型联营方式。但是，合同型联营的实施效果并不好，存在关系松散、效果不佳等问题。全国先后注册合同型联营律师事务所9家，截至2014年内地仅存4家，广东省内联营的均已终止。在此背景下，司法部提出：“形成拟在深化粤港粤澳、前海深港区域合作框架内，探索完善两地律师事务所实行联营的方式，进一步密切两地律师业合作的新的开放思路，并于2011年提请国务院将其作为36项挺港惠港措施作了宣布，并于年底正式写入内地与港澳签署的CEPA补充协议八。”①

作为合同型联营方式的升级版，合伙型联营模式是在特定范围（深圳前海、广州南沙和珠海横琴三地）进行的创新，当前内地与香港合伙联营律师事务所的设立范围已扩展至内地全境。2014年11月，全国第一家香港与内地合伙联营律

① 参见《司法部关于同意在广东省开展内地律师事务所与港澳律师事务所合伙联营试点工作的批复》（司复〔2014〕2号）。

师事务所（简称“联营律所”）落户前海。截至2022年6月，广东共设立了15家粤港（澳）合伙联营律师事务所，派驻和受聘了67名香港律师、41名澳门律师，400多名港澳律师通过首次粤港澳大湾区律师执业考试[①]。合伙型联营模式为港澳律师事务所拓宽了内地市场，截至2021年4月底，香港律师事务所（包括多家以香港为基地的外地律师事务所）在内地设立了72家代表机构，其中42家是在2004年CEPA实施后设立的。北京、上海及广东各地是最热门的地点，72家代表机构中，19家设于北京、21家设于上海、26家设于广东[②]。

（三）上海、海南加快探索法律服务业对外开放

在积极探索CEPA框架下港澳法律服务业开放的过程中，国家支持内地省市、自贸区在不违反国内法强制性规定[③]前提下，围绕引入更多优质境外法律服务资源、为内地律师拓展海外事务等，积极探索深化服务业对外开放的路径和方法。

2014年司法部《关于同意在中国（上海）自由贸易试验区探索密切中外律师事务所业务合作方式和机制试点工作方案的批复》提出，“参照中国内地对港澳法律服务业开放合作的做法，在上海自贸区先行先试，探索密切中外律师事务所业务合作的方式和机制”。这是最早支持设立中外律师事务所联营的官方文件。随后，国务院于2015年和2017年先后印发的相关改革方案，对上海推进法律服务业开放也进行了特别授权。2021年《对十三届全国人大四次会议第9274号建议的答复》再次强调支持临港新片区加大服务业开放力度（见表10-1）。在国家支持下，上海市委、市政府及有关部门进一步制定地方性行政法规和相关政策举措，如《中国（上海）自由贸易试验区中外律师事务所联营的实施办法》（2014）、《境外仲裁机构在中国（上海）自由贸易试验区临港新片区设立业务机构管理办法》（2019）等，积极探索法律服务业开放的经验。

① 广东已设立15家粤港（澳）合伙联营律师事务所［EB/OL］.（2022-06-20）. http://www.gd.gov.cn/gdywdt/zwzt/ygadwq/zdgz/content/post_3952821.html.

② 香港法律服务业概况［EB/OL］.（2022-08-01）. https://research.hktdc.com/sc/article/MzEzODc5NTk5/.

③ 《中华人民共和国外商投资法》相关禁止性规定。

表10-1　国家支持上海自贸区法律服务市场开放的有关政策

文件名称	重点举措
《中国（上海）自由贸易试验区服务业扩大开放措施》（2013）	探索密切中国律师事务所与外国（港澳台地区）律师事务所业务合作的方式和机制
《进一步深化中国（上海）自由贸易试验区改革开放方案》（2015）	推进上海亚太知识产权中心建设，支持国际知名商事争议解决机构入驻，探索建立全国性的自贸试验区仲裁法律服务联盟和亚太仲裁机构交流合作机制
《全面深化中国（上海）自由贸易试验区改革开放方案》（2017）	建立综合性对外投资促进机构和境外投资公共信息服务平台，在法律查明和律师服务、商事纠纷调解和仲裁、财务会计和审计服务等方面开展业务合作
《中国（上海）自由贸易试验区临港新片区总体方案》（2019）	允许境外知名仲裁及争议解决机构经上海市人民政府司法行政部门登记并报国务院司法行政部门备案，在新片区内设立业务机构，就国际商事、海事、投资等领域发生的民商事争议开展仲裁业务，依法支持和保障中外当事人在仲裁前和仲裁中的财产保全、证据保全、行为保全等临时措施的申请和执行
《中国（上海）自由贸易试验区临港新片区全面深化国际一流营商环境建设实施方案》（2020）	探索国际商事审判案例指导制度；建设涉外商事纠纷"诉讼、调解、仲裁"一站式解决机制；加快上海国际商事法院落户，依法对与临港新片区相关的跨境交易、离岸交易等国际商事交易行使司法管辖权；积极争取亚太仲裁中心落户，吸引国际仲裁中心业务机构集聚；探索建立临港新片区知识产权仲裁调解机制；推动建立健全与市场主体信用相关的司法大数据归集共享和使用机制
《对十三届全国人大四次会议第9274号建议的答复》（2021）	司法部将进一步加大对临港新片区法律服务业的指导支持力度，助力优化新片区市场化法治化国际化营商环境，在服务国家重大发展战略和高水平对外开放中发挥更大作用

2019年海南省司法厅先后发布《海南省中外律师事务所联营实施办法》和《香港特别行政区和澳门特别行政区律师事务所与海南律师事务所实行合伙联营的试行办法》，标志着海南自贸区法律服务扩大开放措施进入正式实施阶段，符合条件的港澳地区律师事务所、外国律师事务所与海南律师事务所，经核准后可在海南自贸区（港）实行联营，港澳地区律师事务所和外国律师事务所驻海南代表机构从事商事非诉讼法律事务、进行律所联营等。2019年12月，华商萧一峰

（海口）联营律师事务所在海南省海口市正式揭牌，这是内地首家琼港联营律师事务所，同时也是海南第一家联营律师事务所。《海南自由贸易港跨境服务贸易特别管理措施（负面清单）（2021年版）》进一步提升法律服务开放水平，允许境外律师事务所驻海南代表机构从事部分涉海南的商事非诉讼法律事务，允许海南律师事务所聘请外籍律师担任外国法律顾问和港澳律师担任法律顾问。

» 第二节　前海法律事务对外开放的基础和优势

2010年8月26日，国务院批复《前海深港现代服务业合作区总体发展规划》，明确提出前海要打造社会主义法治建设示范区。2012年12月7日，习近平总书记在党的十八大后离京视察首站来到前海，特别强调，前海要在建设社会主义法治示范区方面积极探索，先行先试。2019年2月，《粤港澳大湾区发展规划纲要》提出前海要打造粤港澳大湾区核心引擎，强调前海要加强法律事务合作，联动香港打造国际法律服务中心和国家商事争议解决中心。在此背景下，前海全力落实国家对前海法治建设的新要求、新使命，把法治示范区建设作为前海改革开放的核心竞争力和主要驱动力，形成了良好的基础和优势。

一、打造全方位法律保障体系

（一）“条例+办法+指引”规则体系

法治是最好的营商环境，前海高标准规则体系为前海法治化营商环境奠定了良好基础。依据经济特区立法权，前海制定“一条例两办法一规定”，即《深圳经济特区前海深港现代服务业合作区条例》《深圳前海深港现代服务业合作区管理局暂行办法》《深圳前海湾保税港区管理暂行办法》《深圳国际仲裁院管理规定》。在此基础上，陆续出台现代服务业综合试点、外商投资管理、金融业扶持、境外高端人才扶持等50多项具有前海特色的产业扶持政策和规范指引，形成“条例+办法+指引”布局合理、层次分明的规则体系。

（二）全链条法治生态体系

前海已形成全国独一无二的商事、金融、知识产权、海事等门类齐全的专业审判机构布局。司法方面，最高人民法院第一巡回法庭（第一国际商事法庭）、“一带一路”国际商事诉调对接中心落地。前海具有司法终审权，有效提高了前海国际私法的公信力。深圳知识产权法庭、深圳金融法庭在前海挂牌成立，全市知识产权案件和金融案件二审统一由前海管辖。前海法院是最高人民法院确定的综合性司法改革示范法院，建立了系统全面的域外法律查明与适用机制，形成了多项全国领先的司法体制改革经验。国际仲裁调解方面，内地与香港共建的唯一仲裁平台——深圳国际仲裁院——落地前海，建立诉调对接中心以及“一带一路”国际商事诉调对接中心，多元纠纷解决机制逐步完善。此外，成立全国首家破产法庭——深圳破产法庭，前海检察院、司法鉴定所等一大批法治机构集聚。前海建立完备的法治生态体系，为区域治理提供全方位法治保障。

二、形成领先的可复制推广的经验模式

前海在全国第一个实行以法定机构为主导的法治化区域治理模式，出台中国自贸区首份法治建设专项规划纲要，出台首部自贸片区条例，建立中国自贸区首份法治指数评估体系，成立全国第一个借鉴香港廉政监督模式的廉政监督机构、第一家按法定机构模式治理的仲裁院、第一个国家级港澳台和外国法律查明研究基地、第一家粤港澳合伙型联营律师事务所，在司法体制综合配套改革、深港法治合作、公共法律服务等方面提出一系列在全国具有创新引领意义的改革举措。截至2022年3月，前海累计推出685项制度创新成果[①]，其中2021年推出制度创新成果75项，新增全国复制推广7项、累计65项。前海法治创新先后多次入选深圳年度“十大法治事件”。《法治日报》评价前海是“最值得期待的法治示范区”。中国社会科学院国家法治指数研究中心发布《前海法治指数评估报告》，认为前海在规则体系、司法保障、法律服务方面走在全国前列。中山大学自贸区综合研究院发布“中国自由贸易试验区制度创新指数”，评价前海法治环境在自贸试验区排名中稳居第一。普华永道发布“前海营商环境综合评估”，显示前海执行合同的效率、成本及司法环境处于世界领先水平，全球排名第三。

① 张智伟. 前海：改革创新“试验田”成果丰硕［N］. 深圳特区报，2022-03-08（A06）.

三、积极构建与香港法治协调发展环境

（一）依法适用香港法裁判

前海法院是最高人民法院确立的综合性司法改革示范法院，于2014年12月2日经最高人民法院批准成立。前海法院严格按照最高人民法院提出的建设综合性司法改革试点法院的要求，在司法体制改革中注重整体协调推进，强调点与面的结合，目前已初步落实可由基层法院开展的综合性司法改革事项，并结合前海法院发展规划，在区域司法标准确立的权限、程序、权力等机制上进行实践探索、先行先试。同时，前海法院率先引入港籍陪审员选任制度，从符合条件的香港居民中选任陪审员，随机参与案件审理；建立香港地区及外国法查明机制，在前海合作区扩大和方便香港法的适用①。

（二）打造“法官+域外专家+港籍陪审员”机制

前海法院建立和完善港籍陪审员参与审判工作机制，选任法律、金融、保险、贸易、物流等领域的资深从业人士或专家担任陪审员，有利于促进内地与香港之间法治的合作，营造国际一流的营商法治环境。2016年7月，首批13名港籍陪审员正式宣誓就职。

（三）港资港法港仲裁

在前海合作区注册的港澳台资及外商投资企业可以协议选择香港法作为民商事合同适用的法律。“港资港仲裁”，在自贸试验区注册的港资企业之间可约定将商事争议提交香港仲裁。2016年11月，前海法院审结首个适用香港法案件。截至2021年11月，前海法院适用香港法审理案件91件，查明适用最多的香港法有《时效条例》《放债人条例》等，是全国适用香港法裁判案件最多的法院。

四、高标准谋划建设深港国际法务区

2021年4月，深圳市第七次党代会报告提出，“建设粤港澳大湾区国际仲裁中心，高标准建设前海深港国际法务区”。《前海方案》提出“提升法律事务对

① 参见前海法院官方网站。

外开放水平”要求，在前海合作区内建设国际法律服务中心和国际商事争议解决中心。2022年1月4日，前海深港国际法务区宣布启用，获评2021年度深圳市“十大法治事件”。2022年5月，《深圳市前海深港现代服务业合作区管理局关于支持前海深港国际法务区高端法律服务业集聚的实施办法（试行）》出台，促进高端法律服务业在前海集聚，粤港澳联营律师事务所、中外联营律师事务所、境外律师事务所驻前海代表机构、国际法律组织等入驻最高可获200万元支持。

» 第三节　着力提升前海法律事务对外开放水平

一、着眼深港合作高标准建设前海深港国际法务区

国家对前海加快探索对港服务业开放有更高要求，《前海方案》明确了前海要“提升法律事务对外开放水平”，2021年5月中央全面依法治国委员会印发的《关于支持深圳建设中国特色社会主义法治先行示范城市的意见》明确提出，要高标准建设前海深港国际法务区。前海深港国际法务区则将统筹推进国内法治和涉外法治，打造国际商事争议解决的优选地、深港规则衔接和机制对接的先行地，为深港法律合作提供良好平台。

（一）香港的独特优势有利于前海深港国际法务区建设

中央法务区并非前海独有（2021年2月5日全国首个省级层面主导建设的中央法务区——天府中央法务区——在成都正式启用），但是与国际联系最密切的法务区就是前海深港国际法务区。同时，香港的独特优势，也使得前海深港国际法务区建设与内地法务区有所区别。

第一，香港是我国唯一的普通法司法管辖区。香港普通法制度根据香港基本法予以保留，与世界主要经济体法律同属一系，商业交易与国际规则接轨。

第二，香港拥有一批具有跨境法律服务才能、精通多种语言、熟悉中西文化的专业律师，也有一批善于处理融资、国际商贸及投资、基础建设、海事和知识产权等事务的法律人才，1500多名来自30多个不同司法管辖区的注册外地律师，使投资者获得优质法律服务保障。

第三，国家“十四五”规划明确提出，支持香港建设亚太区国际法律及解决

争议服务中心。回归以来，香港与内地签订9份协议，涵盖两地相互认可和执行民商事判决、相互协助仲裁保全、相互认可和协助破产程序等，为跨境贸易及争端解决提供极大便利。应依托前海深港国际法务区建设，为前海更好对接国际高标准、畅通与境外法律要素融通探索新路径。同时，为便利香港法律执业者在粤港澳大湾区发展，出台《香港法律执业者和澳门执业律师在粤港澳大湾区内地九市取得内地执业资质和从事律师职业试点办法》，符合条件的香港法律执业者在通过考试并取得相关执业证书后，可以在粤港澳大湾区内地九市办理适用内地法律的部分民商事法律事务，并与内地律师享有相同的权利，履行相同的义务。

（二）依托前海深港国际法务区打造完整的法律服务业生态

如前分析，当前法律服务的上下游产业链不断延伸，需要专业化程度更高的人才为不同发展阶段企业提供诉讼或非诉讼业务，为企业提供专业服务。因此，前海法律事务对外开放除了要继续关注吸引律所集聚，不断完善商事法院、诉讼服务中心、调解中心的硬件建设外，还需要在以下三个方面着力。

第一，打造“全链条人才队伍”。律师群体既有专注诉讼的律师，也有为企业提供中介服务的非诉讼律师①。事实上，除了诉讼律师外，非诉讼律师对企业运营、产业发展的作用同等重要，前海可依托深港国际法务区加快引入各类处理知识产权交易、法律事务咨询等事务的律师、学者等法律服务人士。

第二，丰富“全周期服务”。应既要做好法院诉讼、仲裁调解等争端解决服务，也要做好企业培育、壮大等服务，同时还要做好企业破产清算等服务，为“热带雨林式”发展的企业提供法律服务。

第三，提供“全流程事务”法律服务。积极发展国外合同的翻译和甄别、知识产权购买、诉前指引、风险管理和防范等专业事务，整合各类法律事务人才，搭建智慧服务平台，为企业参与经济运行提供方方面面的服务。

---

① 例如，香港贸发局报告显示：2015年，有37.6%的法律服务业机构有提供知识产权中介服务（律师法律服务机构占58.3%，大律师法律服务机构占15.6%）；2018年，律师法律服务机构占54%，大律师法律服务机构占16%。这表明法律服务业发展基本稳定，律师和大律师是香港知识产权贸易服务的重要提供者。

二、联动香港建设国际仲裁中心

（一）香港仲裁服务的优势

香港是全球最受欢迎的仲裁地之一，具有丰富的仲裁服务人才，仲裁规则具有竞争力。

第一，国际仲裁服务受认可。香港仲裁机构专业水平高、运作成熟，深受国际认可，是国际商事纠纷理想的仲裁选择地。一方面，因香港具有普通法的法治传统、世界领先的仲裁规则、独立中立的司法系统、高效的仲裁执行率、语言多元化等优势，香港国际仲裁服务在世界范围内极具竞争力。另一方面，开放的签证制度和发达的交通促使香港成为最便捷的仲裁地。与湾区内地城市比较，这两者均是香港仲裁法律服务最为突出的特点。

第二，具有充足的仲裁服务人才。香港拥有熟悉外商投资以及与中方合作的多语种法律和商业专业人才。在解决外商投资争议时，香港以其多元的法律、文化背景和专业知识为中外双方提供充分支持，既能为中方投资者提供文化背景类似的争议解决场所，又能为非中方投资者提供一个独立和中立的法律环境以解决争议，使HKIAC（香港国际仲裁中心）成为所有国际仲裁中心中处理最多涉及中国当事人案件的仲裁机构。

第三，具有有国际竞争力的仲裁规则。香港《仲裁条例》紧跟国际仲裁发展。《纽约公约》适用于香港，香港仲裁裁决可通过世界大部分贸易经济体的法院予以执行；香港国际仲裁中心专业水平高、运作成熟，具有有国际竞争力的仲裁规则。香港允许采用临时仲裁、第三者资助仲裁等灵活仲裁方式，满足不同人群的需要。香港仲裁裁决获内地、澳门及国际承认与执行。

（二）打造“香港+深圳（前海）+第三方国家或地区”国际仲裁联盟

建议支持深圳国际仲裁院与香港国际仲裁中心签订合作框架协议，成立执行机构作为两家仲裁机构的代表机构，对外与第三方国家或地区代表性仲裁机构积极磋商并达成合作协议。在合作联盟的创设阶段，重点发挥香港仲裁机构广泛国际联系渠道和熟悉国际通行规则的独特功能，突出磋商合作的去行政化和民间性质，充分尊重不同国家或地区的法律和文化差异。前期，以共商、共建为基本理念，慎防“贪大求全”建立固定机构或创设统一仲裁规则，而应尽量适用现有

（香港或第三方国家或地区）仲裁规则，最大限度沟通协商并争取香港成为默认仲裁地或把香港仲裁规则纳入当地仲裁规则的可选项，借助仲裁合作联盟建设推动内地（深圳）仲裁规则与国际对接。2019年4月，俄罗斯联邦司法部仲裁发展理事会建议授予香港国际仲裁中心永久仲裁机构地位，香港国际仲裁中心成为俄罗斯联邦首个推荐开展仲裁的国际仲裁机构，证明香港在“一带一路”仲裁服务市场能够发挥关键作用，也证明了“香港+‘一带一路’国际”仲裁合作联盟模式的可行性。

（三）“双向”拓展仲裁服务市场

在大湾区建设背景下，内地与港澳的仲裁法律服务应根据城市的功能及区位，明确各自今后发展的定位及方向，避免同质化竞争，防止零和博弈。做到错位互补，协同发展，既发挥各自优势，又避免无序竞争，并开展深度交流合作，共同推进建设大湾区国际仲裁中心。在目标指向方面，大湾区国际仲裁中心应发挥对接国际和国内两大市场功能，但两大市场仲裁服务内容略有差异。国际市场更多为国际企业之间、国际企业与内地大型企业之间的仲裁，国内市场属地特征明显，多为内地主体之间的仲裁。建议香港的仲裁法律服务定位为面向世界的国际化争端解决中心，主要针对外国企业、组织和个人在我国境外发生的经济商务纠纷，以及我国内地企业、组织和个人在“走出去”过程中与外国企业、组织和个人之间发生的经济商务纠纷。前海的仲裁法律服务定位为新时代全面对外开放服务的争端解决中心，主要针对外国企业、组织和个人在我国境内发生的经济商务纠纷，以及国内企业、组织和个人之间的经济商务纠纷。

三、着眼探索不同法系、跨境法律规则衔接

当前，规则不衔接是粤港澳大湾区建设面临的最大挑战，应在“一国两制”框架下，充分考虑大湾区的特殊性，强化模式创新，促进大湾区规则衔接，推动大湾区全面对接国际高标准市场规则体系，建设国际一流湾区。短期内，打造无差别、统一化的规则机制体系条件尚不具备，需要在特定平台、特定领域率先突破，前海深港现代服务业合作区是探索“一国两制”框架服务产业深化合作的试验区。

（一）推进规则衔接

深港规则衔接机制对接的本质是解决要素跨境流动的问题，目的是便利人员、货物、资金、信息等在深港之间高效便捷流动，从而更加畅通经济运行。过去一段时间，能够想到的办法已经发挥一定作用并在复制推广（如深港通、沪港通，一地两检等）。深圳在借鉴香港规则制度方面一直走在全国前列，如早于1980年港商投资企业竹园宾馆是深圳第一家与香港合资宾馆。竹园宾馆和友谊餐厅率先实行劳动合同制，进行劳动用工制度改革。又如《深圳经济特区欠薪保障条例》就移植借鉴了香港欠薪保障立法的规定，在内地率先设立欠薪保障金制度，有效地破解了欠薪难题，保障了工人权益，并被全国多个省市借鉴。前海作为全面深化改革开放重要窗口，应以深港规则对接，继续深化深港法治合作，加快形成法治化、国际化、便利化的营商环境和公平统一高效的市场环境。一是借鉴香港立法、司法、执法等先进经验，探索在社会管理、公共服务等方面借鉴香港法律，引入香港陪审员参与庭审过程，完善以庭审为中心的诉讼制度，探索建立庭审式行政公开裁决机制，推广涉港商事案件适用香港法律进行司法裁判。二是用足用好深圳综合改革试点及经济特区立法权，借鉴国际经验和香港做法，允许科研资金跨境资助深港两地科研项目，允许符合条件的跨境总部之间、跨境总部与子公司之间、跨境联营公司之间的跨境资金便捷流通。三是强化立法协同，加强与有关部门及行业团体沟通交流和项目合作，共同编制服务技术标准规范，探索把相关具体标准转换为标准内容并以附件形式纳入地方性法律法规。

（二）以数字经济为抓手探索制定共同规则

2020年以来，各国的互联网大企业围绕扩展现实、数字孪生、3D渲染、云计算、人工智能、高速网络和区块链等加快布局，全球进入新一轮科技资源与市场争夺。受政策限制，元宇宙等前沿科技产业在内地发展缓慢。香港自由港制度在发展数字经济产业方面更具灵活性。2022年10月底，香港特区政府发布《有关香港虚拟资产发展的政策宣言》，提出香港将发展NFT（非同质化代币）、绿色债券代币化和数码港元三大重点领域，由于虚拟资产具有数字化的典型特征——线上储存、交易和支付，未来将发展成为数字贸易的新型业态，深港在上述领域具有潜在的合作空间。建议紧抓我国数字经济蓬勃发展、香港加快发展数字经济的契机，联动香港探索共建NFT交易平台，探索制定共同规则，推动NFT等资产数字化、数字IP（知识产权）全球化、数字确权保护等新型业态在前海先行先试，再复制推广到其他领域。

四、深化内地与港澳律师事务所合伙联营机制改革

（一）改革的必要性

允许内地律所与港澳律所合伙联营提供法律服务，是CEPA框架下促进法律深化合作的创新之举。除了突破原有法律服务合作模式外，联营律所作为集聚港澳律师在内地提供法律服务的重要载体，对提升内地法律服务质量、协助内地企业“走出去”、促进三地律师交流沟通等发挥重大作用，对推动大湾区法律融合有积极作用。联营律所利用了内地法律服务需求市场以及港澳律师国际服务优势（香港律师有英美法经验），但受我国相关规定约束，在大湾区执业的香港律师不能开展委托公证业务，且联营律所无法为客户提供我国刑事诉讼的法律服务，大大压缩了香港律师的发展空间。此外，由于外汇管制政策，内地客户无法直接支付港方律师律师费，联营律所资金流动存在障碍。因此，目前内地与港澳联营律所更多是“形式上的合作”，而没有办法达到实质意义上的融合。

（二）优化方向及建议

要发挥联营合作的优势，必须优化相关配套政策，主要包括拓宽联营律所及港澳律师执业范围和妥善解决税负保险问题两大方面。针对拓宽执业范围问题，建议：一是争取司法部支持，进一步拓宽联营律所律师从业范围，允许联营律所受理和承办刑事诉讼事务，由联营律所中具有内地执业资格的律师承办；二是进一步扩大联营律所中取得内地执业资格的港澳居民的执业范围，允许其依法受理、承办全部民商事诉讼案件及相关适用特殊程序案件；三是争取司法部支持，由司法部牵头，会同香港中联办、香港律政司、省司法厅等机构，试点允许在联营律所执业的、具备中国委托公证人资格的港澳律师在联营律所从事委托公证业务，进一步扩大联营律所业务范围，促进内地对香港的投资便利化。

此外，应鼓励和支持联营律所进入政府及国企服务机构名单。根据联营律所的实际情况，协调地方国有资产监督管理委员会、投资控股有限公司等政府部门和大型国企，将联营律所纳入法律服务机构名单。针对妥善解决税负保险问题，争取国家有关部门支持，与香港特区政府税务主管部门协商，研究签署避免双重

征税协定，解决联营律所合伙人双重纳税问题；试点允许联营律所采用核定征收方式纳税。在深圳前海率先探索将法律服务业纳入前海税收优惠领域；在深圳前海试点允许联营律所的港方律师在香港申报纳税，即允许联营律所的港方合伙人自行在香港地区依法申报纳税。同时，协调地方律师协会、保险监管部门及有关保险公司，对联营律所的港方律师在深圳执业购买执业责任险作出适当安排，解决执业责任险“真空”或“双重征收”问题。

五、建设知识产权保护高地

党的十八大以来，党中央把知识产权保护工作摆在更加突出的位置。建设知识产权保护高地，全力提升法律事务对外开放水平，是前海必须承担的重要任务。

（一）必要性

科学技术对社会经济发展的作用，是通过技术创新实现的。制度性因素在创新体系中居于基础和保障地位，创新的制度是激励技术创新、保障社会经济发展的关键。科技创新作为知识创造、转换与应用的过程，每一项活动都受法律调控，一种观点认为“科技创新只有与法治联姻才能突飞猛进”。当前，国际经济贸易规则和知识产权规则都处于重构时期，知识产权成为世界各国利益竞争的必争之地。RCEP、CIA及CPTPP协定有关知识产权保护的章节均是浓墨重彩的，适用最高标准知识产权保护俨然成为发达国家的基准。

前海在加强知识产权保护工作上取得了良好成绩。包括：中国（深圳）知识产权保护中心、国家海外知识产权纠纷应对指导中心深圳分中心两大国家级知识产权中心落户前海，构建前海国际化知识产权保护新格局。国家版权创新发展基地成立，探索版权产业链“前海模式”。构建前海特色知识产权司法保护体系。深圳知识产权法庭导入港籍陪审员参与知识产权案件审理。前海法院健全“专业法官+港籍专家陪审员+知识产权专家+专业技术调查官”知识产权案件审理机制，实现知识产权领域“一支队伍管执法”。推动知识产权仲裁、公证服务国际化、智能化等。但是，在知识产权规则体系重构的特殊阶段，需要更进一步建设前海知识产权保护高地。

（二）具体举措

第一，率先探索知识产权制度协同经验。《前海方案》提出，构建知识产权创造、保护和运用生态系统，推动知识产权维权援助、金融服务、海外风险防控等体制机制创新。建议前海可从以下方面着手：一是率先与港澳知识产权运用、保护、管理和服务等方面达成三方协议，特别要强化知识产权案件跨境执法制度，出台跨境执法细则。二是争取以前海为试点探索制定统一知识产权保护与专利认证制度。三是与香港积极联系，探索制定民事、商事和知识产权国际商事纠纷解决规则和标准的示范法。

第二，完善知识产权中介服务体系。大力发展知识产权中介服务，支持和鼓励提供科创成果转化、科学技术突破、境外合作等服务的港澳咨询服务机构、中介服务机构等在深发展，进一步降低简化市场准入门槛和审批流程。鼓励设立国际高新技术成果转化的法律服务中介，对国外技术转移法律文本进行过滤、筛选、甄别和翻译等工作，协助大湾区企业进行对外沟通，消除法律隔阂。吸收科技及投资专才进入湾区决策团队，推动专利经理人队伍建设。设立粤港澳大湾区知识产权转化平台。联动大湾区知识产权服务中心、仲裁机构等，完善知识产权保护、纠纷解决及跨境执行等全链条服务。联合香港生产力促进局、大湾区内地各大高校及技术转移机构，共建知识产权贸易、技术交易、技术转化等为主要内容的一站式综合交易服务平台。壮大知识产权人才队伍，培养知识产权技术调查官，培养知识产权“工科+法学”复合型人才。

第三，积极引入或对标香港培育知识产权交易中介服务机构。培育发展知识产权代理、运营、评估、认证、鉴定、信息服务和法律服务等服务机构，打造服务种类覆盖知识产权生产交易全链条的知识产权保护专业服务基地，为各类创新主体、市场主体、社会公众知识产权保护提供服务支撑。

第十一章 前海产业协同发展的制度保障

CHAPTER 11

用好深圳经济特区立法权。

推进与港澳跨境政务服务便利化，研究加强在交通、通信、信息、支付等领域与港澳标准和规则衔接。

推进以法定机构承载部分政府区域治理职能的体制机制创新，优化法定机构法人治理结构、职能设置和管理模式。

——《全面深化前海深港现代服务业合作区改革开放方案》

《前海方案》强调，“用好深圳经济特区立法权”，“推进与港澳跨境政务服务便利化，研究加强在交通、通信、信息、支付等领域与港澳标准和规则衔接”，“推进以法定机构承载部分政府区域治理职能的体制机制创新，优化法定机构法人治理结构、职能设置和管理模式”。这是前海产业协同发展的制度保障，具体体现为营商环境保障、要素市场一体化保障、法定机构保障和公共服务供给保障。

» 第一节　营商环境保障

按照世界银行的定义，营商环境是指企业在开设、生产经营、贸易活动、纳税、关闭及执行合约等方面遵循政策法规所需要的时间和成本等条件的总和，是一项涉及经济社会改革和对外开放众多领域的系统工程[①]。通常包括政务环境、市场环境、法治环境、人文环境、生态环境以及国际贸易环境等，是一个系统性的大环境，直接影响国家或地区经济发展的质量和速度。

优化营商环境是建设现代化经济体系的有力支点，是增强内生发展动力的重要举措，是提升国际竞争力的必然要求[②]。

一、营商环境全球发展趋势

自2003年起，世界银行每年发布一份衡量世界主要经济体发展水平的营商环境报告，对经济体的营商环境进行排序。迄今为止已连续发布17版研究报告。基于营商环境报告的经验，世界银行正在构建宜商环境指标体系。

（一）营商环境已成为全球竞争的重要领域

世界银行指标体系的评价结果为世界各国及地区进一步推动本地营商环境改善提供了有益借鉴，促使全球各国政府进行商业改革，以促进经济可持续增长。

---

① 李国强，马晓白．优化营商环境实论［EB/OL］．（2018-08-28）．https://baijiahao.baidu.com/s?id=1609968763115725597&wfr=spider&for=pc.

② 王海兵．构建一流营商环境的理与路［N］．中国社会科学报，2021-12-08（A03）．

据世界银行发布的《2018年营商环境报告》，2003—2018年的数据分析表明，良好的营商环境会使投资率增长0.3%，GDP增长率上升0.36%。各个国家和地区不断努力改善优化各自的营商环境，建立了营商环境的评价指标。据世界银行统计，自2003年以来，各经济体根据评价指标采取多达3188项优化营商环境的改革措施。其中，“开办企业”和“获得信贷”是各国改革发展最快的指标，各有38项改革措施[①]。最近几年的营商环境报告还显示，一些发展中国家营商环境指标排名大幅上升，2018年，印度成为营商环境进步最大的国家，排名较上年跃升30位，排在第100位。优化营商环境成为提升区域竞争力的最直接手段之一。

（二）从“营商环境”到“宜商环境”，“国际贸易”指标内容扩充显著

2022年2月，世界银行发布新一轮营商环境评估指标体系（Business Enabling Environment，BEE）概念书，即“宜商环境”报告，用来替代2021年9月停止的营商环境评估体系（Doing Business，DB）。在BEE评估体系中，“国际贸易”指标内容扩充显著。新评估体系重点关注一个国家或地区在法律框架设定、公共服务等领域是否能够保持开放态度、取消限制措施，从而在源头上鼓励国际贸易和市场竞争的发生[②]。新评估体系反映了世界银行对国际贸易新形势下加强限制和反竞争趋势的关注，同时也强调了希望通过促进国际贸易，继续推动全球竞争的重要理念。

（三）中国营商环境排名连年跃升

世界银行发布的《2020年营商环境报告》显示，中国已连续两年跻身全球营商环境改善幅度最大经济体排名前十。在190个经济体中，中国营商环境总体得分77.9分（即中国达到了全球最佳水平的77.9%），排名第31位，较之2018年度（排名第46位）、2017年度（排名第78位）有了大幅跃升。中国经济发展进入新时代，政府紧锣密鼓地制定相关政策，加快改革步伐。国家税务总局于2018年9月印发《全国税务系统进一步优化税收营商环境行动方案（2018年—2022年）》，旨在优化税收营商环境。2019年10月，国务院正式发布《优化营商环境

① 潘闻闻．对标世界银行指标体系 改善上海营商环境［J］．科学发展，2018（4）．

② 普华永道．解读世界银行新一轮营商环境评估指标系列（三）：国际贸易［EB/OL］．（2022-06-14）．https://mp.weixin.qq.com/s/z56yZ9igV5i3a_5Gk77FgA.

条例》，填补了我国营商环境领域立法空白，从法律制度层面为优化营商环境提供了更为有力的保障和支撑，进一步增强了我国营商环境的国际竞争力。

二、前海营商环境建设现状

（一）前海营商环境跻身全球第一梯队

深圳正坚持以营商环境改革为重点，积极建设国际一流营商环境改革创新实验区。普华永道依照世界银行营商环境指标体系对前海进行的评估显示，如作为独立经济体参与排名，前海的国际营商环境排名由2017年的第51位持续提升至2019年的第22位。在2021年12月举行的前海深港现代服务业合作区成果发布活动上，德勤中国发布《前海深港现代服务业合作区2020—2021年度营商环境蓝皮书》（简称《蓝皮书》），结合评估分析与对标，显示2020—2021年度前海合作区营商环境又有进一步提升，已跻身于世界营商环境第一梯队，接近世界一流水平。此次《蓝皮书》的编制，秉持“国际一流、中国实际、前海特色”三大原则，基于国内外主流、权威的营商环境指标体系，将前海合作区“深港合作”的独特使命纳入评估范围。同时，对标最高最好最优最强，紧扣市场主体全生命周期各项要素，从13个维度对前海合作区营商环境进行综合评价，突出企业的获得感、感知度和满意度。其中，“开办企业”“获得电力”“执行合同”3个维度处于世界领先地位，“登记财产”“获得信贷”“纳税、跨境贸易”“招标投标”“政务服务”“深港合作”7个维度处于全国领先地位，“办理施工许可”“保护少数投资者”“办理破产”3个维度与国内其他重点城市持平。

（二）前海已具备市场化法治化国际化的营商环境

市场化法治化国际化的营商环境体现在如下方面。

市场准入。积极落实“外资准入前国民待遇加负面清单”管理机制，放宽金融、物流、专业服务等领域的市场准入。

政务服务。推出注册资本认缴制、外商投资“一口受理”、“深港/澳通注册易”、开办企业“一窗通”、试点企业登记“秒批”等便利制度措施，建设“前海港澳e站通”，为企业提供高效便捷的商事登记服务。

施工许可。启用“多规合一”，实现空间规划“一张蓝图”，提供规划信息集成共享、规划自动核查、部门协同论证、项目查询跟踪、规划实施指引等应用服务。

获得电力。在国内首次采用世界领先的“二线合环+联络线”接线模式，构建世界一流的高可靠性供电网络。

跨境贸易。率先实施深港陆空联运改革、创新驳船跨港区调拨监管作业模式、推进跨境电商特殊区域出口试点模式、推动建设“全球中心仓”等，切实提升货物通关效率，促进新兴贸易业态发展。

法治化保障。创建一流的法治化营商环境，打造法治示范区。以国际通行规则为蓝本，以“公正、透明、高效、廉洁、诚信”为目标，构建了前海自贸区特有的法律监管体系。前海已形成全国独一无二的商事、金融、知识产权、海事等门类齐全的专业审判机构布局。首创“港区调解”和“港区陪审”制度；设立全国第一家按法定机构模式治理的仲裁机构，推动成立深圳市前海国际商事调解中心、深圳市蓝海法律查明和商事调解中心。成立全国首家破产法庭——深圳破产法庭，专门审理企业强制清算和破产案件及衍生案件。学习香港先进的破产制度，引入香港专业破产管理机构。

人才保障。扩大跨境执业便利化范围，实现港澳工程建设、税务等领域16类专业人才在前海备案即可执业。建设前海国际人才港，搭建国际人才一站式服务平台，整合国际人才政务、商务、生活服务，为战略科学家、科技领军人才等六类人才群体量身定制服务。

三、打造全球一流营商环境的实施重点

《前海方案》提出，到2025年，“初步形成具有全球竞争力的营商环境”；到2035年，“营商环境达到世界一流水平”，并且专门列出投资者保护、国企综合改革、跨境政务服务便利化、人才服务保障体系等具体措施。这是前海对标国际一流城市的需要，也是前海优化营商环境的战略实施重点。具体如下：

一是加强投资者保护。充分利用经济特区立法权，加快研究制定出台前海合作区投资者保护条例，健全外资和民营企业权益保护机制。

二是完善竞争政策框架。尽快携手香港建设国际法律服务中心和国际商事争议解决中心，建立各种市场主体有序竞争、公平竞争的营商环境，建立健全竞争政策实施机制。探索设立议事协调机构性质的公平竞争委员会，开展公平竞争审

查和第三方评估，以市场化法治化国际化营商环境支持和引导产业发展。

三是推动信用制度建立和创新。积极创建信用经济试验区，促进政府、市场、社会协同的诚信建设，在市场监管、税收监管、贸易监管、投融资体制、绿色发展等领域，推进以信用体系为基础的市场化改革创新。第一，在政府监管层面，加快构建以信用为核心的新型市场监管机制，包括推动前海企业信用评价全覆盖、推进前海信用制度创新、开展信用监管改革创新、推动信用公共服务改革等；第二，加强信用在服务市场经济建设中的广泛应用，开展信用修复制度创新、推动信用投融资改革、推动信用市场服务创新等；第三，推动信用服务产业融合集聚发展，包括在信用领域应用区块链技术、支持跨境信用合作、推动信用服务行业和产业集聚发展等；第四，在《内地与香港关于建立更紧密经贸关系的安排》（CEPA）框架下，推动内地与香港专业信用服务机构开展深港信用跨境合作。

四是加快国资国企改革。用好深圳区域性国资国企综合改革试验相关政策，加快国有资本运营公司改革试点，加强国有资本市场化专业化运作能力，深入落实政企分开、政资分开原则，维护国企市场主体地位和经营自主权，切实增强前海合作区国有经济竞争力、创新力、控制力、影响力、抗风险能力。引导更多国企深化市场化改革，完善公司治理、强化激励约束、激发动力活力，着力打造若干区域性国企改革创新标杆，形成示范带动的辐射效应。推动深圳国企与民企在科技创新中错位发展，大力构建“空间保障+科技金融+人才服务+场景应用+平台支撑”全要素创新生态系统，全方位服务高新技术企业发展。

» 第二节　要素市场一体化保障

生产要素是生产某种商品时投入的各种资源。生产要素市场是生产要素在交换或流通过程中形成的市场，是在生产经营活动中利用的各种经济资源的统称。

一、要素流动和市场一体化

市场体系是一个不可分割的有机统一体，由各种相对独立的商品市场和生产要素市场形成[①]。土地、资金、技术、劳动力、信息等生产要素在市场上交易，并由此发展成了土地市场、金融（资本）市场、技术市场、劳动力市场、数据市场、产权市场等，形成生产要素市场。这些要素市场构成的统一体，在整个国民经济中起着十分重要的作用。要素流动与市场一体化之间具有相互促进关系，要素流动能够促进市场一体化的发展，市场一体化水平越高，要素流动成本和壁垒也就越小，更有利于要素流动，两者共同促进经济的发展[②]。

二、我国要素市场一体化发展与改革进程

我国的要素市场一体化程度在不断提高，这为城市群经济的形成和发展奠定了基础。同时，不同城市群的市场整合程度存在较大差异。需通过加强各地区市场化改革和提升对外开放程度，降低市场整合的省界效应，提升城市群整体的市场一体化水平[③]。

2020年3月，中共中央、国务院出台了《关于构建更加完善的要素市场化配置体制机制的意见》，指出要深化要素市场化配置改革。城市群规划和建设可作为我国未来要素市场化改革的重要切入点，通过中央的统筹规划和地区间利益协调机制的建立，促进生产要素在城市群内自由流动，从而实现更高水平的要素市场一体化。

2022年，国务院办公厅印发了《要素市场化配置综合改革试点总体方案》（简称《方案》）。《方案》坚持系统观念，健全改革试点推进方式，突出要素协同配置。在要素领域上，明确试点地区在土地、劳动力、资本、技术、数据要素市场开展改革试点；在资源配置上，强调要构建项目、平台、人才、资金等全要素一体化配置的创新服务体系，提高全球先进要素集聚能力，进一步发挥要素协同配置效应；在授权方式上，明确在中央改革顶层设计和战略部署下，以清单

① 陈磊，胡立君，何芳. 要素流动、市场一体化与经济发展：基于中国省级面板数据的实证研究［J］. 经济问题探索，2019（12）.

② 同上。

③ 唐为. 要素市场一体化与城市群经济的发展：基于微观企业数据的分析［J］. 经济学（季刊），2021，21（1）.

式批量授权的方式推动重点领域和关键环节改革。《方案》明确，到2025年要基本完成试点任务，要素市场化配置改革取得标志性成果，为完善全国要素市场制度作出重要示范。

三、前海要素市场一体化建设现状

粤港澳大湾区是中国区域一体化中市场化程度最高的地区，具有“一个国家、两种制度、三个关税区”的特点。最大限度让人、物、资金和信息等要素高效便捷流动，实现要素自由流通、合作共赢，是粤港澳大湾区发展并建设世界级城市群的关键所在。前海成为我国要素市场化配置改革最佳的试点创新区域。

在要素一体化建设和保障方面，前海利用深化深港合作，推动深港经济运行规则衔接、机制对接上的经验优势，积极探索粤港澳三地规则衔接、机制对接上的创新举措，为人员、货物、资金、技术、数据等高效便捷流动提供服务保障，提升市场一体化水平。

（一）为外籍人才提供服务保障

前海出台多项配套政策和措施，建立外籍人才服务保障系统。

实施“双15%”的税收优惠政策。出台了前海境外高端人才和紧缺人才认定办法、个人所得税补贴办法。

实施人才安居工程。通过配建、采购等方式多渠道筹集人才住房，推出前海人才公寓，购置商品房作为储备性人才公寓，对港澳人才和境外高端人才实行优先配租、应保尽保。

为外籍人才办理永久居留身份证。新版外国人永久居留身份证，与中国公民持有的二代身份证类似，可以通过居民身份证阅读机进行机读识别，在功能上也与居民身份证接轨。外国人永久居留身份证的持证人在中国境内办理金融、教育、医疗、交通、住宿、通信、工作、税收和社会保险、财产登记、诉讼等事务时，该证可以作为身份证件单独使用。

（二）为港澳居民在前海就业和生活提供便利

港澳居民在前海免办就业证。前海率先提出并实施在前海工作的港澳居民免办就业证的便利措施，并将其迅速在全国推广复制。

港澳居民在前海可缴纳住房公积金。前海率先推行同意港澳台居民缴存和提取住房公积金的便利举措。在前海就业的港澳居民在缴纳和提取住房公积金方面享受市民待遇。

为港澳专业人士跨境执业提供便利。前海率先允许粤港澳联营律所以本所的名义聘用港澳律师，合伙联营律所的内地律师可以受理、承办内地法律适用的行政诉讼法律事务，继而扩大跨境执业便利化范围，实现港澳工程建设、税务等领域16类专业人才在前海备案即可执业。

港澳居民医疗便利化。在基本医疗、基本公共卫生服务方面，港澳居民在深圳享有市民待遇。推动“港澳药械通”“长者医疗券”“居粤香港患者复诊支援计划”，并首次实现电子病历跨境互通，已有8.1万人次就诊。此外，全市已有13家医疗机构与国际商保公司签订就医协议，7家定点医院提供香港病人转诊服务。既惠及内地居民，也造福跨境患者。

粤港澳游艇自由行。在《中国（广东）自由贸易试验区粤港澳游艇自由行实施方案》的基础上，联合前海推动港澳游艇在出入境通关、监管查验、牌照互认、航行区域规划等方面政策创新，积极争取将区域合适的游艇码头纳入粤港澳游艇自由行范围。

（三）初步形成港澳青年在前海发展的政策体系

前海全面支持港澳青年发展的政策体系初步形成，前海已成为港澳青年内地发展的第一站。2019年3月27日，深圳市政府公报发布了《关于支持港澳青年在前海发展的若干措施》。在总计36条措施中，有近30条主要针对年龄介于18～45周岁的香港、澳门居民及在港澳高校毕业的内地居民进行扶持，直接为他们带来实惠。措施从纵向看贯穿实习、就业、创业初期、企业发展期等全过程，从横向看则覆盖了个体、孵化载体、综合平台及生活保障等多方面。

支持港澳青年实习和就业。通过配套奖学金、实习资助、就业资助、专业资助、人才资助等方式支持和鼓励各阶段的港澳青年来前海参访、实习、就业，引导港澳青年通过前海了解内地。

支持港澳青年创新创业。前海给予落地前海的港澳青年初创团队启动资助、补贴场租和运营费用等创业成本，鼓励资质认定，培育重点港澳青年创办企业，给予上市奖励，降低融资成本，提供风险补偿以及资助创业交流活动。

完善港澳青年发展平台。前海鼓励和支持港澳高校、企业、科研机构、专业机构、科创载体、创新创业孵化载体、青年社团等各类港澳机构在前海设立运营机构，带动更多港澳青年来前海发展。

启动“前海港澳青年招聘计划”。前海管理局对接港澳青年就业创业需求，抓紧抓实前海港澳青年就业创业各项工作。

2022年6月27日，在香港回归祖国25周年之际，前海发布九件实事，从“住房、就业、创业、平台、金融、科创、落户、服务、民生九个方面，增强“港人”归属感、“港企”获得感、“港机构”参与感，为港人港企在前海发展提供全方位支持，为港澳青年在深圳发展提供便利化条件。

四、前海推进要素市场一体化实施重点

《前海方案》对推进要素市场一体化的进程提出了很多具体的实施内容，重点要进一步加强三地经济运行的规则衔接机制对接，实行更加便利的通关模式，实现人流、物流、信息流全方位高度开放，在经济、法律、税收等方面形成有高度共识的规则衔接，提升市场一体化水平。

（一）加强在交通、通信、信息、支付等领域与港澳标准和规则衔接

实施民生“湾区通”工程。积极推进国际通信专用通道建设，推动深港两地通信运营商合作发行“前海卡”，实现前海与香港通信资费同城化。进一步放开过境免签政策，增加过境免签时间和出入境口岸数量，更多区域实行“合作查验，一次放行”通关模式，提高通关便利化水平。

（二）进一步支持港澳青年在前海发展

为港澳青年在前海合作区学习、工作、生活、创业等提供便利。积极搭建港澳青年参访、实习、就业以及创业的成长阶梯，构建完善的创新创业生态，打造港澳青年创新创业基地。加快在前海合作区引进港澳及国际知名大学开展高水平合作办学，建设港澳青年教育培训基地，打造引才、育才、聚才、留才等“全链条”人才服务体系。

（三）实施更开放的全球人才吸引和管理制度

为外籍人才申请签证、居留证件、永久居留证件提供便利。建设特色民办双语学校、港人子弟学校以及外籍人员子女学校。规划建设国际学校、国际医院，营造人才宜居宜家优质生活圈。

（四）进一步放宽香港医疗机构和市场主体办医准入条件，支持港澳和国际高水平医院在前海设立机构

允许按照港澳标准开办医院、门诊部，开展跨境医疗转介和香港医疗保障异地结算服务试点。建设高水平国际化医药集团，推进符合条件的指定医疗机构进口使用临床急需的港澳上市药品和先进的医疗器械。支持港澳医疗机构集聚发展，建立与港澳接轨的开放便利管理体系。谋划布局一批更具竞争力的深港医疗合作平台，支持香港名医诊疗中心项目建设。

（五）推动对接港澳游艇出入境、活动监管、人员货物通关等开放措施

在疫情防控常态化条件下研究简化有关船舶卫生控制措施证书和担保要求。创新港澳游艇出入境监管模式，争取在前海试行游艇出入境信用管理制度，加快建设国际游艇旅游自由港。

（六）深化规则衔接机制对接

推进与香港、澳门两地的规则、标准、监管、法律体系等与国际接轨。一是对接国际通行执业规则。推动形成境外国际通行执业资格认可清单，建立过往资历认可机制，全方位便利金融、法律、税务、会计、建筑、医疗等领域港澳或国际专业人士在前海跨境执业。二是对接高标准贸易规则。逐步放宽和取消商业存在、跨境交付、境外消费和自然人移动等相关要求。三是对接高水平经贸规则。抢抓RCEP实施机遇，加快复制推广要素跨境流动便利化、市场标准一体化、服务贸易自由化等改革创新成果，带动联动发展区提升贸易投资便利化水平。

» 第三节　法定机构保障

法定机构是指立法机构通过专门立法设立的与政府决策部门相区别的，相对自主、独立运作，负有法律赋予的执行政府政策、提供公共服务或发展经济职能的公共管理机构[①]。简单概括，法定机构是指由专门立法设立，具有法人地位，

① 崔健，杨珊. 前海合作区法定机构运作模式探究［J］. 特区实践与理论，2011（5）.

自主运行，实现专门性目的的非营利性公共组织[①]。

一、法定机构的特点和类型

现代意义的法定机构是由英美等国家发端并逐步扩展至世界范围的“新公共管理”运动的产物。20世纪80年代和90年代有超过80%的国家进行了公共管理的改革[②]。法定机构在世界范围内大量设立，在欧美发达国家和我国港澳地区非常发达，是非政府机构的主要构成部分，承担着大量的公共管理和公共服务的职能。

（一）法定机构的特点

法定性。法定机构都是通过专门法律成立的，每个法定机构都对应专门的法律，规定该机构的设立、变更和撤销、职责、经费来源、主要负责人产生办法及任免、管理架构、监督机制、与相关政府部门关系边界等内容。

独立性。在法律规定的框架下，法定机构可以相对独立运作，不受相关政府部门的干涉和制约。但独立性不是绝对的，议会机构或政府机构通过审计机制、问责机制、制衡机制等对法定机构的运作进行监督和规范。

专门性。法定机构是基于新职能、新任务的产生或者政府经济管理和社会事务的方式方法的调整而设立的。成立法定机构的法律都会赋予它特殊的功能、特殊的任务、特殊的运作方式和管理模式。

灵活性。法定机构拥有灵活的经费筹措模式、用人机制、薪酬体制以及经营管理模式[③]。

（二）法定机构的类型划分

在世界范围内，法定机构一般分为三大类：美国模式、英国模式和中国香港模式。

美国模式的最大特点在于独立行政机构，集立法、司法、行政三权于一身，问题在于同一个机构中就能得到全面解决，避免机构间相互推诿、扯皮，办事效

① 叶必丰．论我国的法定机构［J］．中外法学，2022，34（3）．
② 奈，唐纳胡．全球化世界的治理［M］．王勇，门洪华，王荣军，等译．北京：世界知识出版社，2003.
③ 同①。

率大为提高[①]。

以英国、新加坡为代表的英联邦国家的执行机构没有独立的地位，仍然隶属于政府的某个部门，受主管部门的领导，在重大项目、经费预算和人事任免等方面仍受主管部门的管理和约束。

中国香港的法定机构又叫公营机构。由香港特别行政区政府出资依法成立，其职能虽和政府部门相似，但不纳入政府体系，工作人员不属于公务员[②]。既不像美国模式三权集于一身，也不像英国模式隶属于政府的某个部门，而是一个独立体系，属于“半官方”机构。中国香港的法定机构数量众多，类型多样，这是中国香港公共管理制度的一大特色。

二、我国的法定机构

我国的法定机构是独立于行政编制、事业编制和企业编制的新型公共管理组织，属于非营利性的专门目的公法人[③]。它经地方性法规或地方政府规章规定，由政府设立，基于授权而成为授权行政主体，基于职权委托而成为职权行政主体。

我国内地的法定机构多设于自贸区和高新技术开发区，源自当年身处改革开放前沿的深圳。深圳经济特区结合了香港特别行政区和新加坡在行政系统以外设立法定机构的经验，在先于全国开展的事业单位分类改革中提出探索法定机构的设想。我国内地的法定机构虽然借鉴了香港特别行政区、新加坡甚至英国等的经验，但却具有大陆法系国家公法人的特征。它虽然具有香港特别行政区和新加坡法定机构“一机构一立法”的形式，但几乎都没有独立性或自主性。香港特别行政区和新加坡的法定机构不具有基于行政职权的特权和豁免权，而我国内地的法定机构却相反，行使职权的行为属于行政行为，具有先定力、公定力、确定力、拘束力和执行力。在立法上，要求对法定机构的职权像行政机关的职权一样实行清单管理；在司法上，法定机构的行政侵权与行政机关的行政侵权一样需承担行

① 刘霞．从美国独立行政机构职能看我国管理性事业单位归属［J］．中国行政管理，1995（8）．
② 丁元竹．香港法定机构的治理模式［J］．社会观察，2014（8）．
③ 叶必丰．论我国的法定机构［J］．中外法学，2022，34（3）．

政赔偿责任。因此，我国内地的法定机构是公法人，没有照搬香港特别行政区和新加坡的模式而呈现出法、德两国公法人的特征，是行政、事业和企业三类编制以外的一种新类型[①]。

三、前海法定机构现状

2010年2月，为推进前海开发开放，深圳借鉴香港地区及新加坡等法定机构运作经验，按法定机构模式组建了前海管理局。2011年深圳出台相关条例和办法，明确前海管理局依法履行前海合作区内的行政管理、产业发展和公共服务职能，并负责协调辖区政府及有关部门履行执法监管和社会管理职责，在非金融领域产业项目准入、规划和土地管理等方面享有较充分的自主权。

（一）职能与机构设置

前海管理局依法建立了“决策——前海开发建设领导小组、执行——前海管理局、监督——前海廉政监督局”三方治理结构。明确规定前海管理局在市政府确定的授薪人员员额、领导职数及薪酬总额范围内，拥有自主决定机构设置、岗位设置、人员聘用、薪酬标准的权力。

（二）资金来源

鼓励实行多样化经费筹措方式。目前前海管理局的资金来源主要是财政预算以及土地使用权出让后的返还，包括以下路径：作为法定机构，前海管理局按“企业化管理、市场化运作”原则，建立了一整套运作机制，集开发建设、运营管理和公共服务等职能于一体。除了内设机构外，前海管理局下设3个国有企业进行统一管理，这3个企业分别是前海开发投资控股有限公司、前海联合发展控股有限公司和前海金融控股有限公司。其中，前海开发投资控股有限公司负责前海合作区内土地一级开发、基础设施建设和重大项目投资；前海联合发展控股有限公司负责相关法律手续事务、秘书服务以及管理、协调、监督、服务、经营发展等；前海金融控股有限公司则是依法履行出资人职责。

---

① 叶必丰. 论我国的法定机构［J］. 中外法学，2022，34（3）.

（三）审批权限

为提升前海合作区的管理成效，一系列审批服务也直接下放到前海管理局，使其在城市规划、建设工程施工许可、合作区内投资项目管理、劳动人事管理方面获得更直接的审批权限，同时，还有省级以上主管部门下放或委托前海管理局的审批权限。前海管理局在非金融类产业项目的审批管理方面行使计划单列市管理权限。同时，根据市政府的授权，前海合作区依法履行区内行政审批和行政服务管理职权。

以特区立法形式，按法定机构模式组建前海管理局，确立了“充分授权、封闭运作、有效监督”的体制机制，形成中央和省大力支持，市委、市政府决策部署，前海创造性落实的生动局面。其中，法定机构承载区域治理职能的体制机制创新，则是深圳在前海探索治理现代化最重要的成果。在法定机构模式支撑下，前海将体制内的强大动员能力与市场化的活力效率有机结合，以仅相当于类似功能区或一般行政区20%～25%的机构人员规模，成功主导前海开发建设，为全国新型区域提供了可复制可推广的经验。

四、前海法定机构的保障和运行

《前海方案》中有关前海合作区创新治理模式部分的政策含义特别丰富，表明中央政府洞悉治理模式的变化趋势，规划了前海合作区治理模式，对法定机构承载的职能和优化以及管理模式进行了进一步部署。

（一）推进法定机构承载部分政府区域治理职能，优化法定机构法人治理结构、职能设置和管理模式

通过成立法定机构来分担政府的一些政务职能、管理职能以及社会服务职能。前海将在文化、教育、医疗、卫生等领域成立更多的法定机构，更多地承担具体的社会管理和服务职能，更专业地履行一些原来由政府包办的职责，使法定机构的职能和政府的职能有更好的分工。

（二）鼓励港澳人士充分参与前海管理

《前海方案》提出，积极稳妥制定相关制度规范，研究在前海合作区工作、居留的港澳和外籍人士参与前海区域治理途径，探索允许符合条件的港澳和外籍人士担任前海合作区内法定机构职务。鼓励在前海合作区工作、居留的港澳和外

籍人士积极参与前海区域治理，为港澳人士参与前海区域治理提供合法途径。一方面可以保证港澳人士在前海的合法利益，在实现前海发展的同时提升他们的社会福利水平，使其更好地融入当地生活。另一方面也能提高前海区域治理的整体效能，发挥前海在打造社会主义先行示范区中的带头作用。

（三）推进行业协会自律自治，搭建粤港澳职业共同体交流发展平台

过去面临的一个很大挑战，就是与港澳在专业服务的行业管理上，规则不完全对接，职业资质的认可标准也不一致，因此以前吸纳港澳各界人士，是以顾问的形式为主。前海将加大行业共同体建设力度，形成共同的行业资质的认定标准，推进行业协会自律自治，使港澳人士能够充分参与前海的治理，并把港澳的专业经验提供给前海，搭建粤港澳职业共同体交流发展平台。

（四）培育多元治理主体

促进协商共治与合作监督的关键在于为多元主体提供参与治理和监督的渠道，构建平等、和谐的协商与监督平台。鼓励社会组织、企业、公民通过合作、谈判、协商等方式积极参与到治理中来，发挥企业和社会组织的协调作用。积极举办论坛，推动听证以及公共事务公开制度的完善，为企业、社会组织的交流与发声提供平台，减少因政府竞争给资源整合带来的不利影响，有效弥补政府治理与市场调节的不足。

产业协同发展需要一个科学有效的现代化治理体系保障。前海作为示范区，坚持在法治的保障下，在社会治理领域探索制度创新，尝试建立一个多元主体共同参与的共治型法定机构管理模式，探索出对未来中国社会发展有效益的、好的“前海模式”。

» 第四节　公共服务供给保障

公共服务是政府基于社会共识，出于公共价值，通过动用公共权力、投入公共资源等方式介入，向辖区内的公民提供并保障其可及性、可得性的服务[①]。

莱昂·狄骥于1912年第一次较为系统地论述公共服务：公共服务就是指那些政府有义务实施的行为。任何因其与社会团结的实现与促进不可分割的、必须由政府来提供控制和调节的活动，就是一项公共服务。这一表述中的公共服务也就是政府提供服务，其目的是满足人民需求[②]。当前，多数学者认为提供服务的主体应是政府和经过授权的非政府组织。学者们关于公共服务概念的共同之处在于：认可公共服务具有非营利性、公共性和主体不确定性[③]。

据中国政府网表述，公共服务是指由政府部门、国有企事业单位和相关中介机构履行法定职责，根据公民、法人或者其他组织的要求，为其提供帮助或者办理有关事务的行为。公共服务事项由法律、法规、规章或者行政机关的规范性文件设定，是相关部门必须有效履行的义务[④]。这一定义明确了在中国语境下，开展公共服务的主体、对象、内容等重要内涵。公共服务的内容包罗万象，例如文化、环境、交通、医疗、生态等，都是其中必不可少的。

一、全球公共服务发展趋势

当前全球公共服务供给面临新的挑战。一是人们需求的多样性，要求公共服务供给方式创新。随着人口结构的发展变化和人民生活水平的不断提高，与日俱增的公众期待迫使政府各机构提高服务效益、加强服务协作、整合服务内容。二

① 高传胜．“十四五”时期推进非基本公共服务高质量发展研究［J］．经济研究参考，2021（1）．

② 郎鹏峰．政府购买服务的制度成效、问题与反思：基于内地公共服务现状的实证研究［J］．学习与实践，2012（9）．

③ 马瑄．政府购买公共服务法律监督规制［J］．人民论坛，2016（14）．

④ 《中国行政管理》编辑部，邵景均．积极推动公共服务发展［J］．中国行政管理，2022（1）．

是政府自身财力和管理方式的限制，要求其积极变革公共服务供给方式。一个国家的经济发展进入新常态，经济增速开始放缓，财政收入将不可避免地受到影响，这也意味着政府在公共服务领域的投入将受到一定限制，单纯依靠增加财政投入、扩大供给规模来增加公共服务的供给将面临瓶颈。三是信息技术发展对政府公共服务供给模式影响深远。以物联网、云计算、大数据为代表的信息技术迅速发展，并与传统业态融合，实现各领域的转型升级。云技术使政府机构与各行业之间的数据共享与数据交互更加便利。信息技术具有注重个人需求、关注个性发展的功能，能通过细化分类实现与个性需求的对接，不可避免将对政府公共服务供给产生深刻影响。为应对上述挑战，政府公共服务供给需要向精准化转型。

二、我国公共服务供给情况

政府购买公共服务已经成为公共服务供给的重要途径之一。进入21世纪，全国各个城市陆续展开政府向社会力量购买公共服务的探索尝试，政府购买服务也从最初的养老、环境卫生等领域不断延伸。与此同时，政府向社会及市场购买公共服务的规模也逐年扩大，据《中国政府采购报》报道，2018年数据显示，全国政府服务类采购规模达12081.9亿元，其中，保障政府自身需要的服务和政府向社会公众提供的公共服务分别为5705.5亿元和6376.4亿元。

多元化合作公共服务供给格局正逐步建立。随着我国经济发展阶段的转变和经济改革的深化，政府在公共服务供给中的传统角色定位已发生极大变化，当前逐步形成的共识是：为了更好地整合资源和防止公共服务的低效率供给，以政府供给为主的公共服务单一供给模式应该让位于以政府、市场主体、社会组织和个人共同参与、相互合作的多元化供给模式①。《“十三五”推进基本公共服务均等化规划》提出，要充分发挥市场机制作用，为各类主体平等参与并提供公共服务营造良好氛围。政府还需继续加强与社会和市场在公共服务供给方面的合作，同时也要意识到合作并不意味着政府相关责任的减轻，而是要更进一步在监管方式、考核标准等方面承担更大的责任，最终形成政府负责、市场负担和社会参与的多元化合作供给格局。

① 范建鏋. 扎实推进相关改革进程 实现公共服务供给多元化［J］. 中国发展观察，2020（Z8）.

三、前海的公共服务供给现状

“服务”是前海的关键词。前海本身就是现代服务业合作区，而作为法定机构的前海管理局，就是以服务企业作为立身的基本原则。在市场经济中，最为公众所接受和期待的政府公共服务模式，莫过于“服务者”这个定位了。

前海在满足多元化城市公共服务需求的基础上，积极引进国际标准的公共服务，系统规划了包括教育培训、医疗卫生、文化娱乐、体育竞技、行政管理与社区服务、交通通信等各类设施，构建出了内容丰富的城市公共设施体系，力求将前海打造成国际化社区，提供高品质、高水准的公共服务。

（一）提供公共服务专项资金保障

为促进前海社会公共服务保障事业发展，根据《深圳前海深港现代服务业合作区产业发展资金管理办法》（深前海规〔2020〕3号）规定，设立社会公共服务保障专项资金。对在前海开办的教育类公共服务机构、医疗类公共服务机构，分别给以开业扶持和经营扶持额度。

（二）提供国际化医疗、教育等公共服务

推动港澳医疗机构集聚发展。打造与港澳衔接、与国际接轨的粤港澳大湾区综合性医疗中心。落地一批深港医学教育项目，联合培养中医人才等，培养更多受国际认可的医学人才。持续优化港澳医疗机构审批流程，简化港澳医师资格认定、短期行医许可程序，大幅压缩机构设置与执业登记审批、港澳医疗专业技术人员执业办理的时限。同时，试点公立医疗机构招聘港澳籍中医师。完善医疗服务跨境衔接机制。开展我国“三甲医院”评审标准国际转化。组织香港和内地知名医院认证专家团队，对标国际通行规则，创新性编制完成《医院质量国际认证标准（2021版）》，创新医院“智慧评审”模式，力争实现粤港澳大湾区内国际化医院质量评审认证一体化，进一步促进粤港澳大湾区医疗服务行业监管、质量安全、评审评价等高水平衔接。

引入港澳和国际一流高等教育资源，协调推进教育项目，积极与多所港澳及国际知名高校开展合作。建设特色民办双语学校、港人子弟学校以及外籍人员子女学校，规划建设国际学校。进一步扩大对港澳开放，将前海打造成国际化创新型教育高地，提供国际化教育服务供给保障。

（三）建设智慧信用监管体系公共平台

编写发布前海信用白皮书、社会信用指数。正式上线运行前海公共信用平台（三期）。前海公共信用平台建设的总体目标是以建设智慧信用监管体系为核心，形成服务监管、服务公众、服务决策的全方位深度信用体系。打造兼具舆情监测、风险预警、协同监管和联合奖惩多功能的综合信用信息平台，形成覆盖事前、事中、事后监管的全过程智慧信用监管体系。

（四）提供国际化基础公共服务

建设滨海公共休闲岸线，打造绿色低碳的宜居城区；加快推进港深西部铁路等重大项目规划建设，打造畅通便捷的枢纽城区；推动海绵城市、节水型城区建设，打造更为安全的韧性城区；打造粤港澳大湾区信息交互枢纽，建设互联互通的智慧城区；打造国际化城市新中心。

四、前海公共服务供给保障的策略及重点

《前海方案》中对前海公共服务中的“政务服务流程再造”“供给机制”“公共卫生”“协同治理模式”等都提出了明确要求。未来，前海公共服务保障的策略和重点如下。

（一）优化政务服务流程

开展政务服务流程再造。通过“互联网+政务服务”的形式，优化审批流程、提高审批效率，进一步畅通企业与政府沟通的渠道。加强人工智能在公共服务的智能咨询、服务引导、自助查询、数据收集、数据处理与服务等方面应用。

推进服务数字化、规范化、移动化、智能化，提高政务治理能力。综合应用大数据、云计算、人工智能等技术，提高社会治理智能化专业化水平，实现主动、精准、整体式、智能化的政府管理和服务。

（二）完善公共服务供给模式

深化“放管服”改革，探索符合条件的市场主体承接公共管理和服务职能，健全公共服务供给机制。在坚持地方政府主导的基础上，增加政府委托、股份合作等市场化供给模式作为补充，鼓励社会力量参与公共服务供给，为公众提供更多品质化个性化的公共服务。进一步深化“放管服”改革，激发市场主体在治理中的活力。

“放管服”改革是放（简政放权）、管（放管结合）、服（优化服务）三管齐下的整体性政府改革：一是通过政府间纵向关系的调整，理顺上级政府和前海政府的职责关系，保证不同层级政府间的运行顺畅；二是以行政审批制度改革为主要抓手来调整政府间纵向关系，促进公共政策环境更加开放与包容、更加公平与和谐，市场和社会更具活力；三是提高政府间运行机制的耦合度，保证运行的同向性和信息传递的畅通性。

（三）提升公共卫生服务能力

提升应对突发公共卫生事件能力，完善公共卫生等应急物资储备体系，增强应对重大风险能力。以此次疫情为契机，探讨搭建世界级城市群信息舆论平台的可行性，从而推进区域联动的公共医疗卫生应急机制保障，并在此基础上拓展功能，为大湾区企业和个人提供丰富实用的一站式便捷服务。

建立健全突发公共卫生事件应急预案体系。成立突发公共卫生事件应急专家委员会，并规划突发公共卫生事件应急处置场所。同时，加强应急医疗救治网络和专业应急队伍建设，提升应对突发公共卫生事件的快速响应能力。对应急物资的储备和供应进行制度设计。

健全突发公共卫生事件监测体系。在国家基础上扩大突发公共卫生事件监测范围，形成多维度、全方位的突发公共卫生事件监测网络。

规定由市政府或其授权部门发布本市突发公共卫生事件有关信息，明确可以根据突发公共卫生事件防控的需要，及时向社会发布涉及的病例、病情、人员活动轨迹以及流行病学调查等信息，增强市民自我防范意识和能力。

加强信息安全管理，开展突发公共卫生事件监测、调查、处置的有关单位因应急处置需要通报相关人员个人信息的，应当对个人隐私信息进行加密处理，确保个人隐私信息的安全。

加强突发公共卫生事件舆情监测、研判和引导，及时澄清虚假信息，发布权威信息，主动回应社会关切，提高政府公信力。

（四）探索政府和企业协同治理模式

推动企业履行社会责任，适应数字经济发展，在网络平台、共享经济等领域探索政府和企业协同治理模式。

推进政务云、网及数据中心建设，构建数据治理共建、共治、共享工作格局，加强新技术在政务服务领域的应用，提升自主创新核心能力，守住安全底线，进一步夯实数字政府基础能力。

加快建设智慧城市，建立健全数据的共享与流通机制，实现政府间以及政府与企业间的多网融合、互联互通，实现数据在不同治理主体间的自由流动，减少信息不对称。

探索区块链技术在空间治理中的应用，提高治理的精细化、智能化水平，为社会力量参与治理提供可能。

推动政务公开工作，以政务公开的方式促进多元主体参与区域事务治理。进一步将政府网站打造成为民众获取信息、提出意见并参与治理的主要渠道。

未来前海规划包括三个重要内容：营造世界级营商环境；加强高端要素市场一体化；提供高品质国际化的公共服务供给配套，建设宜居环境。一流营商环境旨在帮助企业创业、适应和增长，培养人才，助人成长，营造充满活力的生态。有人工作的地方就有生活，有生活的地方就必须有优质的公共服务供给保障，包括教育、医疗、文化、生态。前海不仅将建设成为国际金融和科技中心，也将成为宜居的有温度的国际化新城市中心。

第十二章 CHAPTER 12

提升前海产业发展的创新力

大力发展粤港澳合作的新型研发机构。

建设高端创新人才基地。

联合港澳探索有利于推进新技术新产业发展的法律规则和国际经贸规则创新。

——《全面深化前海深港现代服务业合作区改革开放方案》

《前海方案》提出，“大力发展粤港澳合作的新型研发机构”，“建设高端创新人才基地”，“联合港澳探索有利于推进新技术新产业发展的法律规则和国际经贸规则创新”。实质上，这是对前海产业的创新发展和高质量发展提出了新要求。提升前海产业发展的创新力，需要在建设新型研发机构、营造包容审慎的监管环境、提升高端人才创新力、建设新型高端智库基地等方面重点发力。

» 第一节　建设新型研发机构

2019年，科技部发布的《关于促进新型研发机构发展的指导意见》，将新型研发机构定义为聚焦科技创新需求，主要从事科学研究、技术创新和研发服务，投资主体多元化、管理制度现代化、运行机制市场化、用人机制灵活的独立法人机构，可依法注册为科技类民办非企业单位（社会服务机构）、事业单位和企业。

一、新型研发机构的特点和意义

（一）新型研发机构的特点

新型研发机构在体制和机制上与传统研发机构有很多不同的特点，旨在突破传统研发机构在科技体制、机制上的制约，聚焦区域的创新资源要素，是促进产业与创新深度融合、促进科技成果转化、提升国家创新体系整体效能、建设世界科技强国的重要新载体[①]。新型研发机构是由多元的投资主体进行投资、采用企业化的管理模式、市场导向的研发模式以及孵化育成与创新创业相结合的独立法人组织。通过将产、学、研三方在一个企业框架下进行融合，使研发机构、高校、创新型企业、政府支持和社会资本结合在一起，利用市场机制配置创新资源，既进行基础研究又直接面向市场需求进行科技成果产业化，成为自主经营、独立核算、以科技研发活动为主的新型法人机构[②]。国内学者认为创新（包括体

① 李海波，白寿辉，武玉青．关于我国新型研发机构建设的若干思考［J］．科技中国，2022（3）．
② 陈红梅．新型研发机构运行机制研究［D］．广州：中共广东省委党校，2017.

制机制创新）、政府导向、多主体、市场化运作、现代化管理模式、资源整合、产业创新延展、搭建完整创新链、产学研协同是新型研发机构的新特点。

（二）新型研发机构成为集聚高端创新资源的新载体

新型研发机构化解了传统的政府管理机构、科研院所与公司企业的分割体制冲突，构建了政府、高校、科研院所、企业之间的制度性通道，为创新要素的整合提供了一个混合制度空间和实体组织载体，提高了应用创新资源的集聚效率。一是构建了创新资源汇聚平台。新型研发机构构建了高水平的创新平台，并加强了与周边其他创新主体互动，发挥着重要的创新效用，形成创新资源的汇聚与整合。二是聚集了一批高端创新团队和领军人才。新型研发机构凭借市场化的运行机制和人才激励制度，成为国内外高端创新人才的集聚器。三是培育了一批高层次人才。超过80%的新型研发机构在从事技术创新和成果产业化的同时，担负着人才培养的职能。如中国科学院深圳先进技术研究院已培养博士和硕士研究生2600人，成为深圳市高科技企业高端人才的重要培养基地。新型研发机构是推进科技体制机制创新、优化科研力量布局、强化产业技术供给、促进科技成果转移转化、推动科技创新和经济社会发展深度融合的重要载体。在盘活创新资源、实现创新链条有机重组，推动源头创新向新技术、新产品、新市场快速转化方面，发挥着越来越重要的作用。

二、我国新型研发机构发展概况

我国的新型研发机构萌芽于1996年创建的深圳清华大学研究院，后来逐渐在广东、北京、上海、苏州、武汉、南京等地迅猛发展，目前处于发展阶段。截至2020年底，我国新型研发机构达到2140家，较上年增长3.4%。江苏省列入统计的各类新型研发机构超过400家，广东省认定的新型研发机构240余家，福建省认定的省级新型研发机构达100家[①]，形成国内新型研发机构发展的第一梯队。新型研发机构成为我国一支不可忽视的重要创新力量。

① 陈晴，于磊，黄燕飞．我国新型研发机构发展现状及政策建议［J］．中国科技产业，2021（12）．

（一）政策支持

2015年，广东省科学技术厅等十部门制定发布了《关于支持新型研发机构发展的试行办法》，其后各地相继出台新型研发机构的鼓励政策，掀起了建设新型研发机构的热潮。2016年中共中央、国务院印发《国家创新驱动发展战略纲要》，提出“发展面向市场的新型研发机构”。2019年科技部发布《关于促进新型研发机构发展的指导意见》，提出对新型研发机构在项目申报、人才激励、联盟建设、开放合作等方面的支持措施外，各地在推动新型研发机构健康发展的实践中，在税收优惠、首台（套）保险补偿、科技成果转化激励和支持科研人员离岗创业鼓励等方面作出了一系列广泛而有益的探索。2021年3月，国家“十四五”规划提出：“支持发展新型研究型大学、新型研发机构等新型创新主体，推动投入主体多元化、管理制度现代化、运行机制市场化、用人机制灵活化。”各地在财政支持、税收优惠、人才激励等常规研发基地扶持机制之外，也创新了众多政策和服务模式，大力发展新型研发机构。

（二）运行模式

我国新型研发机构运行模式主要有四种：

一是新型事业单位。如中国科学院深圳先进技术研究院，其特色是“三有”和“三无”（有政府支持、有市场盈利能力、有激励机制；无级别、无编制、无经费）。

二是事业单位。如东莞华中科技大学制造工程研究院，其特色是“三有”（有级别、有编制、有固定支持）和事业单位企业化运作模式。

三是研发服务类企业。如东阳光药业研究院，一般由企业自建或联合其他单位共同建立，主要为企业提供技术支撑。

四是社会组织。如北京生命科学研究所，主要特点是官办、民助和非营利特点。①

---

① 金学慧，杨海丽，叶浅草. 我国新型研发机构现状、困境及对策建议［J］. 科技智囊，2020（3）.

（三）存在的局限

我国新型研发机构的局限主要表现在：一是国际化视野有限，多数新型研发机构仍旧集中于为国内产业服务，国际化能力较弱，未形成全球服务能力。二是大多数仍以政府或公共资金支持发展为主，需探索出有效的市场化持续盈利模式。三是研发能力和研发方向有待进一步提升，对于全面服务的支撑作用有限。四是尚未发挥国内外高校、科研机构在基础研发领域对国内新型研发机构的合作、带动作用。

（四）通过国际化提升成为重要发展方向

国际化对新型研发机构的经营水平和服务质量具有积极作用：第一，国际技术创新压力带来新型研发机构技术创新动力。与国际高校、科研机构合作将促使我国新型研发机构探索前沿技术、产业共性技术、企业关键技术、行业技术标准等，提升科研能力国际竞争力。第二，通过国际化进程推动我国新型研发机构积极参与国际标准建立，通过标准制定打开国际市场，在国际市场中占据更加有利的位置。第三，多元化的国际合作将带来国际人才流动，吸引海外高端人才到中国工作的同时输出国内研发机构现有人才至国外进行培养与交流，依托人才交流开拓机构间多方面交流。第四，研发能力提升、人才流动等一系列国际化措施，将开拓国内研发机构国际视野，建立更加广泛的信息交互渠道，发掘更加敏锐的行业发展趋势研判能力，形成更加高效的服务及盈利模式。

三、深圳（前海）新型研发机构的基本情况

（一）深圳已成引领我国新型研发机构自主创新的标杆

为扶持科研机构发展，深圳出台了一系列政策措施，通过“民办官助”等创新政府服务模式，从人才、用地用房、项目资金等方面，为科研机构发展提供保障。2012年，实行科研类等八类社会组织直接登记，使科研类民办非企业单位有了突破性的发展，彻底释放其科技创新活力；由政府出地、出资，核心团队出人、出资，推动双方或三方合作共建，政府通过这种服务创新，为重点科研机构提供全程“一院一策”的服务。目前，以深圳清华大学研究院、中国科学院深圳先进技术研究院、鹏城实验室、华大基因研究院、深圳光启高等理工研究院等为代表的深圳新型研发机构，开创了一个快速提升源头创新能力并快速实现产业化

的新型科技研发模式，特别是其市场化、产业化、多元化、社会化和国际化的本质特性，成为引领我国新型研发机构自主创新的标杆。

深圳清华大学研究院。建立于1996年，是我国第一所深圳市人民政府与清华大学共建并以企业化方式运作的新型研发机构。为正局级事业单位，设立理事会作为决策机构，院务委员会作为执行机构。首创“四不像”体制机制，兼具大学、科研机构、企业、事业单位四类主体的特征，将科技研发、成果转化、产业孵化、企业培育、投资服务等功能融为一体。累计孵化2500多家企业，培育21家上市公司。

中国科学院深圳先进技术研究院。中国科学院深圳先进技术研究院成立于2006年2月，定位为新型国际一流的工业研究院，由中国科学院、深圳市人民政府及香港中文大学共同建立。经过发展，已初步构建了以科研为主的集科研、教育、产业、资本为一体的微型协同创新生态系统，由九个研究所、中国科学院深圳先进技术学院、多个特色产业育成基地、多只产业发展基金和多个具有独立法人资质的新型专业科研机构等组成，属于事业单位，形成“科研+产业+资本”体系。2019年以转让、许可、作价投资三种方式转化科技成果的合同金额为4.93亿元，在全国高校院所中排名第二。

鹏城实验室。鹏城实验室总部始建于2018年3月，是我国网络通信领域的新型研发机构。主要从事网络空间科学与技术领域战略性、前瞻性、基础性重大科学问题和关键核心技术研究。鹏城实验室为独立法人实体，实行理事会领导下的主任负责制。鹏城实验室采取以重点项目为背景建设科研团队、以前沿学术研究为背景建设院士工作室的“双轮驱动”模式及与深圳的高校、科研院所和龙头企业紧密共建模式，联合全国150余家院校和科研机构开展深度合作，推动关键核心技术攻关。

“民非”[1]科研机构。“民非”身份创新了深圳市科研机构的运作模式。深圳市“民非”科研机构普遍采用市场化方式运作，坚持自主经营、自负盈亏，拥

① “民非”组织的全称是“民办非企业单位（组织）”，是指企业事业单位、社会团体和其他社会力量以及公民个人利用非国有资产举办的，从事非营利性社会服务活动的社会组织。

有灵活的运行机制。深圳光启高等理工研究院在几乎空白的超材料领域崛起，五年来相关专利数量世界第一；华大基因领航全球基因研究；……在深圳，像光启、华大基因这样的“民非”科研机构已达208家。“民非”让科研团队自己作主，最大限度提高资源使用和人才引进的效率。

（二）粤港澳在科技创新上迎来合作共进的黄金期

新型研发机构是支撑粤港澳大湾区国际科技创新中心建设的重要载体，建设高水平新型研发机构是打造粤港澳大湾区世界级创新平台体系的内在要求①。粤港澳大湾区是我国乃至世界最具创新活力、制造业应用场景最多的地方，有丰富的制造链条和产业应用生态。港澳的基础研究优势与广东的产业创新优势互补性极强，香港的创新及科技水平已进入黄金期，广东是香港在创新与科技上最佳的合作伙伴。粤港澳在科技创新上携手并肩，为大湾区以至国家的科技发展作出更大的贡献。

（三）前海重点发展粤港澳合作新型研发机构

出台政策支持。2022年，《深圳前海深港现代服务业合作区粤港澳合作新型研发机构支持和管理办法（试行）》征求意见稿发布，重点支持的研发机构为依托港澳高校和香港科研机构（含国家重点实验室和国家工程技术研究中心）等在前海合作区设立的投资主体多元化、建设模式国际化、运行机制市场化、管理制度现代化，具有可持续发展能力，可实现产学研协同创新的独立法人组织。

走产业化、市场化、国际化的新型研发机构发展道路。前海新型研究院以前海为基地，辐射大湾区的产业创新需求，把研发布局到市场应用前端。从2019年开始就扎根前海的深圳市前海科创石墨烯新技术研究院（简称“前海石墨烯研究院”），是一个“科技+金融”新型研发机构，其立足前海，积极联通港澳台地区，已为数千家企业提供技术咨询、技术解决方案等服务，为科技孵化搭建起较为完整的生态链和较高的行业知名度。在港澳地区合作方面，2019年起对接香港科研机构，并由研究院提供完整的技术成果转化生态体系，通过加强与香港科技

① 王子丹，潘子欣．粤港澳大湾区国际科技创新中心建设背景下广东推动新型研发机构高质量发展的对策研究［J］．决策咨询，2022（1）．

院所的技术交流与合作，共同搭建深港技术应用中心，加速科技成果孵化。研究院与众多高校、科研院所也达成了合作。目前，研究院已经建立起石墨烯复合材料、环境净化材料、生物传感器、柔性电路四大实验室，成为支撑多条线产业应用的技术开发平台。前海正走出一条产业化、市场化、国际化的新型研发机构发展道路。

四、打造粤港澳科技创新产学研用深度融合示范平台

《前海方案》提出，“大力发展粤港澳合作的新型研发机构，创新科技合作管理体制，促进港澳和内地创新链对接联通，推动科技成果向技术标准转化”。前海将沿此精神进一步探索新型研发机构创新之路，打造粤港澳科技创新产学研用深度融合示范平台。

（一）进一步支持企业、港澳高校或研发中心在前海建设粤港澳合作新型研发机构

加快制定出台《深圳前海深港现代服务业合作区粤港澳合作新型研发机构支持和管理办法》，组织开展粤港澳合作新型研发机构的申报、遴选、认定、支持、管理工作，对粤港澳合作新型研发机构建设单位、运营单位基本条件和粤港澳科技合作条件作出具体的规定。遴选认定的重点研究领域聚焦于人工智能、健康医疗、金融科技、智慧城市、物联网、能源新材料等港澳优势产业领域。经认定机构给以政策和资金扶持。

（二）整合粤港澳大湾区的科技创新资源，推进与港澳规则衔接、机制对接

不断优化创新制度和政策环境，推动科技设施联通、科技要素畅通、创新链融通。一是对标世界科技和产业发展前沿，开展共性关键技术、颠覆性技术协同攻关，共同培养引进战略科学家，在关键领域和重点方向上发挥战略支撑引领作用和重大原始创新效能，强化战略科技力量。二是围绕国家战略和全球产业发展趋势，建立高效区域协同创新机制。建立健全联合研发资助机制，遵循市场经济规则，共同建立产学研合作平台，加快构建科技创新联合体。三是构建国际化跨区域创新投融资体系。成立粤港澳科技创新合作基金，连接国际资本市场，提供跨境资本对接服务，引导港澳及国际资本投资大湾区科技研发型企业，支持大湾区有潜力的初创企业和孵化器快速发展。四是更高层次参与国际科技合作，推动

全球科技创新协作。广泛联系国际科技组织和跨国研发机构，推动全球科技创新协作，深度参与全球科技治理，全面提高科技创新的全球化水平和国际影响力。

（三）打通科技成果产业化路径，进一步促进科技成果产业化

科技成果的产业化，不仅需要科研人员面向市场，还需要研发与市场的全面对接，更需要政府的积极引导与政策支持。2021年3月，《深圳市关于进一步促进科技成果产业化的若干措施》正式印发。文件从实施高质量成果“创新工程”、实施成果产业化“畅通工程”、实施成果产业化“支撑工程”和实施成果产业化机制“保障工程”等四个方面，共提出15条具体举措，旨在完善“基础研究+技术攻关+成果产业化+科技金融+人才支撑”的全过程创新生态链，打通科技成果产业化路径。未来前海将进一步促进两方面工作：一是畅通成果产业化渠道。探索实行由高等院校、科研机构、企业和资本组成的多元运营机制，为实验阶段的科技成果提供技术概念验证、商业化开发等服务。支持在深圳国家高新区建设科技成果中试工程化服务平台，鼓励龙头企业牵头建设小试中试服务平台基地。不断完善成果转化激励机制，加大高等院校、科研机构和企业科研人员科技成果转化股权激励力度，丰富技术入股、技术分红、成果转让收益分配等方式。推动高等院校、科研机构设立技术转移部门，并将科技成果转化情况纳入分类考核评价体系，支持高等院校、科研机构的科技人员离岗创业、在岗创业或者到企业兼职从事科技成果转化等。二是促进高水平科技成果与需求企业的常态化精准对接。建设与引进一批高水平的技术转移服务机构，建设市、区、重点机构“核心节点＋区域分节点＋专业分节点”三级有机融合对接网络，利用大数据、云计算等技术开展科技成果信息深度挖掘和匹配。

» 第二节　营造包容审慎的监管环境

包容审慎监管是深化“放管服”改革、优化营商环境的直接体现。2019年发布的《优化营商环境条例》（国务院令第722号）第55条明确指出：“政府及其有关部门应当按照鼓励创新的原则，对新技术、新产业、新业态、新模式等实行包容审慎监管，针对其性质、特点分类制定和实行相应的监管规则和标准，留足发展空间，同时确保质量和安全，不得简单化予以禁止或者不予监管。”营造良好的法治营商环境，需要在包容创新和审慎监管中寻求平衡。包容审慎监管既要求创新包容又要求严守安全底线，即辩证处理“放”与“管”的关系①。这种监管制度的优势就在于赋予新业态经济模式充足的发展空间和试错空间，最大限度鼓励创新。

一、包容审慎的监管机制的内涵和意义

包容审慎的监管机制包括三方面内容：一是探索实行“包容期”管理。尝试对企业给予1～2年包容期，在包容期内通过行政指导等柔性监管方式，引导和督促企业依法经营。作为新生事物，创新往往游走于法律灰色地带，政府过度监管容易给创新带来打击。政府部门在对新业态进行监管时，应选择让创新“飞一会儿”，要给市场一个良好预期，才能发挥更大的衍生空间②。二是规范涉企检查，审慎行使行政处罚裁量权。严格按照国家市场监督管理总局公布的随机抽查事项清单，通过“双随机”抽查的方式，对企业实施适度检查。三是落实公平竞争审查制度，进一步营造良好的市场环境。严格增量政策措施的公平竞争审查，优化审查方式，提高审查质量，确保应审尽审；积极发挥第三方评估机构作用，提升审查质量和水平；切实维护统一开放、竞争有序的市场秩序，保障新技术、新产业、新业态、新模式市场主体公平参与市场竞争。所谓包容审慎监管，从表面看，就是先看一看、先放一放、先让市场多跑一跑，但这并非权宜之策。从长远看，它是一种基础性理念。这种理念意味着相信市场、鼓励创新，同时更加重视加强事中事后监管。

包容审慎的监管环境是数字经济发展的需要。数字经济不但改变着商业生态、经济组织形式，而且改变着社会治理方式甚至法律理论原则。在经济生态日益丰富多元的场景中，出现了数据智能、平台治理等不同于以往体制机制的治

---

① 张友连，胡洁林．论法治营商环境中的“包容审慎”监管：基于《优化营商环境条例》的分析［J］．浙江工业大学学报（社会科学版），2020，19（3）．

② 雷晓康，贾明德．市场经济中的政府管制及其创新［J］．北京大学学报（哲学社会科学版），2003（1）．

理模式。新经济和新治理出现，基于数据智能的新治理方式与行政机关许可、审批、处罚的传统监管方式，必然产生衔接方面的参差与磨合。在这样的背景下，政府包容审慎的思维就愈加关键和重要。

包容审慎监管促使各类新技术、新产业、新业态、新模式蓬勃兴起。包容审慎监管对新产业新业态采取既具弹性又有规范的管理措施，能推动新旧动能平稳接续、协同发力。要监管，但不能“管死”。更重要的是，政府要提供更优的服务，让新业态更好带动传统产业转型升级、蓬勃发展[①]。通过“宽进严管”的策略来监管市场秩序、维护交易安全，对促进新业态经济模式健康发展非常必要。

任何创新都具有潜在的风险，要以“审慎监管”的态度积极探索审慎监管和社会共治的管理格局，以合理审慎的监管模式，打造新老业态融合发展的高质量经济市场环境[②]。

二、我国监管环境现状

（一）数字经济监管不断完善

当前，我国数字经济正进入一个相对成熟的新阶段，但是很多基本的市场规则尚未建立。因此，要健全市场准入制度、公平竞争审查制度、公平竞争监管制度，尤其是要建立全方位、多层次、立体化监管体系。要制止数字经济领域的垄断和防止资本无序扩张，保护数字时代的个人权益，保证平台经济健康有序发展，重要的是要建立全方位、多层次、立体化监管体系，实现事前事中事后全链条全领域监管，包含以法律为保障、以道德为支撑、以诚信为基石、以增进人民福祉为目标的四大核心价值体系。我国已经制定了电子商务法、网络安全法、电子签名法、反不正当竞争法等，对数字经济发展和监管发挥了指引作用。

（二）反垄断工作进入常态化监管阶段

我国重视反垄断工作，连续两年在政府工作报告中提及反垄断。2021年反垄

---

① 共享单车的“包容审慎”与“有效监管”［EB/OL］.（2017-06-22）. http://www.rmzxb.com.cn/c/2017-06-22/1608859.shtml.

② 姜明安. 新时代法治政府建设与营商环境改善［J］. 中共中央党校（国家行政学院）学报，2019，23（5）.

断任务着重强调“强化反垄断和防止资本无序扩张”，2022年强调公平竞争政策的深入推进，强调“加强反垄断和反不正当竞争”，意味着我国反垄断已从强监管逐步转向常态化监管。2021年，在立法层面上，与反垄断相关的行政法规、规范性文件不断出台完善；在执法层面上，国家反垄断局挂牌成立，执法主体力量得到加强，同时，针对平台等大型互联网企业垄断行为的执法案件也相继落地。2022年政府工作报告指出，要“创新监管方法，提升监管精准性和有效性。深入推进公平竞争政策实施，加强反垄断和反不正当竞争，维护公平有序的市场环境”。同时强调，要“促进多种所有制经济共同发展”“正确认识和把握资本的特性和行为规律”“营造各类所有制企业竞相发展的良好环境”。这意味着，在对所有市场主体一视同仁的前提下，反垄断监管回归到其维护市场公平竞争的应有职能，进入常态化阶段。常态化的反垄断监管，给大型平台企业的创新带来动力，鼓励它们继续发挥引领数字经济发展、持续进行技术创新的重要带头作用。

（三）监管方式的创新与公平竞争政策成为未来监管工作重点

在全球新兴产业爆发式发展的大背景下，对“深入推进公平竞争政策实施”的强调，有助于提升监管精准性和有效性，进一步处理好政府和市场之间的关系，从而营造出各类所有制企业竞相发展的良好环境，打造包容审慎的监管环境成为我国新兴产业监管的发展方向。

三、前海的监管创新

《前海方案》提出：“联合港澳探索有利于推进新技术新产业发展的法律规则和国际经贸规则创新，逐步打造审慎包容监管环境，促进依法规范发展，健全数字规则，提升监管能力，坚决反对垄断和不正当竞争行为。”[①]传统的监管措施很难推动创新发展，需要包容审慎的监管环境，前海是新业态、新模式、新产业、新技术最蓬勃发展的区域，是国际化试点最合适的区域，也是探索包容审慎监管创新的最佳区域。前海发挥港澳优势，先行先试知识产权保护、跨境监管创

① 《优化营商环境条例》的表述是“包容审慎”，《前海方案》的表述是“审慎包容”。鉴于二者的内涵一致，本书统一表述为“包容审慎”。

新，进一步激发市场活力和发展动力，推动创新。

（一）把反垄断与投资贸易便利政策相衔接

2018年，为优化前海投资监管体系、接轨国际法治化市场营商环境，前海发布《中国（广东）自由贸易试验区深圳前海蛇口片区反垄断工作指引》（简称《指引》），把反垄断与片区投资贸易便利政策相衔接，并对因垄断违法行为导致重大利益损害的区内企业，将通过法律援助等方式支持其维权。《指引》提出一系列的举措：

运用现代信息技术提高监管能力。运用大数据、互联网等现代信息技术，整合企业并购、市场集中度、价格波动、违法失信、投诉举报等相关信息，掌握垄断违法行为特征，提高对垄断违法行为的甄别和监管能力。指定专门机构协助反垄断，初步甄别线索后，将移交相应有管辖权的反垄断执法机构。

推行守信激励和失信惩戒联动机制。加强与深圳经信、市场监管等相关部门的联系，协商建立联席会议、信息共享等多部门合作协调、联动的反垄断工作机制。主动收集区内企业遵守反垄断相关规定情况，建立企业市场主体信用信息记录、公开、共享和使用机制，推行守信激励和失信惩戒联动机制，引导企业自觉维护信用信息，主动接受社会监督。

建立反垄断信息咨询服务机制。为区内企业、投资者以及社会公众提供反垄断信息咨询服务。对因垄断违法行为导致重大利益损害的区内企业，管委会拟建立相关维权保障服务机制，通过法律援助、协助沟通等方式积极支持企业依法维护自身权益。

此外，《指引》还鼓励会计、审计、税务、知识产权等专业性机构为反垄断执法机构及区内企业提供与反垄断相关的专业性、技术性服务。

（二）探索包容审慎跨境监管新模式

前海金融探索跨境“监管沙盒”试点。前海完善地方金融监管政策体系，升级监管科技系统，探索跨境“监管沙盒”等创新试点，不断健全跨境资金流动等风险监测、预警和防控机制。“监管沙盒”是指金融监管当局为金融科技创新提供一定时间和空间的模拟测试机制，其本质是一种平衡金融创新和金融监管的管理机制。该机制旨在为金融机构或提供金融服务的非金融机构测试金融创新提供一个“安全空间”，在此范围内，创新不会因监管被叫停。目前来说，香港、澳门和内地监管局都有一些金融“监管沙盒”，未来有可能在监管层面进一步打通，把三地“监管沙盒”统一起来，更有利于在三地进行更多关于金融互联互通方面的产品尝试。

前海跨境电商“e码头”试点平台。“e码头”经过与国家监管部门的长期沟通，其创新理念和思路得到了支持，获得了深圳海关、深圳出入境检验检疫局联合批准的“保税+实体新零售”保税展示交易自贸创新改革试点资格。在这个创新模式中，试点企业将卖场从地理位置比较偏僻的保税区搬到人流量密集的市中心，使创新政策与商业价值得到结合；海关、国检联合作业，关检同意货物凭保出区，开创性地允许对“保税+实体新零售”货物先销后税、集检分出，使贸易便利化水平得到了极大提升，贸易的能量得到了释放，原有电子商务、实体连锁零售“泾渭分明”的销售模式得到了改良，通过跨境电商商务线上销售、实体体验、保税直营、现场店提的商业场景得以实现。

（三）打造知识产权保护“前海模式”

知识产权保护是激励创新的基本手段，保护知识产权就是保护创新。前海合作区人民法院助推创新驱动发展，立足服务“一带一路”、粤港澳大湾区建设等国家发展大局，充分发挥司法保护知识产权的主导作用，推进知识产权司法保护专业化、便捷化、多元化、阳光化，助推区域创新驱动发展。前海合作区人民法院组建了两个知识产权审判团队，建立起“专业法官+港籍专家陪审员+知识产权专家+专业技术调查官”的知识产权案件审理机制，积极探索建立专业技术调查官制度，完善技术事实的调查认定机制，为知识产权案件审理提供专业性技术审查意见。加强与知识产权仲裁中心等域内外专业机构合作，完善知识产权纠纷多元解决平台，确立“过滤引导—协调对接—专业服务”等知识产权案件调解等工作模式，聘请具有知识产权专业背景的港澳台地区调解员、外籍调解员，实行“内地调解员+域外调解员”或“调解法官+域外调解员”的联合调解模式，充分运用“线上调解”，拓展知识产权纠纷化解的渠道和方式。

四、加快营造包容审慎的监管环境

前海将发挥港澳优势，在营造宽松开放的市场准入环境、建立包容审慎的执法监管机制、构建规范高效的风险管控体系方面采取积极举措，为打造国际一流营商环境营造公平开放、符合国际惯例的监管环境。

（一）扩大对港澳开放，改善市场准入条件

在加快推进市场化改革、提高行业监管水平的基础上，可考虑建立与国际接轨的外资准入负面清单管理模式。进一步探索在CEPA框架下放宽服务业外资市场准入限制，扩大对港澳开放，推行“非禁即入”“极简审批”改革，清理、取消不合理的前置审批事项，没有法律法规依据不得加以限制。实行以“既准入又准营”为基本特征的自由化便利化政策举措，实行以过程监管为重点的投资便利制度。

（二）对标高标准国际经贸规则，推动投资贸易自由化创新

从“自由便利、市场经济体制改革、打造高水平对外开放门户枢纽功能”三方面，突出全链条开放，主动对标高标准国际经贸规则。我国已申请加入CPTPP等国际高标准经贸体系，意味着我国推进制度型开放战略与深入参与国际经贸规则重构协同推进，叠加粤港澳大湾区的开放基因以及制度型开放的巨大场景、利益诉求。在贸易领域加快货物贸易便利化、推进服务贸易自由化、建立健全大湾区跨境服务贸易负面清单管理制度；在投资领域优化投资准入规则、强化投资监管制度、完善投资争端解决机制；在产业领域扩大金融服务开放、加快数字规则接轨、推进生物医药制度改革；在科创领域建设高水平人才高地、强化知识产权规则对接；在竞争与环境领域完善竞争相关法律法规与国有企业竞争中立制度，对接国际环境、社会及治理标准。

在科技创新等方面推进与高标准国际经贸规则深度对接，局部突破，以点带面，撬动全局。

（三）加强立法保护，拓展港澳司法协助，营造开放透明的外商投资环境

建设深圳市涉外商事一站式多元解纷中心，探索第三方评估、微型审判等机制，组建跨境商事争议解决队伍，探索国际商事案件在线“联合调解”“线上+线下调解”等模式。拓展港澳司法协助，简化涉港澳主体资格司法确认和授权委托见证，探索完善涉港案件诉讼文书跨境送达机制。拓宽域外法查明渠道，探索建立香港法律查明委员会和域外法查明专家库，完善港澳法律专家出庭提供法律查明协助制度。推动成立粤港澳大湾区司法研究平台，推进大湾区法律规则衔接和机制对接。

（四）提升监管能力，反对垄断和不正当竞争行为

依照2022年深圳市中级人民法院《关于支持和保障营商环境创新试点的实施意见》精神，积极开展新领域新业态知识产权保护试点，探索人工智能、大数据、算法等新型数字化知识产权财产权益保护新模式，探索开源软件的司法保护规则。开展新商业模式知识产权保护试点，探索完善游戏直播、短视频传播、实景游戏等新型数字娱乐游戏产业的保护规则。规范互联网平台不正当竞争行为，对数据爬取、大数据“杀熟”、过度收集用户信息等新型不正当竞争行为及时甄别和制止，建立公平竞争的市场环境。

（五）进一步对标国际一流自由贸易港，创新海关监管

在海关特殊监管区域推动实现“一线放开、二线安全高效管住”的贸易监管模式，推动建设国际贸易中转港。进一步对标国际通行规则，探索将“MCC前海”（前海拼）打造为海运提单标准条款和贸易服务规则。深圳海关将立足区域优势，从以下三个方面与香港相关部门共同探索，推动实现深港跨境贸易便利畅通。

一是推进检验检疫规则衔接和标准互认。聚焦深港共同关注的相关法律法规、商品品类、技术标准，结合前海产业布局、企业发展、人员需求等因素，持续推进两地海关的信息互通、执法互助、结果互认。

二是加强知识产权边境保护。推动前海合作区打造融合企业培塑、联动保护、成果展示的“一站式”协同平台，加强知识产权边境保护协作，对合作区内高新技术企业的品牌、专利等，探索推进跨境维权全链条的服务保障，推动形成保护知识创新的共治格局，助力前海率先建成粤港澳大湾区的“知识产权保护高地”。

三是加强国外技术规则的运用和转化。积极发挥海关职能，推动前海率先建设技术合规中心，强化通报评议、特别贸易关注等国际技术规则运用，通过世界贸易组织的TBT/SPS国际合作机制，深度参与国外技术规则的制定、修订等工作，同时加大国外先进技术规则的转化力度，引导企业持续提升产品质量和技术水平，增强核心竞争力，支持前海企业、产品、标准更好地走向世界。①

① 深圳举行推进前海深港现代服务业合作区建设新闻发布会：以先行示范的标准全面深化前海合作区改革开放［EB/OL］．（2021-09-13）．https://mp.weixin.qq.com/s/8OC9a1D-8EcodgySAQgXAA.

» 第三节　提升高端人才创新力

高端人才指我国经济社会发展急需的科学家、科技领军人才、国际企业家、专门特殊人才等“高精尖缺”人才。结合对国内重点城市人才政策的分析，高端人才（高水平人才）指受过高等教育的专门人才，分为杰出人才、高层次人才和一般高水平人才三类。杰出人才指国家级人才称号、重大奖励获得者和战略科学家等，其专业水平在国内居于前列或在国际上有一定的影响力；高层次人才指具有博士学位、正高级职称人才，具有广博的专业知识和精湛的专业能力；一般高水平人才指其他接受过高等教育或具有卓越技能的人才。

一、主要发达国家实施开放宽松、多层次、全方位的高端人才引进政策

综合国力的竞争归根到底是人才的竞争。进入21世纪，国际人才流动规模持续扩大。世界各国对高端人才的争夺从未停止，仍是促进国际人才流动的重要因素。同时，新的信息技术正打破物理空间的限制，拓展国际人才交流和合作的边界，国际人才流动呈现出区域化、数字化、共享化和务实化的新变化，正从根本上影响国际人才流动格局和竞争战略。

在当前世界格局深刻变化和新技术进步的背景下，各国纷纷出台相关人才政策，“外引”“回流”同步推进，高端人才竞争愈演愈烈。美国充分利用移民政策和签证政策，试图将自身打造成为全球人才中心，依托完备的移民管理与融入服务体系从全世界吸引人才。英国推出了“计点积分制”和“全球人才签证”，吸引科学、工程、医学、人文、数字技术和艺术与文化领域的人才，同时与基金会合作推出高级人才招聘计划，吸引全球顶级的科学家。此外，还有欧盟吸引高层次人才的“蓝卡计划”、德国吸引信息技术专家的“绿卡计划”、法国推出的“优秀人才居留证”制度和“人才护照”计划、芬兰推出的“杰出教授”计划。《2020年欧盟内部劳动力流动年度报告》显示，在2019年欧洲内部人才流动中，34%是高技能人才，46%选择了英国或德国。根据《2020全球竞争力报告》分析，

在全球竞争力前10强国家中，欧洲占据5席[①]。在亚洲，日本改变严控人口流入的政策，逐渐放松外国人居留资格，创造适宜留学生和海外优秀人才工作和生活的良好环境，实施“高级人才”优待制度，推出了“积分制”“经营管理签证”，提出了“亚洲人才资金构想”，吸引优秀的外国留学生。韩国首尔发布《首尔愿景2030》，将吸引高级人才作为首尔实现跻身全球Top5城市目标的重要措施。

全球高端科技人才跨国流动的频率加快、规模日益增大。大力培养和引进高端科技人才是各发达国家赢得国际竞争优势的战略抉择。

二、我国高端人才现状

（一）高技术人才还未形成良性的环流态势

我国从培养、引进、使用、评价、激励等各方面都出台了一系列的人才政策。20世纪80年代初至90年代初在科教兴国战略指导下，我国坚持开放的出国留学政策，“支持留学、鼓励回国、来去自由、发挥作用”。21世纪初，在人才强国战略指导下，我国坚持“以我为主、按需引进、突出重点、讲求实效”。目前，在创新驱动发展战略指引下，我国坚持“一个龙头、三位一体、突出高端、团队引进”。整体来看，现在我国人才流动经历了从流出到回流再到环流这样一个比较良性的发展阶段，但是，高技术人才还处于从多流出到少回流的过渡阶段，还没有形成良性的环流态势。中国的高校人才吸引力和国家人才竞争力虽数量上不断发展，但依然存在引进人才质量和结构方面的问题。基于机遇和挑战并存的国际人才竞争格局，中国需要在推进人才国际化进程中跟进国际趋势、反思自身短板并确立战略重点[②]。

（二）人才结构进一步优化，创新创业类人才占比仍偏低

我国加强科技人才队伍建设，人才结构进一步优化。从全球研发人员的规模来看，中国是科技人力资源大国。“十三五”期间，我国研发人员总量增加了100万人/年。每万名就业人员中研发人员数量由2015年的48.5人/年提高到2019年

① 施蒙. 国际人才流动有哪些新趋势［N］. 学习时报，2021-12-24（2）.
② 侯定凯. 国际人才竞争和流动的新趋势［J］. 法学教育研究，2017，19（4）.

的62.0人/年。同时加强对青年人才的培养，专门在国家重大科技任务和计划项目中，设立35岁以下青年科学家项目。人才结构更加优化，涌现出一批世界顶尖科技人才。国际组织数据显示，中国（含港澳）入选“全球高被引科学家”从2015年的168人次，增长到2019年的735人次，增加了3.4倍[①]。科学研究成果在国际社会影响力显著提升。但从世界范围看，我国研究人员的投入强度处于落后水平，创新创业类人才占比偏低，仅高于土耳其等发展中国家。丹麦、韩国等国家每万名就业人员中的研发人员数是中国的3倍以上。

（三）我国人才竞争中吸引力稳步上升

2020年2月，德科集团与欧洲工商管理学院（INSEAD）及谷歌（Google）联合发布了2020年《全球人才竞争力指数报告》（GTCI）。报告综合考虑了70个指标，覆盖了132个国家和155个城市，中国排名从上一年的第45位跃升至第42位，但在不同核心领域的表现则参差不齐。研究表明，中国由于拥有较为领先的教育系统及创新能力，在全球知识技能方面表现突出，但在人才吸引、职业及技术技能两项指标上则相较排名不够理想。城市排名中中国排名较靠前的城市是香港（第6名）、上海（第32名）和北京（第35名）。

我国要从科技大国向科技强国迈进，这个“强国”内涵下有很多新的任务、新的要求和新的方式，其中人才方面的国际化、全球化是重要的特征。高端科技人才的跨国流动在提升自主创新能力和创新创业及产业发展等方面发挥着重要作用。创新驱动本质上是人才驱动，实施创新驱动发展战略，必须加快建设创新型人才队伍，充分发挥高端人才在科技创新中的引领作用。

三、前海高端人才建设现状

作为国家级战略平台，前海先后被授予“海外高层次人才创新创业基地”“全国人才管理改革试验区”“粤港澳人才合作示范区”“深港人才特区”。前海从政策、环境、服务等多个维度发力，搭建人才服务体系。前海在全

① 国新办举行深入实施创新驱动发展战略 加快建设创新型国家发布会［EB/OL］.（2021-10-21）. http://www.scio.gov.cn/xwfbh/xwbfbh/wqfbh/42311/44006/index.htm.

国率先落地港澳居民工作免办就业证，在缴纳和提取住房公积金方面享受市民待遇；率先实现香港税务师、注册建筑师等12类香港人才仅需备案即可执业；率先实施境外高端紧缺人才个人所得税财政补贴政策。截至2021年11月，前海共集聚境外人才6000多人，各类高层次人才577人[①]。

（一）延揽高端人才是前海形成新竞争优势的重要方向

前海迎来了与香港合作的新机遇。人才，尤其是高端人才，往往是项目、技术、资金的载体。延揽高端人才是前海形成新竞争优势的重要方向。相比较而言，前海在广东自贸区三大片区中发展形势最好，这是吸引人才的最大优势。前海在延揽人才方面有着独特的优势：

香港是跨国人才进入的高端开放平台。香港的人才竞争力在全球主要城市中排名第20，在中国城市中排名第1，2021年全球人才竞争力指数从人才启用、人才吸引、人才成长、人才保留、全球知识技能五个关键指标测量人才竞争力，香港在人才启用上排名第６，在人才吸引上排名第９。

香港专业人才对接国际。香港作为一个国际化的大都市，储备了大量具备国际经验的法律、会计、科技等专业人才，可共享人才资源，向前海输送经验丰富的专业人才。专业服务既是香港人才的所长，又是当前发展“大前海”所需。香港地区的不少从业者拥有英国、美国、澳大利亚等多个国家和地区的从业资格，是我国涉外服务的重要人才资源。

香港的大学优势有助于培育储备年轻的人才。在2021QS世界大学排名中，香港大学、香港科技大学、香港中文大学、香港城市大学全部名列前50，可以输送大量的新鲜血液。与此同时，粤港澳大湾区的人才竞争力在我国名列前茅。深圳在全球排名第82，珠海排名第96，广州排名第98。高校是人才培养、使用的重要载体，广东也拥有中山大学、华南理工大学、南方科技大学等8所“双一流”建设高校，以及深圳大学等发展势头强劲的创新型大学。这也给前海延揽高端人才提供了人才基础。

① 持续升级！前海打造全球科创人才“第一站”［EB/OL］.（2021-11-11）. https://mp.weixin.qq.com/s/kSYav2NlQNxXuUUjdftTxQ.

（二）前海优惠政策和资金扶持

前海在2014年初正式启动了境外高端人才和紧缺人才的认定及个税补贴工作，重点引进和认定的高端紧缺人才具备下列条件之一：经国家、省级政府、深圳市认定的海外高层次人才；在前海注册并按照《深圳市鼓励总部企业发展暂行办法》认定的总部企业、世界500强企业及其分支机构的管理或技术类人才；在前海注册的其他企业的中层及以上管理或同等层次技术类人才；拥有国际认可执业资格或国内急需的发明专利的人才；不符合1～4条条件但确属前海发展紧缺的境外人才，能够证明其具有相应技术资历、专业能力或工作成就的，可通过所在单位申报，由深圳市前海管理局会同市有关行业主管部门和行业协会共同认定。

2021年，深圳市前海管理局在官网一次性发布了《深圳前海深港现代服务业合作区人才发展专项资金实施管理办法（征求意见稿）》等8个产业扶持政策，征求社会各界意见。这是结合前海实际情况推出的具有前海特色的人才政策2.0版本。8项扶持政策涉及前海人才发展、办公用房、鼓励总部企业、支持金融业发展、促进商贸物流、新兴产业发展、专业服务发展、社会公共服务保障等多方面，支持力度再次加大。此次管理办法重点聚焦高层次人才、港澳青年、回归人才等三类群体，并分别对认定的三类群体给予政策和资金扶持，旨在吸引更多的高端人才来到前海，促进前海经济进一步发展。

2021年11月2日，在第八届深港（前海）人才合作年会暨前海国际人才港招商推介大会上，首次公开发布前海国际人才一站式“服务包”，为战略科学家、科技领军人才、青年科技人才、卓越工程师、香港青年、海外人才等六类人才提供100项服务。前海国际人才港将正式“开港”，旨在打造成为全球科技创新人才到粤港澳大湾区就业、创业和生活的第一站和首选地，成为深圳引进全球科技创新人才的物理地标、情感港湾。

深圳市前海管理局年报数据显示，截至2021年，前海已累计认定9批次共1611人次前海境外高端人才和紧缺人才，发放个税财政补贴7.4亿元。2020年申报人数大幅增至508人，港籍人才占总认定人数的50%以上。

四、建设高端创新人才基地

《前海方案》提出，“建设高端创新人才基地，联动周边区域科技基础设施，完善国际人才服务、创新基金、孵化器、加速器等全链条配套支持措施，推动引领产业创新的基础研究成果转化。积极引进创投机构、科技基金、研发机构”。

（一）前海建设高端创新人才基地的目标

前海将实施更加开放的全球人才吸引制度，推动人才管理改革试验，加快构建国际人才引进、评价、激励机制，推进构建深港人才共同体，携手参与全球人才竞争，为加快建设世界重要人才中心和创新高地贡献前海力量。

实施更开放的全球人才吸引和管理制度。随着前海扩区，人才发展空间和产业发展前景都极大拓展。实施更开放的全球人才吸引和管理制度成为前海推进的重点。一是持续推进人才发展体制机制改革。除聚焦国际人才出入境、执业、创业等诉求，完善出入境便利、执业顺畅、创新创业资金自由流动的制度创新体系以外，前海突破制约国际人才流动的体制机制壁垒，在构建国际化人才环境方面先行先试，完善企业和人才信用数据，实施有关出入境便利措施，新增设人才类商务备案制度，提供一站式人才相关服务，落实人才优惠政策，专项政策扶持孵化人才企业，成为吸引高层次人才、人才服务创新的展示窗口。二是落实含金量更高的人才政策。落实《深圳前海深港现代服务业合作区支持人才发展专项资金管理暂行办法》，设置高层次人才奖励、港澳青年人才扶持、回归人才奖励三类资助，在人才扶持、人才住房、落户支持、引智支持、企业所得税和个人所得税优惠等方面给予国际人才全方位扶持。落实《关于以全要素人才服务 加快前海人才集聚发展的若干措施》，推出20项具体措施，保障人才引得进、留得住、用得好。打造全要素人才服务体系，以深化“放管服”改革为基础，突出打造高效便捷、服务优化的营商环境，将前海打造成国际人才到粤港澳大湾区就业、创业和生活的第一站和首选地。

建立并完善国际人才服务保障体系。成立前海留学人员创业园、前海国际人力资源服务产业园、广东院士团队创新创业前海驿站、前海海外人才离岸创新创业基地，进一步优化国际人才发展环境。开展人才精准服务，推行清单管理模式，建立前海外籍人才紧缺职业清单、前海境外专业人才职业资格准入负面清单，进一步提高人才资源向重点产业集聚，清单所列紧缺职业人才被纳入深圳市外籍“高精尖缺”人才认定范围。由前海国际人才服务中心对国际高端人才和紧缺人才提供一站式、全链条人才公共服务和市场化服务。成立国际人才服务工作站，整合人社、外专、公安的外国人才管理服务职能，一站式办理前海服务事项。此外，加强人才住房保障，通过配建、采购等方式多渠道筹集人才住房。

高标准建设前海国际人才港。深圳市前海管理局与深圳市人才集团合作，高水平打造前海国际人才生态圈、高水平建设前海国际人才港，把前海国际人才港打造成为实施深圳人才战略、服务大湾区、面向国际人才的重要平台，推动前海国际人才港全生态、集成式、国际化建设。积极引入人才服务机构、人才引进机构、人才创投机构、人才交流机构、重大人才载体、国际人才组织等六大类型，涵盖国际猎头公司、人才测评中心、职业培训中心、国际咨询公司、专业协会等机构。围绕“国际、人才、服务、创新”四大要素，构建国际尖端人才聚集高地，推动高端、国际化及创新业务入驻前海。

（二）前海建设高端创新人才基地的措施

一是完善国际人才服务、创新基金、孵化器、加速器等全链条配套支持措施，推动引领产业创新的基础研究成果转化。通过人才集团的服务与资源加持，共享现代化高科技基础设施，产业链上下游企业联动，达成猎人才、猎技术、猎企业的“三猎联动”，以及对人才的引进和培训、对技术的遴选和合作、对科创企业的孵化和加速。

打造“五中心一俱乐部”的人才服务创新综合体。国际人才科创中心通过本地化加速服务、本地化培训、全方位人才服务及创投基金等，帮助科创企业快速成长；猎投中心基于人才基金的“猎+投”模式，通过人力资源服务、高端猎投服务和种子基金，入股跟投科创企业，快速形成被投企业校友会生态矩阵；高端猎头视频猎招中心为深圳市和各大企业提供24小时全球高端人才的猎选、面试、招聘服务；国际离岸人才服务中心建设离岸产学研基地、创新创业对接中心、离岸人才服务托管中心等服务平台，支持前海企业建立海外研发中心和海外人才基地，实施国际人才柔性引进模式，为境内外工作专业人士提供在岸及离岸服务支持；人才大数据中心建立海外人才大数据库和信息库，专注于人才信息的电子化、信息化，实现数据可挖掘可画像，配合紧缺职业清单精准引才；才富汇巅峰俱乐部成为深圳引进高层次人才如院士、科研领军人物的首个落脚点和社交聚集地，建立对高层次人才的集中服务基地，提供全方位服务。

二是依托前海国际人才港，实现“四个一批”目标：引进一批国家战略人才力量。聚焦国家战略领域，制定全球战略科技人才清单，量身定制“政策包”，实行“一人一策”引进。聚集全球顶级猎头公司和国际咨询公司，借助其品牌辐射和资源链接功能，打造一批前海国际人才合伙人，推动形成国际人才影响力中心。探索以市场化方式发起成立国际性科技、人才、标准等组织，联动周边区域科技基础设施，发起成立一批国际性组织，构建特色科技服务集聚区，靶向引进具有国际水平的领军人才和创新团队。打造开放共享的海外用才新模式，支持头部企业、科研机构、国有企业等，在日本、韩国以及“一带一路”沿线国家建立若干海外研发机构，设立一批海外研发中心。重点瞄准高端访问学者、高端专业人才、高端海归人才、突破“卡脖子”核心技术人员，搭建国际高端人才数据库，构建高端国际人才集聚区。设立联系海外人才专门机构，拓宽引才范围，逐步加大从发展中国家引才力度，并建立高端人才服务工作机制，解决信息不畅、衔接不顺、生活不便等困难，吸引全球高端科技人才。通过持续努力，希望将前海打造成国家引进全球科技创新人才的物理地标、情感港湾，成为全球科技创新人才到粤港澳大湾区就业、创业和生活的门户、第一站和首选地。

» 第四节　建设新型高端智库基地

智库是相对稳定且独立运作的政策研究和咨询机构，在现代公共政策过程中扮演着政府理性决策“外脑”、多元利益和价值理念的政策参与渠道以及理性政策辨析的公共平台等角色，在抢占思想高地、提高决策质量、提升国家软实力等方面发挥重要作用。随着国际关系的日益变化和信息技术的高速发展，现代决策咨询需求对智库的研究水平、信息覆盖的范围和提出决策建议的能力有了更高的要求①，国家战略规划、布局和政策制定都离不开智库。

国家高端智库是中国特色新型智库体系中的重要组成部分，是国家最高水平

① 张舒逸，宋微，史琳. 全球高端智库建设现状研究［J］. 科技风，2019（29）.

的决策咨询机构。紧扣党和国家战略需求，突出问题导向、应用导向，增强决策研究的前瞻性、针对性、有效性，提升服务中央决策的能力水平。无论是参与解决全球性事务，还是增强自身国际话语权和科学决策能力，大力推进智库特别是高端智库建设已经成为全球各国的共识，同样也成为我国新型高端智库建设的重要出发点①。

一、全球智库发展现状

（一）欧美的智库影响力较强且发展比较系统完善

美国是全球智库最发达的国家。美国已经具备非常成熟且完整的智库体系，渗透到政治、经济、社会、军事等多个领域，数量多且影响力大，有独立的运行机制。

英国、德国和法国智库的发展处于领先地位。英国智库与美国智库基本相同，其智库体系在规模上已经相对庞大且发展处于较成熟阶段。英国智库典型代表有皇家国际事务研究所和国际战略研究所等。德国智库前期以学术型咨询研究为主，后期涉及政治、经济、社会等多层面，其中科学与政治基金会、国际与安全事务研究所等智库的国际影响力较大。法国智库起步较晚，其中国际关系研究所发展迅猛，另外，国际与战略研究所和可持续发展与国际关系研究所等较为知名。总体而言，欧洲智库已形成较完整的体系，显著特点有：与政党联系较为密切，资金来源渠道较多，运作和管理机制灵活，研究人员范围广、水平高。欧洲智库很重视人员的质量，涵盖政府官员、高校教授、企业家、博士研究生等多领域且具有较高的专业知识水平。

（二）亚洲智库发展水平参差不齐但各具特点

亚洲各国在政治、经济、文化、科技等领域具有不同的特点和优势，以至亚洲各国智库体系呈多样化发展。相对于欧美智库，亚洲智库起步较晚，但近些年来发展迅猛。在智库机构数量快速增长的过程中，也存在智库水平参差不齐、研

① 马健瑞，曹建海．新时期我国新型高端智库建设的使命与创新发展建议［J］．全球化，2022（3）．

究成果质量不高等问题。

日本智库运行机制规范，在法律层面为智库发展营造健康的环境，政府还特立专门管理机构，为智库的合理运行与机制制定提供指导；在资金来源方面比较有保障，因此其研究有一定自主性且涉猎较广，包括政治、经济、环境、资源、生态、外交、教育、人口、文化等。

韩国智库以政府官方智库为主，民间企业智库为辅。其中最能体现韩国智库体系特点的是被称为“智库的智库”的国家经济·人文社会研究会。它汇集了韩国智库主体，也就是全部的政府官方智库，并为其在发展计划和方向、管理协调、经营、合作等多方面提供方案和建议。

印度智库在数量和种类上都比较丰富，但资金支持来源和金额有限导致其规模难以扩大，行为意识较独立。与大部分南亚国家一样，印度智库接收国际机构包括世界银行、欧盟以及跨国公司等的资金支持比重不断上升。

二、中国智库进入高质量发展时代

（一）中国特色新型智库政策

2013年4月，习近平总书记明确提出建设中国特色新型智库。2013年11月，党的十八届三中全会通过的《中共中央关于全面深化改革若干重大问题的决定》提出，加强中国特色新型智库建设，建立健全决策咨询制度。2015年1月，中共中央办公厅、国务院办公厅印发《关于加强中国特色新型智库建设的意见》，首次全面系统地提出了中国特色新型智库体系的建设方案。2015年11月9日，中央全面深化改革领导小组第十八次会议审议通过了《国家高端智库建设试点工作方案》。2015年11月，中共中央宣传部发布《国家高端智库管理办法（试行）》《国家高端智库专项经费管理办法（试行）》，高端智库建设试点工作制度框架初步形成。与此同时，国家有关部委和地方也掀起了智库建设的热潮，智库建设顶层规划成效显现，中国特色新型智库体系逐渐完善，格局日益清晰，由此在全国范围内形成了分层、分类、分专业的智库行业格局。

（二）国家高端智库现状

2015年12月，25家机构入选首批国家高端智库建设试点单位，主要研究领域涵盖国家发展战略、国家治理、国家安全、公共政策、宏观经济、金融问题、科技发展、能源战略、国际问题、国际贸易、港澳问题、新闻传播、国防和军队建设、党的建设等。2018年3月，中共中央党校和国家行政学院整合组建新的中共中央党校（国家行政学院），首批国家高端智库建设试点单位总数变为24家。2020年2月，中央全面深化改革委员会第十二次会议审议通过《关于深入推进国家高端智库建设试点工作的意见》。2020年3月，中央公布了第二批国家高端智库建设试点单位，共5家，全部都是依托大学和科研机构形成的专业性智库。至此，国家高端智库共计29家，此外，还有8家培育单位，实现“重点建设一批具有较大影响力和国际知名度的高端智库”的目标。

三、前海已初步形成高端智库集聚区

从“双区”建设看，粤港澳大湾区是“一个国家、两种制度、三个关税区、三种货币、多种语言”地区，是思想交流最活跃和密集地区，最可能碰撞产生火花，适合智库落地生根、繁荣发展。从前海自身看，以智库为代表的研究、咨询、规划等形态是现代服务业的重要组成部分，也是产业链中的高价值环节。科技智库、经贸智库、规划智库是前海更好发挥辐射带动作用，服务“双区”制度创新、实体产业、科技创新的重要支撑。

（一）高端智库集聚区初具雏形

高端智库集聚区是前海推进深港合作的重大平台之一，目前已初具雏形，吸引了香港中文大学（深圳）前海国际事务研究院、深圳数据经济研究院落户，国家高端智库综合开发研究院（中国·深圳）已经设立前海分院，开始布局前海运营。

（二）前海支持智库发展政策再度加码

2022年5月20日，《深圳市前海深港现代服务业合作区管理局关于支持中国特色新型智库发展的暂行办法》（简称《办法》）发布，从支持对象、落户支持、发展支持、申请与审核、监督与管理等方面提出具体支持。从招引扶持大方向上看，《办法》聚焦国家战略，将国家高端智库建设试点单位作为主要招引目标，鼓励其在前海落户实体化分支机构，在咨政建言、理论创新、文化传播、舆论引导、社会服务、国际交往等方面贡献智慧。首先，将国家高端智库建设试点单位作为主要招引目标。其次，希望着力吸引更高专业性和开放性的港澳智库等智库落户前海，既有利于总结实践经验、完善相关体制机制和政策举措，又能够深刻阐释“一国两制”等政策，进一步促进深港发展。再者，鼓励智库举办具有影响力的论坛、学术会议、研讨会等活动，充分发挥中国特色新型智库在公共外交和文化互鉴中的重要作用，提升前海影响力。

四、发展中国特色新型智库，建设粤港澳研究基地

《前海方案》指出，“发展中国特色新型智库，建设粤港澳研究基地”。前海的高端智库机构将以加强与港澳规则衔接、机制对接为目标，积极开展咨政建言、政策创新、知识分享、人才延揽、对外交往等。未来，前海将从五方面推动高端智库集聚区的建设。

（一）吸引集聚一批国家高端智库

开展国家宏观战略、区域经济产业、园区规划等综合性研究咨询，聚焦粤港澳大湾区和深圳中国特色社会主义先行示范区建设的实践总结与重大理论构建。

（二）加强与港澳智库合作，引入和培育一批港澳研究机构

密切跟踪港澳发展动态，针对港澳自身发展与港澳融入国家发展大局的重大问题，提出高质量的政策建议，助力港澳保持长期繁荣稳定。重点支持三类智库在前海集聚发展：一是国家高端智库建设试点单位或其分支机构；二是港澳知名社会智库、港澳高校或其在深合办高校举办的智库；三是其他对前海合作区建设粤港澳研究基地和文化软实力基地具有重大意义、符合中国特色新型智库发展需求的智库。

（三）进一步服务前海产业发展，尤其是新兴产业

吸引集聚一批科技智库，聚焦科技情报搜集、前沿性技术研究、科技创新体制机制改革研究、科技战略研究，推动建设国际科技创新中心与综合性国家科学中心。注重四大研究领域：一是金融、会展商贸物流、科技服务、专业服务、新型国际贸易、现代海洋、数字与时尚等现代服务业研究；二是营商环境、城市建设、公共服务、区域治理研究；三是深港合作、自贸区建设、粤港澳大湾区和深圳中国特色社会主义先行示范区建设研究；四是党的建设研究。从优秀的产业智库发展经验中，我们可以看到面向政府、立足市场是打造产业智库核心竞争力的重要途径。

（四）注重国际化，面向国际经贸规则谈判主战场

重点开展投资、贸易、金融、信息、人员等方面的国际经贸规则研究与咨询，服务企业国际业务拓展，为企业提供战略与投资决策咨询服务、为我国国际经贸规则话语主导权添砖加瓦。高端智库是我国由大国向强国转型过程中，不断增强学术理论构建力、加强思想策源性和提升国际规则话语权的重要依托。当前国际形势持续发生复杂深刻变化，政府经济决策必须基于更加科学审慎、系统研究的基础之上。面对新使命新要求，始终秉承咨政报国的情怀，不断增强善谋远谋的本领，大力弘扬务实创新的精神，努力做国家发展的瞭望者、助推者、守护者①。

（五）提高智库开放程度，构建吸引全球人才的制度体系和环境

新型高端智库需要结合自身的发展特点，吸纳聘请国内外专家学者，实现人力资源优势叠加，完善柔性引才机制。同时加强智库青年人才队伍建设，优化人才梯队结构。通过政府、企业、高校以及智库之间的有效合作，为年轻人的成长提供更多的机会和平台，形成智库研究新的增长点和长远发展的核心竞争力，形成梯次配置、上下联动、协调高效的智库人才队伍结构。激发青年研究人员的积极性、主动性、创造性，培养一批有能力、有水平、有进取心的优秀青年人才。

前海不断完善创新生态系统。大力发展粤港澳合作的新型研发机构，打造粤港澳科技创新产学研用深度融合示范平台；联合港澳探索有利于推进新技术新产业发展的法律规则和国际经贸规则创新，逐步打造包容审慎的监管环境；建设高端创新人才基地；发展中国特色新型智库，建设粤港澳研究基地。促进高质量新型研发机构集聚、高端国际人才集聚、高端智库集聚，助力前海成为具有国际影响力的产业创新枢纽。

---

① 黄坤明在国家高端智库理事会扩大会议上强调　为新时代坚持和发展中国特色社会主义提供智力支撑［J］．思想政治工作研究，2018（4）．

结语

CONCLUSION

前海产业发展的未来远景

展望未来，在协同发展和制度集成创新的推动下，前海将在高水平的产业质量、创新性的产业活力、多元化的产业生态、国际化的产业网络等方面为国家改革开放作出有益的探索，前海产业发展未来可期，前景光明。

» 第一节　高水平的产业质量

集聚产业发展所需的高端要素资源是产业高质量发展的关键。未来，前海将紧扣产业链价值链高端环节，加快高端要素资源集聚。

一、完善政策，吸引产业高端人才集聚

2021年4月，前海管理局发布有关政策，涵盖人才、办公租金、总部企业、金融、物流、专业服务、新兴产业和公共服务等八大领域。此次政策修订完善了前海现代综合服务业试点配套管理办法，实施后将给入驻企业和人才带来重大利好，将进一步促进前海高质量产业集聚发展。

二、构建高端引领、集约发展的现代服务业体系

前海已形成六个高端产业集聚区，一大批金融、现代物流、信息服务、科技服务及专业服务企业快速集聚，初步形成了高端引领、集约发展、辐射示范的现代服务业体系。其中，深港专业服务业集聚先导区已入驻10多家知名专业服务业机构，意向入驻数十家国内外知名专业服务业机构；国际高端智库集聚区已有香港中文大学（深圳）前海国际事务研究院、国家高端智库综合开发研究院（中国·深圳）前海分院等研究机构，以及国际知名咨询机构波士顿咨询、德勤会计师事务所、安永会计师事务所、普华永道、毕马威企业咨询（中国）有限公司等；深港新型商贸物流集聚区在前海做大做强免税产业，打造粤港澳大湾区免税购物中心；深港总部集聚先导区引进一批跨国企业中国区域总部和国内重点企业国际总部，形成总部经济规模集聚效应，未来将成为粤港澳大湾区企业总部最为密集的区域；深港国际法务区让前海成为国际商事争议解决的优选地，深港规则衔接、机制对接的先行地。前海坚持以新发展理念引领高质量发展，成为现代服

务业创新发展新动力。未来，前海将进一步深化改革开放，扎实推进制度改革创新，深入推进高水平对外开放，打造市场化、法治化、国际化一流营商环境。

三、发展壮大战略性新兴产业集群，培育发展未来产业

前海将加强与香港在现代金融、科技服务、会展经济、海洋经济、专业服务等领域的深度合作，加快推出一批重大政策、一批重大创新成果、一批重大平台、一批重大工程。研究制定“大前海”新兴产业规划，推动在“大前海”范围内建立以数字与时尚、现代海洋产业为主，承接深圳市软件与信息技术服务、数字创意、海洋产业、宽带网络通信四大重点集群，并辐射带动半导体与集成电路、智能终端、现代时尚、激光与增材制造、安全环保节能、生物医药、大健康等多个产业集群。

» 第二节　创新性的产业活力

创新是产业活力的决定因素和核心动力所在。推进科技创新，是前海现代服务业发展的动力源。

一、着力构建国际化、特色化、高端化的科技创新发展格局

近年来，前海科技创新引领作用不断凸显。截至2021年6月底，前海新兴产业（含科技服务业、信息服务业、战略性新兴产业）注册企业32068家，占前海总注册企业数26.0%。前海企业专利授权量合计3255件，同比增长10.4%。前海创新型新锐企业初具集聚态势。根据《2021年中国独角兽企业研究报告》，前海共6家企业上榜，占粤港澳大湾区16.2%，占深圳市30%，占粤港澳大湾区独角兽企业估值47.43%，占深圳市独角兽企业估值60.68%，其中菜鸟网络、微众银行、平安智慧城市位列粤港澳大湾区估值榜前三。

前海粤港澳青年创业成果显著。前海初步构建了全业态、全方位、全链条、全要素的深港创新创业生态，高标准打造以前海深港青年梦工场为核心的港澳青年创新创业孵化高地。截至2021年6月底，前海深港青年梦工场累计孵

化创业团队524家，其中香港团队245家，目前在园233家，香港团队127家。吸引IDG资本、香港X、香港青年专业联盟、深港产学研基地、草根天使会、创大资本、斑马星球等一批多元主体投资设立孵化机构进驻前海深港青年梦工场，用科技创新推动产业升级。

前海全面推进知识产权司法、行政、仲裁、公证、法律服务等机构在本地聚集发展，建立健全知识产权全生态系统，中国（深圳）知识产权保护中心、国家海外知识产权纠纷应对指导中心深圳分中心、国家版权创新发展基地等国家级知识产权平台落户前海。

二、注重科技赋能，以创新激发产业活力

产业升级有赖于科技创新。未来，前海将着眼于港澳规则衔接、机制对接，加快探索形成更加灵活高效的科技创新合作机制，加强与港澳科技创新资源协同，推动科技与经济深度融合，为建设粤港澳大湾区国际科技创新中心作出更多探索和贡献。

着力引进国际科技组织。与国际科技组织、全球创新高地等加强科技合作，引进国际性科技组织在前海设立分支机构或办事机构，组建推动产业链、供应链、创新链升级的新型创新合作组织和利益共同体。着力引进粤港澳新型研发机构。制定出台《粤港澳新型研发机构遴选和资助办法》，支持前海联合港澳高校和科研机构共建一批集研发和成果转化孵化为一体的新型研发机构。

» 第三节　多元化的产业生态

未来，前海将以现代服务业带动战略性新兴产业发展，联手香港，深耕人工智能、健康医疗、金融科技、智慧城市、物联网、新能源新材料等领域，加快前沿技术产业化。前海产业生态的多元化发展，有利于推动金融业和科技创新与其他现代服务业的融合与创新，实现各产业相互促进、共同发展，提高前海开发建设的发展水平，提升前海作为粤港澳大湾区重要组成部分的竞争力。

构筑“两城六区一园一场六镇双港”。前海将加大力度做平台、做能级、做

功能、做价值、做影响，加快规划建设“261162”，即“两城六区一园一场六镇双港”，构筑多元化的产业生态圈。

一、构建“两城”国际化的金融服务生态体系

“两城”指前海深港国际金融城和前海深港国际服务城。国际金融城聚焦深港合作主题，面向国际性大型金融机构、港资金融机构、外资金融机构、数字金融机构打造功能集聚区，实现错位发展、合作共赢的国际化金融平台在前海崛起。前海建立起了坚实的金融生态体系。国际服务城将汇聚全球顶尖的供应链企业，打造免税城、港澳码头。“两城”成为驱动前海世界级城市新中心建设的两大引擎。

二、构建“六区”现代服务业生态体系

前海深港专业服务业集聚区将统筹制定产业支持政策，持续释放产业空间、完善综合配套，为前海的专业服务机构和专业人士提供完备的“政策包”和“五心级”服务；前海深港国际法务区将高标准打造全链条法律服务生态圈，坚持统筹国内法治和涉外法治，努力让前海成为国际商事争议解决的优选地，深港规则衔接、机制对接的先行地；前海国际高端智库集聚区将集聚多家国家级研究中心、高校研究机构和世界知名咨询机构；前海深港新型商贸物流集聚区将进一步引导跨境电商及免税品资源集聚前海，优化升级生产、分配、流通、消费体系，打造粤港澳大湾区免税购物中心；前海深港数字经济集聚区将推动数字经济与现代服务业和先进制造业融合发展，打造全球资源配置能力强、创新策源能力强、协同发展带动能力强的数字经济高质量发展引擎；前海深港总部集聚区将吸引更多总部企业进驻，壮大在地经济。

三、构建“一园一场”公共文化生态系统

强化公共文化属性，塑造城市人文icon。推进多个公共文化标杆项目，构建公共文化生态系统。“一园”即前海石公园，是前海最具代表性的标志，见证着前海变化。“一场”即前海深港广场。将“一园一场”打造为融汇深港创意、产业、人文、商业休闲等功能，兼具国际品质与片区原生特色的城市新icon，是深港合作发展的新平台、潮流文化展示的新窗口。

四、聚焦产业构建“六镇”

前海深港商贸物流小镇将打造为新经济特色鲜明的深港商贸物流产业生态圈，通过商贸物流产业的集聚发展，助力香港商贸零售业拓展新空间；深港基金小镇将利用自身的金融资源整合优势，开展围绕基金产业全链条的综合金融服务业务，在金融业务创新、深港合作、产业聚集等多个领域为粤港澳大湾区的发展作出更多有益探索；深港文创小镇将推动深港文化产业发展、促进深港文化交流；前海深港专业服务业小镇将引入香港专业服务业的优势资源及先进经验，打造深港专业服务业产业及人才集聚区、深港专业服务业融合发展先导区、深港专业服务开放示范区和港式专业服务体验区；前海深港数字经济小镇将打造深港数字经济合作区、数字创新示范区、数字赋能样板区、数字产业引擎区；前海深港总部经济小镇将引入前海总部企业、港资企业总部、跨国公司地区总部、上市公司总部、行业龙头企业总部。

五、构建“双港”国际贸易和人才生态

“双港”是“一带一路”贸易组合枢纽港和前海国际人才港。“一带一路”贸易组合枢纽港立足贸易、强化组合、做强枢纽、辐射“一带一路”，串起港口“朋友圈”，为前海打造全面深化改革创新试验平台、建设高水平对外开放门户枢纽提供有力支撑，创造更多经验。构建以前海为枢纽的海上丝绸之路国际港口链，打造国内国际双循环战略重要链接点。以前海枢纽港、深港组合港、湾区港口群和国际港口链“四港建设”为战略抓手，形成粤港澳大湾区港口组合、深港两地海港空港组合、“一带一路”港口组合等多种组合，巩固提升香港国际贸易中心和航运中心地位，增强深圳国际贸易和航运综合服务功能。

前海国际人才港致力打造全要素人才功能生态圈，规划“四港九中心八大业态”功能布局，以实现“立足前海、辐射湾区、服务国家”为愿景，打造未来全球一流科技创新人才聚集地，我国引进全球人才物理地标、情感地标，全球人才粤港澳大湾区就业、创业、投资和生活门户、第一站和首选地。

» 第四节 国际化的产业网络

未来，前海产业将在国际化环境中发展，国际化、开放性的产业网络，将为前海产业前沿性、创新性和高质量发展赋能。

一、打造国际产能合作重要平台

以国际产能合作论坛暨中国对外投资合作洽谈会永久落户前海为契机，推进前海开发开放，加快投资贸易便利化、人民币国际化等制度创新，率先形成接轨国际的市场化、法治化、国际化营商环境，更好服务国家开放战略和“一带一路”倡议，把前海打造成为我国“引进来”“走出去”的黄金通道和国际产能合作的重要平台。

二、打造国际青年创新创业平台

2017年，以“WE THE FUTURE”为主题的2017世界青年创业论坛前海站在前海深港青年梦工场举行。深圳-新加坡-香港金融科技联盟于当日正式成立，三方将共同拓展金融科技领域空间，搭建三地企业间交流合作平台，共享金融科技研发成果与经验。作为首个国际化青年创业社区，前海深港青年梦工场逐步成为引进国际创新创业平台机构，打造世界青年来华创业和内地创业青年走向世界的第一站。

三、与世界自然基金会开展生态合作

2015年3月17日，世界自然基金会（WWF）全球总干事兰贝蒂尼一行到前海参观考察，双方签署战略合作备忘录。根据备忘录，双方将就提升深圳国际化水平、促进深港合作背景下的前海生态文明发展建立战略合作关系。内容包括：共同推动深港合作之生态环境保护，提高前海在生态环境保护方面的国际影响力；开展前海生态文明顶层设计，促进新一代产业文明和新一代生态文明的互动，推动前海建设成为“零垃圾、零二氧化碳排放、零水足迹”的全球先进城区；共同筹备建立前海生态体验馆等。

四、建设中英金融科技城

2016年，前海管理局与英国金丝雀码头集团、北京鑫根投资管理有限公司签署战略合作框架协议。2017年，三方签署战略合作补充协议，金丝雀码头集团将在前海打造中英金融科技城项目。落户前海的中英金融科技城项目则被业内视为富有世界眼光的国际合作典范。金丝雀码头集团将充分发挥其在国际性金融功能城区开发、管理与运营等方面的优势，携手深圳打造全球高端金融产业综合体和金融综合生态圈。

五、建设苏加诺之家（印尼-中国合作中心）

2015年，苏加诺之家（印尼-中国合作中心）命名及揭幕仪式在深圳前海举行。在前海蛇口自贸片区设立苏加诺之家，有利于推动中印两国关系持续深入发展，有利于推进实施两国战略合作布局，有利于增进两国民间交往，也有利于前海蛇口自贸片区企业到印尼投资，参与“一带一路”建设。

六、与以色列、迪拜合作

与以色列合作。2014年2月，前海投资推介会在以色列特拉维夫举行了合作协议签约仪式。前海管理局与以色列Bnayahu战略咨询公司及中以联合控股有限公司签订三方战略合作意向书，共同探索前海中以金融服务中心项目的可行性，并陆续搭建产业金融服务、国际专利技术交易、跨境人民币结算等平台。

与迪拜合作。2015年，前海蛇口自贸片区与迪拜自由贸易区联手，共谋发展。双方发挥各自独特优势和影响力，通过建立协作机制、搭建合作平台等渠道，为双方区域内有国际业务拓展需求的企业提供投资环境、政策法规等方面的专业咨询和指导服务，协助对接市场、项目与资金；重点促进前海蛇口自贸片区与迪拜自由贸易区展开合作，加强双方在金融、现代物流、信息服务、科技服务、专业服务等重点产业的交流与合作；双方共同研究、不断开拓创新双方深度合作的模式和领域。

展望未来，前海将站在改革开放伟大实践再出发的新起点上，在更高水平、更高层次、更广领域成为新的动力源和增长极，承担起新时代坚持和完善中国特色社会主义制度、推进国家治理体系和治理能力现代化的历史使命，为粤港澳大湾区乃至全国提供新时代新发展的强大精神力量[①]。

① 何建华. 前海在新一轮全球化中大有可为［J］. 中国发展观察，2020（17）.

参考文献

［1］习近平．习近平谈治国理政：第一卷［M］．2版．北京：外文出版社，2018.

［2］习近平．习近平谈治国理政：第二卷［M］．北京：外文出版社，2017.

［3］习近平．习近平谈治国理政：第三卷［M］．北京：外文出版社，2020.

［4］习近平．习近平谈治国理政：第四卷［M］．北京：外文出版社，2022.

［5］国家．TPP与深圳前海：自贸区规则比较［J］．开放导报，2015（6）．

［6］习近平．不断做强做优做大我国数字经济［J］．求是，2022（2）．

［7］蔡春林，张霜．粤港澳大湾区规划下香港文化创意产业对外开放的建议［J］．中国发展，2019，19（4）．

后　　记

本书旨在根据《全面深化前海深港现代服务业合作区改革开放方案》的总体布局，围绕前海深港现代服务业合作的政策条件、体制衔接机制对接、市场联动、产业协同等方面作专业研究，重点梳理金融、物流、信息服务、科技服务、专业服务、文化创意等现代服务业发展及深港合作的现状、特点和趋势，客观分析存在的问题和制约条件，从促进前海深港现代服务业合作、支持香港经济社会发展和提升粤港澳合作水平等方面，就将前海打造成为以产业为核心的协同发展与制度创新的高地提出政策建议。

本书由综合开发研究院（中国·深圳）常务副院长郭万达博士确定主题、总体框架和论述要点，由港澳及区域发展研究所相关人员分工撰写。各章分工如下：绪论、第一章、第六章、结语由张玉阁撰写，第二章由谢来风撰写，第三章、第四章、第七章由王薇、张玉阁撰写，第八章、第十一章、第十二章由王薇、郭万达撰写，第五章由刘雪菲撰写，第九章由杨秋荣撰写，第十章由文雅靖撰写，全书由郭万达、张玉阁统稿。

感谢综合开发研究院（中国·深圳）樊纲院长为本书撰写序言；感谢综合开发研究院（中国·深圳）李罗力副理事长对研究团队的推荐；感谢广东经济出版社邀请我们撰写本书，以及对书稿顺利出版所付出的努力。

本书不足之处，敬请指正。

作者

2023年11月